Frieder Wolf · Georg Wenzelburger

Promotionsratgeber Politikwissenschaft

Frieder Wolf
Georg Wenzelburger

Promotionsratgeber Politikwissenschaft

VS VERLAG

Bibliografische Information der Deutschen Nationalbibliothek
Die Deutsche Nationalbibliothek verzeichnet diese Publikation in der
Deutschen Nationalbibliografie; detaillierte bibliografische Daten sind im Internet über
<http://dnb.d-nb.de> abrufbar.

1. Auflage 2010

Alle Rechte vorbehalten
© VS Verlag für Sozialwissenschaften | Springer Fachmedien Wiesbaden GmbH 2010

Lektorat: Frank Schindler

VS Verlag für Sozialwissenschaften ist eine Marke von Springer Fachmedien.
Springer Fachmedien ist Teil der Fachverlagsgruppe Springer Science+Business Media.
www.vs-verlag.de

Umschlaggestaltung: KünkelLopka Medienentwicklung, Heidelberg
Gedruckt auf säurefreiem und chlorfrei gebleichtem Papier
Printed in Germany

ISBN 978-3-531-17078-7

Inhalt

Verzeichnis der Gastbeiträge

Verzeichnis der Abbildungen und Tabellen

Abkürzungsverzeichnis

APSA	American Political Science Association
APSR	American Political Science Review
BJPS	British Journal of Political Science
BMBF	Bundesministerium für Bildung und Forschung
BuwiN	Bundesbericht zur Förderung des wissenschaftlichen Nachwuchses
CAP	Centrum für angewandte Politikforschung
CHE	Centrum für Hochschulentwicklung
DAAD	Deutscher Akademischer Austausch Dienst
DBS	Gottlieb-Daimler- und Carl Benz- Stiftung
DFG	Deutsche Forschungsgemeinschaft
DGfP	Deutsche Gesellschaft für Politikwissenschaft
DPG	Deutsche Physikalische Gesellschaft
DVPW	Deutsche Vereinigung für Politische Wissenschaft
ECPR	European Consortium for Political Research
EITM	Empirical Implications of Theoretical Models
Eurodoc	The European Council of Doctoral Candidates and Junior Researchers.
Eurostat	Statistisches Amt der Europäischen Gemeinschaft
GESIS	Gesellschaft Sozialwissenschaftlicher Infrastruktureinrichtungen, heute: Leibniz-Institut für Sozialwissenschaften
HRK	Hochschulrektorenkonferenz
IBSS	International Bibliography of the Social Sciences
IEP	Institut d´Etudes Politiques
IFOK	Institut für Organisationskommunikation
IHF	Bayerisches Staatsinstitut für Hochschulforschung und Hochschulplanung
IPSA	International Political Science Association
MPI	Max Planck-Institut für Gesellschaftsforschung
NGO	Non-governmental organization
PVS	Politische Vierteljahresschrift
SOFIS	Sozialwissenschaftliches Forschungsinformationssystem
SSCI	Social Science Citation Index

SVPW	Schweizerische Vereinigung für Politische Wissenschaft
SWP	Stiftung Wissenschaft und Politik
WZB	Wissenschaftszentrum Berlin für Sozialforschung
ZIB	Zeitschrift für Internationale Beziehungen

Zum Geleit

von Hubertus Buchstein

Wer sich als Politikwissenschaftlerin oder Politikwissenschaftler die Frage stellt, nach Abschluss des Fachstudiums eine Promotion anzustreben, sieht sich zunächst einmal mit einer ganzen Reihe an Folgefragen konfrontiert. Diese Fragen reichen von der Themenfindung über Betreuungsmöglichkeiten bis zur Finanzierung und der Unsicherheit darüber, ob man sich selbst (und seinem näheren sozialen Umfeld) ein solches Vorhaben tatsächlich zutrauen darf.

Die Antwort auf die Frage ‚Promovieren oder nicht?' muss letztlich Jede und Jeder für sich selbst entscheiden. Der ‚Promotionsratgeber Politikwissenschaft' von Frieder Wolf und Georg Wenzelburger kann jedoch dabei helfen, die Antwort auf diese Frage vor dem Hintergrund einer umfassenden Informationsbasis zu finden. Und auch für diejenigen, die sich bereits auf das Wagnis der Arbeit an einer Dissertation im Fach Politikwissenschaft eingelassen haben, bietet der Ratgeber vielfältige Hinweise. Etwa darauf, wie die begonnene Arbeit auch angesichts zwischenzeitlich auftretender Krisen erfolgreich zum Ziel geführt werden kann – der Ratgeber macht an diesem Punkt Mut, nennt aber auch nüchtern die neuralgischen Punkte, die es zu überwinden gilt, um sein Promotionsvorhaben erfolgreich abzuschließen.

Angesichts der gegenwärtigen Veränderungen in der Promotionslandschaft an den bundesdeutschen Universitäten ist der Ratgeber dort besonders verdienstvoll, wo er speziell mit dem Blick auf das Fach Politikwissenschaft die unterschiedlichen institutionellen Einbindungsformen für die Arbeit an einer Promotion vorstellt. In diesem Zusammenhang werden die Promotionsmöglichkeiten nicht nur in Deutschland, sondern auch im Ausland geschildert und die verschiedenen Vor- und Nachteile verschiedener Systeme abgewogen. Dabei wird klar, dass die Entscheidung, die Promotion in Deutschland erlangen zu wollen, in vielen Fällen keine bloße ‚zweite Wahl' ist. Im Gegenteil. Aus bundesdeutscher Sicht sind die empirischen Befunde, die der Ratgeber referiert, ausgesprochen erfreulich, denn das bundesdeutsche Promotionssystem steht ungeachtet manch öffentlicher Kritik im Vergleich mit anderen westlichen Industriestaaten bei vielen Kriterien gut dar. Auch nimmt die Zahl derjenigen, die im Fach Politikwissenschaft promovieren, seit einigen Jahren in Deutschland wieder deutlich zu. Auch der häufig zu hörende Vorwurf, an deutschen Universitäten dauere die Promotionsphase zu lang, wird durch die empirischen Befunde widerlegt. Und schließlich weist der Ratgeber auch völlig zu Recht darauf hin, sich bei der Wahl des Promotionsortes nicht durch die Tabellen in Rankings blenden zu lassen.

Nicht nur für Promovierende, sondern auch für die Betreuer einer Dissertation in unserem Fach sind die Kapitel besonders spannend zu lesen, in denen es um das Verhältnis beider zueinander geht. Angesichts der Schilderungen der verschiedenen Probleme bei Betreuungssituationen wurde mir rückblickend noch einmal dankbar klar, wie viel Glück ich vor 20 Jahren mit meinem damaligen Doktorvater Gerhard Göhler an der FU Berlin hatte. Ich möchte die Lektüre des Ratgebers deshalb auch den heutigen Betreuern von Promotionen empfehlen, denn sie bietet die Gelegenheit, sich erneut über berechtigte Anforderungen der Promovierenden, die sich aus einem solchen Betreuungsverhältnis ergeben, Rechenschaft abzulegen und dabei auch den einen oder anderen Tipp für die eigene Betreuungsarbeit zu erhalten.

Hubertus Buchstein ist Professor für Politische Theorie und Ideengeschichte an der Universität Greifswald und Vorsitzender der Deutschen Vereinigung für Politische Wissenschaft (DVPW)

Promotion – Wissenschaft oder Kunst?

von Klaus von Beyme

Die Autoren dieses verdienstvollen Ratgebers haben sich innovative Gedanken über das Genre von Dissertationen im Bologna-Zeitalter gemacht. Aber das Genre des Geleitworts blieb unerforscht: soll es vom üblichen Typ „möge, möge, möge!" sein oder darf es kritische und vom Buchtext abweichende Gedanken enthalten? Es kommen in dieser Publikation nicht nur die strikt wissenschaftlichen Seiten eines komplexen Vorgangs zur Sprache, sondern auch die höchst subjektiven Seiten des Umgangs von „Doktormutter" und Doktorand – die eher Kunst als Wissenschaft suggerieren.

Im Augenblick von Studentenstreiks, die noch nie in der Zeit der Bundesrepublik so stark von Sympathien der Mehrheit der Lehrenden begleitet wurden, wird man die Strukturierung des Promotionsstudiums durch die Vorgaben der Konferenz von Bergen in seinen Verschulungstendenzen kritisch sehen. Solange noch 54,1 Prozent der Promotionsstudenten in den Sozialwissenschaften nach dem klassischen *„Meister-Schüler-Modell"* betreut werden, ist die Verschulungsgefahr noch begrenzt. Eine Strukturierung ist gleichwohl unerlässlich. Als ich vor Jahren in Stanford lehrte, traute ich mich nicht zu bekennen, dass ich zu Hause 25 Doktoranden betreute – soviel wie das ganze Stanforder Department, das 25 Professoren umfasste. Wenn dort einer drei Doktoranden hatte, galt er als „überlastet". Mit der Intensität der Betreuung an einer guten amerikanischen Universität kommt auch der gutwilligste deutsche Hochschullehrer nicht mit. Man hat sich viel über meine Fünfminuten-Sprechstunden mokiert, war aber zugleich froh, dass ich die Gutachten, das Hauptgut, das in Sprechstunden nachgefragt wird, immer umgehend produzierte. Mein System befriedigte mich selbst nicht, daher ließ ich für schwierige Fälle immer Sondertermine zu und bei psychisch labilen Examenskandidaten habe ich notfalls im Café eine Prüfungssituation simuliert. Scharfsinnig werden in dieser Studie die subjektiven Seiten des Vertrauensverhältnisses von Professor und Doktorand beschrieben. Es wird gebrandmarkt, dass viele Professoren keine Zeit zu informellen Gesprächen hätten. Ich gehe noch heute jeden Montag mit meinem Doktoranden-Seminar anschließend in unsere Stammkneipe. Das hat sich bewährt. Da werden Probleme an einen herangetragen, die schwerlich selbst in längeren Sprechstunden zur Sprache kämen. Ein „Viertele" im informellen Gespräch wirkt Wunder. In Großstädten aber ist das Modell kaum realisierbar. Da klappt nicht einmal das Kollegen-Essen, das ich in Tübingen und Heidelberg einführte und das sich auch nach meinen Abgängen hervorragend bewährt hat. Die Assistenten sind gleichwertig dabei und der Institutsleiter kann Informationen diskutieren lassen, die der normale Assistent, der vielfach zugleich noch Doktorand ist, sonst kaum je erhielte. Gleichwohl: Die individuelle Humanisierung eines schwierigen Verhältnisses sollte nicht dem Belieben eines „aufgeklärten Absolutisten" überlassen bleiben. Eine kollegiale Betreuung, möglichst in Sonderkursen des Graduiertenstudiums, muss sich durchsetzen – so wie die kollektive Disputation sich bereits etablieren konnte.

Bei allen Reformüberlegungen muss das Ziel der Promotion bedacht werden. Einige Länder haben die *Habilitation* abgeschafft oder zum „intellektuellen Sportabzeichen" degradiert. Durch den Überhang an Bewerbern auf dem Stellenmarkt wird die Habilitation gleichwohl von den Fakultäten als Leistungsnachweis noch bevorzugt. Als ich 1971 als designierter Rektor in Tübingen eine Kommission zur Reform der Habilitation gründete und dabei durchblicken ließ, dass ich sie am liebsten abschaffen und durch einen Ph.D. amerikanischer Prägung ersetzen würde, erhob sich ein Sturm der Entrüstung. Ein Jurist bemerkte: „Typisch, so ein Vorschlag kommt aus einem Dünnbrett-Bohrer-Fach wie der Politikwissenschaft, wo vielfach schon kumulativ habilitiert oder gar nicht habilitier wird". (Letzteres war eine Pieke gegen meinen Kollegen Eschenburg. Der große Patriarch, der wie viele in der ersten Generation der Lehrstuhlinhaber nicht habilitiert war, hat sein Herz jedoch besonders an die Aufrechterhaltung der herkömmlichen Habilitation gehängt). Mein Gegenkandidat von der konservativen Mehrheit, ein katholischer Theologe, verteidigte mich: „So können Sie Herrn von Beyme nicht kommen, er hat die dickste Habil-Schrift geschrieben, die ich kenne. Wenn die aus dem Regal auf ihr Baby fällt, dann ist es tot". Ich benutzte diesen Disput, um gerade am eigenen Beispiel zu demonstrieren, wie unsinnig das Verfassen einer tausendseitigen zweiten Dissertation sein kann.

Über die Reform der Promotionsstudiengänge kann man nicht sinnvoll räsonieren, ohne sich die Gesamtstruktur der Ausbildungsgänge klar zu machen, was diese Schrift nicht auch noch leisten konnte. Es gibt in wenigen Ländern ein Äquivalent der Habilitation oder des französischen *„doctorat d'état"*. Das Doktorexamen ist vielfach Einstiegsstufe in eine Hochschullaufbahn, wenn es sich nicht gerade um ein italienischen *„dottore"* handelt, ein Titel, mit dem jeder bessere

Lizensiat bedacht wurde und der auch den Bologna-Sturm überlebt haben soll. Wenn das „Bologna-Streamlining" in Europa einen Sinn machen soll, müssen wir eine ähnliche Struktur erzeugen. Das heißt, wir müssen die Promotion aufwerten und die Habilitation aufgeben. Die Studie von Wolf und Wenzelburger zeigt, dass Deutschland an der Spitze der „Promotionsintensität" liegt (ein schöner Terminus aus dem Arsenal des „Bologna-Bürokraten-Deutsch"). Die Vermehrung des Doktoren-Outputs wird als „positiver Trend" geschildert, eine Einschätzung, die ich nicht teile. Selbst in den Naturwissenschaften, der Medizin und der Ökonomie, wo der Doktorgrad eine Art Pflichtprogramm zur Statussicherung darstellt, werden wir die Öffentlichkeit auf die Dauer an andere Titel gewöhnen müssen. Die deutsche Tradition hat sich erst im Humboldtschen System herausgebildet. Noch Faust war nicht Professor, und sein Famulus Wagner nannte sich nur „Magister". Als ich 1966 in Lund arbeitete und abends aus Langeweile in einem Akademikerclub Einlass begehrte, hieß es: „Sie haben einen deutschen Doktor? Das ist bei Euch ein inflationärer Titel, der keine Gleichwertigkeit in unserem System beanspruchen kann." Nur der österreichische Doktor – damals gelegentlich noch ohne Dissertation erworben – hatte ein noch schlechteres Ansehen. Fazit: wir müssen den Doktorgrad aufwerten und dem Ph.D. einer guten amerikanischen Universität annähern.

Der Appell unserer Autoren: man muss die zwei Herzen des Doktoranden berücksichtigen: wissenschaftliches Interesse und Statussuche zur Steigerung des Einkommens. Das zweite Promotionsmotiv sollte auf den Magistertitel konzentriert werden. Ich wünsche mir keine soziale Lage wie in Amerika. Mein Tankwart in Stanford erzählte mir, auch er habe einen Ph.D., aber er sei nicht so gut gewesen wie die Konkurrenz, und nun sei er mit dem Einkommen aus der Tankstelle vielleicht besser gestellt als seine Jahrgangskollegen in der Universität. Nur drei Prozent der Doctores sind nach dieser Studie in Deutschland arbeitslos – das könnte sich steigern und ist Verschleuderung von Humankapital. In den südeuropäischen EU-Ländern ist der Prozentsatz schon jetzt wesentlich höher. Zudem sind unsere Absolventen nicht so marktfreundlich gesonnen wie mein Tankwart in Stanford. Sie würden das Nichterreichen der erträumten Position als Trauma erleben.

Dieser Ratgeber geht noch davon aus, dass sich aus dem Doktorandenstatus eine normale wissenschaftliche Karriere ergibt. Darin sehe ich eine Akzeptanz des Systems des alten Mittelbaus, das längst überlebt ist. Als mein Lehrer Carl J. Friedrich mich einem Harvard-Kollegen in Heidelberg als sein „assistent" vorstellte, fügte er hinzu: das ist keine Position wie ein „assistent" bei uns in Harvard, der nur ein „teaching assistent" ist, der nicht selbständig lehrt. Hier sind

Professoren noch „god" und sein Assistent ist ein „demi-god". Die Assistenzprofessuren waren dazu gedacht, die alte Assistentenabhängigkeit aufzuheben. Wir mussten als Promovierte noch in jede Vorlesung mitgehen und selbst der liberale Friedrich erwartete, dass ich ihn vom Flugplatz abholte. Ich tat das nicht ungern, weil ich ihn so für eine Stunde als Geisel nehmen konnte. Es gab noch kein Handy, er war in meinem Käfer gefangen und ich konnte die Probleme durchsprechen, die sich angehäuft hatten, ohne dass der Professor ausweichen konnte. Dieses System dürfte überwunden sein. Institutsverwaltung wird in der Regel nicht mehr nebenbei von einem Assistenten erledigt.

Aber das Hauptproblem von Bologna bleibt, dass wir Amerika unvollkommen kopieren. Titel werden übernommen, die dort eine andere Funktion haben. Der Bachelor ist vielfach in Amerika gerade keine Berufsqualifizierung. „Political Science" oder „Liberal Arts" werden nicht selten vor den später status-versprechenden Einrichtungen wie „Medical School", „Law School" oder „Business School" mit einem Bachelor abgeschlossen, der schon rein zeitlich etwa das Äquivalent eines Abiturs in der 13jährigen Schule entspricht. Die labels wurden übernommen, nicht aber die Intensivbetreuung durch Tutoren, die offenen Türen in den Professoren-Zimmern, wo jeder hereinspazieren kann, oder die 30 Prozent Stipendien für begabte Unvermögende, die von den abschreckend hohen Studiengebühren von 30-40 000 Dollar auch in den Eliteuniversitäten vorgesehen sind. Der *Assistenzprofessor* ist als Terminus übernommen worden, bei uns aber unvollständig und in den Bundesländern verschieden ausgestaltet. Es fehlt zudem die Mittelstufe des *„Associate Professors." „Tenure track"* ist etwas, was jeder aufstrebende Jungwissenschaftler in typisch deutschem Denken erwartet. Wir werden diese Beamtenmentalität angesichts der „Pfadabhängigkeit" der deutschen Universität nicht rasch abbauen. Aber wir müssen die wissenschaftliche Profilierung durch eigenständige Lehre verbessern und gleichwohl Raum für Veröffentlichungen lassen, der nicht durch Deputatshöhen versperrt werden darf, wie ihn früher Akademische Räte aufgebrummt bekamen, von denen man keine wissenschaftliche Karriere erwartete.

Kurzum: ich bewundere die vielseitige Behandlung des Themas Promotion in diesem Buch, aber ich beneide die Autoren nicht, dass sie sich auf den „Status quo" des Systems einlassen mussten, obwohl sie die Reformbedürftigkeit der europäischen Universitäten und ihrer Prüfungsabschlüsse so gut kennen wie ich. Weit mehr „Mittelbauern" als zu unserer Zeit in den 60er Jahren haben in Amerika studiert. Weit mehr von ihnen haben englisch publiziert und sich dem „Peer review"-System englisch-sprachiger Fachzeitschriften ausgesetzt, das für „Nicht-native speakers" noch immer eine echte Hürde darstellt. Einstweilen müssen wir uns damit trösten, dass wir nicht das kleine Norwegen nachahmen können, in dem die Professoren schon immer weitgehend englisch publizierten. Als ich einen Nestor unseres Faches, Stein Rokkan, nach einer Präsentation fragte, ob er über das Thema ein Buch schreibe, antwortete er indigniert: „Oh, I never write a book in English, only articles". Bücher in seiner Sprache kamen für ihn nur gelegentlich als Lehrbuch in Frage, und die schrieb er nicht gern. Das deutsche Sprachgebiet umfasst noch fast 100 Millionen Menschen, sodass wir es uns noch leisten können, für einen Binnenmarkt zu produzieren und das Gros der Dissertationen auf Deutsch zu schreiben. Aber machen wir uns nichts vor: die Zweiklassengesellschaft droht auch hier. Die wissenschaftlich innovativen Beiträge, die nach empirischen Studien auch in Amerika nur von 5-10 Prozent der Professoren stammen, werden sich einem amerikazentrierten internationalen Publikationssystem unterordnen und werden das Dissertationsthema nur noch kondensiert berühren. In den Naturwissenschaften hat diese Zukunft längst begonnen, und sie wird die Politikwissenschaft umso mehr erfassen, je stärker die alte vielfach normativ gestimmte „Demokratie-Erziehung" von künftigen Sozialkundelehrern marginalisiert wird und einem System weicht, das die Ökonomie und die anderen Sozialwissenschaften ähnlicher werden lässt. Mannheim und Heidelberg mit ihren unterschiedlichen Traditionen werden immer ähnlicher, und dieser Prozess wird durch die Reform der Promotionsstudiengänge mächtig befördert. Das ist die gute Nachricht – auch wenn es für eine Minderheit der älteren Generation eine schlechte Nachricht bleiben sollte.

Klaus von Beyme ist emeritierter Professor für Politikwissenschaft an der Universität Heidelberg und war unter anderem Präsident der International Political Science Association (IPSA)

Einleitung

Angehende Promovenden der Politikwissenschaft stehen heute vor der Herausforderung, aus einer stetig wachsenden (und unübersichtlicher werdenden) Zahl von unterschiedlichen Angeboten zum Promotionsstudium zu wählen. Doktorandenschulen, Promotionskollegs, interdisziplinäre und internationale Angebote oder doch – ganz traditionell – die freie Promotion stehen heute als unterschiedliche Wege zum Doktortitel nebeneinander. Dieses größer werdende Angebot birgt große Chancen für Doktoranden. Gleichzeitig verliert man jedoch schnell den Überblick. Dieser Befund ist der erste Ansatzpunkt für unseren Promotionsratgeber, den Sie in Ihren Händen halten. Eines der beiden Hauptziele dieses Ratgebers ist es deshalb, Studierenden der Politikwissenschaft eine Orientierung in diesem sich ausdifferenzierenden Feld zu geben und dabei folgende Fragen zu beantworten:

- Welchen Wandlungen ist das Promotionsstudium in Deutschland derzeit generell unterworfen? (Kapitel 1)
- Welchen Nutzen bringt der Doktortitel in der heutigen Zeit? (Kapitel 2)
- Wie finde ich ein Thema angesichts der schier unendlichen Möglichkeiten? (Kapitel 3)
- Wo und bei wem soll ich promovieren? (Kapitel 4 und Anhang 1)
- Wie kann ich meine Promotion finanzieren? (Kapitel 5 und Anhang 2)

Die genannten Kapitel gehen ausführlich auf diese Fragen ein, diskutieren Schwierigkeiten und Probleme, aber vor allem auch Lösungsmöglichkeiten. Einen zusätzlichen Nutzen versprechen wir uns von dem im Anhang beigefügten umfangreichen Serviceteil, der als Nachschlagewerk für Promotionsangebote im Fach Politikwissenschaft in Deutschland dienen soll.

Wenn die erste Orientierung im Dickicht der vielfältigen Angebote erfolgt ist, man sich für eine Promotion entschieden und über den präferierten Weg (z.B. Graduiertenschule oder freischwebend) Gedanken gemacht hat, bauen sich oft verschiedene weitere Schwierigkeiten vor den Doktoranden in unserem Fach auf. Das zweite Hauptziel des vorliegenden Bandes ist, hierzu ebenfalls den einen oder anderen nützlichen Rat zu geben. Dabei gehen wir auf folgende Fragen ein:

- Wie konzipiere ich meine Arbeit? (Kapitel 6)
- Wie rette ich mich über unproduktive Phasen hinweg? (Kapitel 7)
- Wie kann bzw. sollte ich Feedback zu meiner bisherigen Arbeit an der Dissertation einholen? (Kapitel 8)
- Wie und wo kann ich mich während der Promotionsphase weiterqualifizieren? (Kapitel 9)
- Wie gehe ich mit Konflikten um? (Kapitel 10)
- Welche Möglichkeiten der Publikation meiner Arbeit gibt es? (Kapitel 11)
- Wie schaffe ich es, die Dissertation zu einem guten Ende zu bringen? (Kapitel ‚Zum guten Schluss')

Ergänzt werden diese Kapitel des Ratgebers durch 17 Gastbeiträge von Koryphäen unseres Faches und von Doktoranden, die ihre Arbeiten in den vergangenen Jahren abgeschlossen haben. Diese Erfahrungsberichte und die daraus hervorgehenden Ratschläge eröffnen Ihnen weitere, ganz unterschiedliche Blickwinkel auf das Thema „Promovieren in der Politikwissenschaft". Deshalb haben wir Professoren aus allen Bereichen unseres Faches um ihre Sicht auf die Promotion gebeten. Und deshalb finden Sie bei den Erfahrungsberichten der Doktoranden sowohl Texte von Promovierten, die über ein Stipendium finanziert wurden, als auch Berichte von Doktoranden, die nebenberuflich promoviert haben. Zudem sind neben Gastautoren, die in der Wissenschaft oder wissenschaftsnahen Branchen tätig sind, auch Politologen vertreten, die außerhalb des universitären Umfelds arbeiten.

Trotz aller Tendenzen zur stärkeren Strukturierung des politikwissenschaftlichen Doktorandenstudiums ist die Promotionsphase weiterhin ein Zeitraum im Leben, in dem jeder Doktorand seinen eigenen Lebensrhythmus und Arbeitsstil finden muss. Gerade angesichts der völlig unterschiedlichen Rahmenbedingungen, in denen Promovierende der Politikwissenschaft heute stecken – vom wissenschaftlichen Mitarbeiter über das Mitglied einer *Graduate School* bis hin zum freien Doktoranden –, ist es daher sehr schwierig, allgemeingültige Ratschläge für den Weg zum Doktortitel zu formulieren: Es gibt nicht den einen, den Königsweg für eine erfolgreiche Promotion in der Politikwissenschaft. Aber auf allen Wegen sollten bestimmte Aspekte bedacht werden. Dieser Ratgeber dient aus diesem Grund nicht als Rezeptbuch – auch weil jeder Weg zur Promotion notwendigerweise ganz individuell aussehen muss. Daher rechnen wir auch fest damit, dass manche Leser einen bestimmten Tipp zur Promotion als Allgemeinplatz betrachten werden, den ein anderer Leser gerade als besonders hilfreich ansieht. Wir hoffen jedoch, dass unter den Ratschlägen, die wir zusammengetragen, kondensiert und systematisiert haben, für alle Doktoranden der Politikwissenschaft das eine oder andere dabei ist, das ihnen auf ihrem Promotionsweg von Nutzen ist. Das können Anregungen sein, wie der nächste Schritt aussehen könnte, Mahnungen, welche bislang nicht bedachten Probleme noch lauern, und nicht zuletzt natürlich Ideen, wie man aus einer verfahrenen Situation heraus kommt. Wenn uns dies mit dem Ratgeber gelungen ist, hat unser Projekt seinen Zweck erfüllt.

Eine wichtige Quelle für unsere Empfehlungen und Ratschläge, die wir in diesem Band zusammengetragen haben, waren neben unseren eigenen Erfahrungen Erkenntnisse aus Gesprächen mit Kollegen aus nah und fern, denen wir für ihre beabsichtigten und unbeabsichtigten Inputs herzlich danken.[1]

---

[1] Ebenfalls bedanken möchten wir uns sehr herzlich bei Andreas Krämer, Carola Fricke, Carla Mundt und Dennis Bachmann für die Unterstützung bei Recherche und Korrekturlesen sowie bei den Teilnehmern des *Brown-Bag*-Seminars am IPW in Heidelberg für die zahlreichen hilfreichen Anregungen.

1 Die Promotion im Wandel

Wer in Deutschland als Politikwissenschaftler promovieren will, erlebt unruhige Zeiten. War vor einigen Jahrzehnten die Welt für einen angehenden Promotionsstudenten noch relativ überschaubar – man brauchte ein Thema, einen Doktorvater[1] und, wenn möglich, eine Finanzierung – so stehen die Studierenden von heute nach ihrem guten oder sehr guten Diplom-, Magister-, Master- oder Staatsexamens-Abschluss vor einer Vielfalt von Möglichkeiten, um zu einem Doktortitel zu gelangen. Promotionskollegs, Graduiertenschulen, interdisziplinäre und internationale Angebote stehen ebenso zur Auswahl wie der klassische Weg: die „freie" Promotion über ein selbstgewähltes Thema. Dieses zur Orientierung vor unseren eigentlichen Ratschlägen eingestreute Kapitel deckt die Hintergründe für diese Entwicklung auf und stellt die Situation von Doktoranden im Fach Politikwissenschaft dar.

Promovieren in Deutschland: Zunehmende Vielfalt und Reformdiskussion

Die zunehmende Ausdifferenzierung der Promotionsmöglichkeiten in Deutschland nahm Mitte der 90er Jahre ihren Anfang. Damals diskutierte man in der Wissenschaft über die Zukunftsfähigkeit des klassischen deutschen Promotionssystems – also der Promotion im Rahmen eines persönlichen Verhältnisses zwischen Doktorvater und Promovenden. Im Kern lassen sich zwei Ursachen für das Aufkommen dieser Debatte verantwortlich machen: Zum einen der zunehmende internationale Wettbewerb um Forschungsthemen, -ressourcen und -strukturen – vor allem aber um Studierende und damit auch um Doktoranden; zum anderen die stärkere Europäisierung und Internationalisierung der Wissenschaft, die sich,

---

[1] Das Manuskript enthielt zur Bezeichnung von Doktoranden und Betreuern in einer früheren Fassung nach angelsächsischem Vorbild zu gleichen Teilen und zufällig verteilt männliche und weibliche Formen, was zahlreiche irritierte Reaktionen nach sich zog. Aus Gründen der Lesbarkeit verwenden wir deshalb nun – ohne jede diskriminierende Absicht – durchweg männliche Formen.

zeitlich etwas nachgelagert, in den europäischen Leitlinien zur Schaffung eines „Europäischen Hochschulraumes" niederschlugen (Bologna-Prozess) (Berning/ Falk 2005). Das deutsche Promotionswesen wurde in diesem Zusammenhang als nicht mehr zeitgemäß kritisiert – und dabei insbesondere das „Meister-Schüler-Modell" bzw. „Lehrlingsmodell", mit dem die klassische deutsche Promotionsform mit einem engen Betreuungsverhältnis zwischen Doktorvater und Promotionsstudent gemeint ist (Enders 2005: 41). Zentrale Kritikpunkte am deutschen Modell waren insbesondere die intransparente Auswahl der Doktoranden durch die Professoren, die unsystematische bzw. zu geringe Weiterqualifizierung der Doktoranden während der Promotionsphase, die starke Abhängigkeit der Promovenden von ihrem Betreuer und die fehlende Vermittlung fächerübergreifender Kompetenzen. Als (leuchtendes) Vorbild galt die US-amerikanische Doktorandenausbildung (doctoral studies), in der die Promovenden durch ein formalisiertes Verfahren ausgewählt werden, neben ihrer Arbeit am Forschungsprojekt ein festes Studienprogramm absolvieren (curriculare Elemente) und dadurch stärker institutionell eingebunden sind.

Tabelle 1: „Meister-Schüler-Modell" und Doctoral Studies im Vergleich

	„Meister-Schüler-Modell"	**Doctoral Studies**
Träger	Einzelne Professoren (Titelvergabe durch Fakultät)	Professoren, Fakultäten, Graduate Schools
Status der Doktoranden	Mitarbeiter an Lehrstühlen bzw. in Projekten, Stipendiaten, externe Doktoranden	Ph.D.- Student
Auswahl	Informell durch Kontakt zwischen Professor und potenziellem Doktoranden	Formell durch Auswahlverfahren
Ausbildungsinhalte	Geringe Formalisierung: Dissertation und Disputation bzw. Rigorosum	Hohe Formalisierung: festes Studienprogramm neben dem Forschungsprojekt
Betreuung	Primär durch Doktorvater	Mehrere Betreuer bzw. Betreuungskomitee

Quelle: In Anlehnung an Berning/Falk 2005.

Diese Diskussionen um die strukturellen Probleme der deutschen Doktorandenausbildung und -förderung mündeten 1996 in einen Beschluss der Hochschulrektorenkonferenz (HRK). Die Konferenz empfahl die Einführung von „Zentren für Doktorandenstudien (Doktorandenkollegs)" und die Ausweitung der damals nur vereinzelt vorhandenen Graduiertenkollegs (HRK 1996). Von dieser Maßnahme versprach man sich die stärkere Strukturierung der Doktorandenausbildung –

nach US-amerikanischem Vorbild. Anders formuliert: Promovenden sollten nicht nur an ihrem Dissertationsthema forschen, sondern promotionsbegleitend Lehrveranstaltungen besuchen, um sich weiterzubilden. Ein weiterer Schwerpunkt sollte interdisziplinäre Qualifikation sein, um auch auf eine berufliche Karriere außerhalb der Wissenschaft besonders gut vorbereitet zu sein (Schlüsselkompetenzen). Daneben empfahl die HRK, die Aufnahme und Zulassung zu solchen Doktorandenkollegs transparent zu gestalten und für internationale Studierende zu öffnen, um der Kritik an der (zumindest vermeintlich) undurchsichtigen Auswahl der Promotionsstudenten zu begegnen (HRK 1996).

Dieser erste Beschluss der HRK gab die Richtung für die weitere Diskussion über die Entwicklung des Promotionsstudiums vor. So basierten sowohl die Empfehlungen des Wissenschaftsrates 2002 als auch die Entschließung der HRK von 2003 zur Organisation des Promotionsstudiums auf der 1996 eingeschlagenen Marschroute: Stärkere Strukturierung der Doktorandenausbildung, Ausweitung der Graduiertenschulen sowie stärkere Internationalisierung des Promotionsstudiums, um im Wettbewerb um die besten Nachwuchswissenschaftler auch international mithalten zu können.

Deutschland war nicht allein von dieser Entwicklung betroffen. Vielmehr lässt sich der Trend zur stärkeren Strukturierung der Promotionsstudiengänge, zur Einführung curricularer Elemente und zur Aufnahme interdisziplinärer und berufsqualifizierender Angebote auch auf europäischer Ebene beobachten. So wurde der Bologna-Prozess bei den Konferenzen in Berlin (2003) und Bergen (2005) auch auf den dritten Studienabschnitt ausgeweitet – also auf die Promotionsphase. Er nahm dabei wichtige Überlegungen aus der innerdeutschen Diskussion über die Reform des Promotionsstudiums auf. Auch deshalb lesen sich die zentralen Forderungen ganz ähnlich wie die Empfehlungen des deutschen Wissenschaftsrates bzw. der HRK. Ein Beispiel aus dem Abschlusskommuniqué der Bergener Konferenz (BMBF 2005):

„Um diese Ziele zu erreichen, müssen die Abschlüsse auf der Ebene des Doktorats anhand eines ergebnisbasierten Ansatzes an den übergeordneten Qualifikationsrahmen des Europäischen Hochschulraums angepasst werden. Das Kernelement der Doktorandenausbildung ist die Förderung des Wissens durch originäre Forschung. In Anbetracht des Bedarfs an strukturierten Promotionsstudiengängen und an transparenter Betreuung und Bewertung stellen wir fest, dass die übliche Arbeitsbelastung des dritten Zyklus in den meisten Ländern einem drei- bis vierjährigen Vollzeitstudium entspricht. Wir fordern die Universitäten auf sicherzustellen, dass im Rahmen der Promotionsphase die interdisziplinäre Ausbildung und die Entwicklung beruflicher

Qualifikationen gefördert werden, die den Anforderungen des weiteren Arbeitsmarktes gerecht werden."

Die Vorschläge der Bergener Konferenz für die Ausgestaltung des „dritten Zyklus" der Promotionsausbildung stießen in Deutschland auf ein geteiltes Echo. So befürchteten Doktoranden und Wissenschaftler (insbesondere aus den Naturwissenschaften), dass die ursprünglich gute Idee einer stärkeren Strukturierung des Promotionsstudiums durch die Vorgaben der Bergener Konferenz zu weit gedreht werde und aus dem Promotionsstudium ein verschultes System werden solle, das auf der Vergabe von ECTS-Punkten basiert (Schipp 2006, DPG 2007). Entsprechend ruderte man auf europäischer Ebene auf der letzten Konferenz in London etwas zurück. Das Abschlusskommuniqué betont hier den „Wert der breiten Vielfalt an Promotionswegen" (BMBF 2007a). Und auch die Verantwortlichen in Deutschland betonen die Notwendigkeit, bei allem Streben nach dem US-amerikanischen Modell der „doctoral studies" die Vielfalt der Wege zur Promotion durch die Reform der Promotionsstudiengänge nicht zu beschränken. Das Bundesministerium für Bildung und Forschung schreibt denn auch, „Gestaltung von Vielfalt, nicht Harmonisierung" sei ihr Ziel (BMBF 2007b). Und die HRK betont, dass auch bei grundsätzlich stärkerer Strukturierung des Promotionsstudiums externe Promotionen weiterhin möglich sein sollten (HRK 2003: 8).

Wie sieht angesichts dieser Entwicklungen die aktuelle Situation der Promovierenden in Deutschland aus? Die Empirie zeigt, wie heterogen heute die Ausbildung von Doktoranden in der Bundesrepublik ist. Wertet man die Promotionsordnungen nach den darin enthaltenen Anforderungen an die Dissertation aus, so lassen sich in den Geistes- und Sozialwissenschaften etwa 22,5 Prozent der Promotionsordnungen dem „Bologna-Modell" zuschreiben, während 54,1 Prozent eher nach dem klassischen „Meister-Schüler-Modell" organisiert sind (Hornbostel 2009: 231)[2]. Grundlage der Zuweisung der Promotionsordnungen zu den beiden Modellen ist dabei die Frage, welchen Stellenwert die Forschungsleistung im Promotionsprozess einnimmt (Bologna: geringerer Forschungsbezug; Meister-Schüler-Modell: stärkerer Forschungsbezug) (Hornbostel 2009: 229). Daneben existieren freilich eine Vielzahl von Promotionsordnungen, die unterschiedliche Wege zum Doktortitel erlauben – sowohl strukturiert (mehr Studium, weniger Forschung) als auch frei (mehr Forschung, weniger Studium). Alles in allem zeigt sich also hinsichtlich der Promotionsordnungen eine starke Diversität.

---

[2] Die Angaben summieren sich nicht auf 100 Prozent, weil 23,4 Prozent der Promotionsordnungen weder dem Meister-Schüler-Modell noch dem „Bologna-Modell" zugeordnet werden konnten.

Und auch wenn man die Organisationsform der Promotionsmöglichkeiten untersucht, trifft man auf eine große Vielfalt. So fördert die DFG im Bereich der Geistes- und Sozialwissenschaften mittlerweile 63 Graduiertenkollegs und 11 Graduiertenschulen – acht davon im engeren Forschungsfeld der Sozialwissenschaften (darunter fallen: Soziologische Theorien, Empirische Sozialforschung, Publizistik und Kommunikationswissenschaften, Politikwissenschaft). Daneben existieren Graduiertenschulen der Max-Planck-Gesellschaft – für Politikwissenschaftler interessant ist etwa die „International Max Planck Research School on the Social and Political Constitution of the Economy" an der Universität Köln – oder Graduiertenkollegs, die von den Bundesländern gefördert werden.

Statistische Daten zum Anteil der Promovierenden in unterschiedlichen Promotionsmodellen gibt es leider nicht, weshalb unklar ist, wie viele Doktoranden tatsächlich auf welche Weise promovieren. Allerdings hat das Doktorandennetzwerk Thesis 2004 mittels einer Umfrage unter mehr als 9000 Promovenden aller Fächer erhoben, welche Promotionsmodelle am häufigsten vorkommen. Ergebnis: Die meisten Doktoranden promovieren als Mitarbeiter an Lehrstühlen oder Sonderforschungsbereichen (rund 70 Prozent). Danach folgen Mitglieder in Graduierten- oder Doktorandenkollegs, Stipendiaten und externe Doktoranden.

Diese Befunde gelten in der Tendenz auch für unseren Fachbereich: Wer also als frischgebackener Master of Arts in Politikwissenschaft mit dem Gedanken spielt zu promovieren, hat die Qual der Wahl zwischen unterschiedlich starker Strukturierung des Promotionsstudiums, unterschiedlich starkem Forschungsbezug und verschiedenen Organisationsformen dieses Ausbildungsabschnitts.

Vier Ratschläge für erfolgreiches Promovieren
von Ulrich von Alemann

Mein erster Rat lautet: Promoviere immer unter 30. Das gilt besonders, wenn ein Beruf in der Wissenschaft angestrebt wird. Später zu promovieren ist nur sinnvoll, wenn man schon im Beruf Fuß gefasst und sich nebenbei seiner Promotion widmen kann.

Der zweite Rat lautet: Wähle das Thema vom Berufsziel her aus. Möchte man möglichst bald in die Berufspraxis gehen, sollte es ein praxisnahes Thema, gerne aus persönlichen Erfahrungen im Praktikum – beispielsweise bei einem Abgeordneten – sein, das sich schnell recherchieren lässt. Will man aber die Wissenschaft als Beruf ergreifen, sollte das Thema theoretisch anspruchsvoll, nicht zu mainstreamig, aber genauso wenig bizarr-spezialistisch sein. Schließlich soll man später als Hochschullehrer demonstrieren, dass man das gesamte Fach in Forschung und Lehre vertreten kann.

Der dritte Rat lautet: Suche für die Promotion ein stützendes Korsett, statt frei schwebend vor sich hin zu werkeln. Also Stipendium beantragen, sich an einem Forschungsprojekt des Instituts beteiligen oder ein passendes Graduiertenkolleg suchen. Das diszipliniert die Arbeitsweise. Allzu oft schweben Doktoranden in der Zirkuskuppel – ratlos.

Der vierte Ratschlag lautet: Mach' einen guten Plan, also ein Exposé. Ganz schlecht ist es, als erstes eine vorläufige Gliederung einzureichen. Die kommt erst viel später. Mach' zunächst einmal einen Plan. Der soll sieben Sachen enthalten: Problembereich, Forschungsstand, Fragestellungen, Methoden, Materialzugang, Arbeits- und Zeitplan, Literatur. Ja, das ist ziemlich viel und das braucht auch ein paar Monate Zeit. Aber es lohnt sich. Das Exposé sollte so gestaltet werden, als würde man Geld brauchen: Für ein Stipendium oder ein Forschungsprojekt. Denn beim Geld hört der Spaß auf. Da muss man echte Überzeugungsarbeit leisten: für die Betreuer, für die Geldgeber, aber gerade auch für sich selbst.

Hat man diese vier Ratschläge beherzigt, dann hat man eine hervorragende Basis und muss die Arbeit nur noch fertig stellen ...

Ulrich von Alemann ist Professor für Politikwissenschaft an der Universität Düsseldorf

Promovieren in Deutschland: Worauf die (wenigen) Zahlen hindeuten

Ein besonderes Charakteristikum der Debatte um die Reformbedürftigkeit des deutschen Promotionsmodells ist das Fehlen einer breiten empirischen Grundlage für die Diskussion (Hornbostel 2009: 221-222). So ist etwa die Kritik am klassischen deutschen Promotionsmodell vor allem theoretischer Natur und wird von normativen Standpunkten aus geführt. Klagen über das als intransparent wahrgenommene Auswahlsystem und über das Abhängigkeitsverhältnis zwischen Doktorvater und Doktoranden sind nur zwei Beispiele. Trägt man die wenigen (einigermaßen) zuverlässigen Zahlen über das deutsche Promotionssystem zusammen, dann steht die Bundesrepublik im Vergleich mit anderen westlichen Industriestaaten bei vielen Kriterien relativ gut da – etwa bei der Zahl der Promotionen. So liegt im OECD-Schnitt die Zahl der Promovierten im Verhältnis zur Zahl der Bevölkerung in der vergleichbaren Altersgruppe bei etwa 1 Prozent, Deutschland kommt auf 2 Prozent und steht damit vor den für ihr Promotionsmodell hochgelobten USA (1,3 Prozent) (Auriol 2007)[3]. Das Wissenschaftsministerium folgert daher im Bundesbericht zur Förderung des Wissenschaftlichen Nachwuchses: „Im internationalen Vergleich nimmt Deutschland eine Spitzenposition in Bezug auf die Promotionsintensität sowohl gemessen an der Bevölkerung als auch an der Anzahl der Hochschulabsolventen ein" (BMBF 2008: 47).

Blickt man auf unseren Fachbereich, die Politikwissenschaft, so zeigt sich in den vergangenen Jahren ein positiver Trend (Abb. 1): Der Anteil der Promotionsstudenten an der Gesamtzahl der Studierenden stieg zwischen dem Wintersemester 2003/04 und dem Wintersemester 2008/09 um rund 2,6 Prozentpunkte von 4,5 auf 7,1 Prozent. Damit liegt die Zahl der Doktoranden nun wieder in etwa auf dem Niveau von 1994. Und auch in Relation zur Gesamtzahl der Promotionsstudenten in Deutschland hat die Zahl der Doktoranden in Politikwissenschaft zugelegt (von 1,97 auf 2,23 Prozentpunkte). Gesunken ist die Zahl der Promotionsstudierenden also nicht – obwohl man eine solche Entwicklung – der Reformrhetorik folgend – aufgrund der zunehmenden Konkurrenz durch den internationalen Wettbewerb um die besten Köpfe bei einem gleichzeitig reformbedürftigen deutschen System durchaus hätte vermuten können.

Erwähnenswert ist darüber hinaus die ausgeglichenere Zusammensetzung der Promotionsstudierenden hinsichtlich des Geschlechts: Lag die Zahl der weiblichen Doktoranden im Wintersemester 1994/95 noch bei rund 33 Prozent, so sind heute etwa 44 Prozent der Promovenden im Fach Politikwissenschaft Frauen.

Doch nicht nur bei der Zahl der Promotionsstudenten liegt Deutschland im internationalen Vergleich im vorderen Mittelfeld; Auch der Vorwurf, in Deutschland dauere die Promotionsphase zu lang, lässt sich beim Blick auf die (spärlichen) Daten nicht halten: In Deutschland erhalten Doktoranden der Sozialwissenschaften ihre Promotionsurkunde im Schnitt mit etwa 33 Jahren. In vielen anderen Ländern liegt der Mittelwert höher: In Australien bei 41 Jahren, in Kanada bei 39 Jahren und in den USA bei etwa 40 Jahren (Auriol 2007: 11).[4]

---

[3] Dieser Vergleich ist natürlich mit Vorsicht zu genießen, da länderspezifische Eigenarten die Daten verzerren. So zählt etwa in Deutschland der Doktor der Medizin mit in diese Zahlen hinein; auch ist in einigen naturwissenschaftlichen Fächern – etwa in der Chemie – der Doktorgrad eine Art „Pflichtprogramm". Dies treibt die Zahlen für Deutschland natürlich in die Höhe. Allerdings sei, so die Forscher der OECD, diese unterschiedliche Abgrenzung „not sufficient to explain the differences in the volume of degrees delivered between these countries" (Auriol 2007: 8).

[4] Auch dieser Abstand lässt sich zum Teil durch die vergleichsweise jungen der Medizin-Doktoren erklären.

Abbildung 1:   Promovierende im Fach Politikwissenschaft

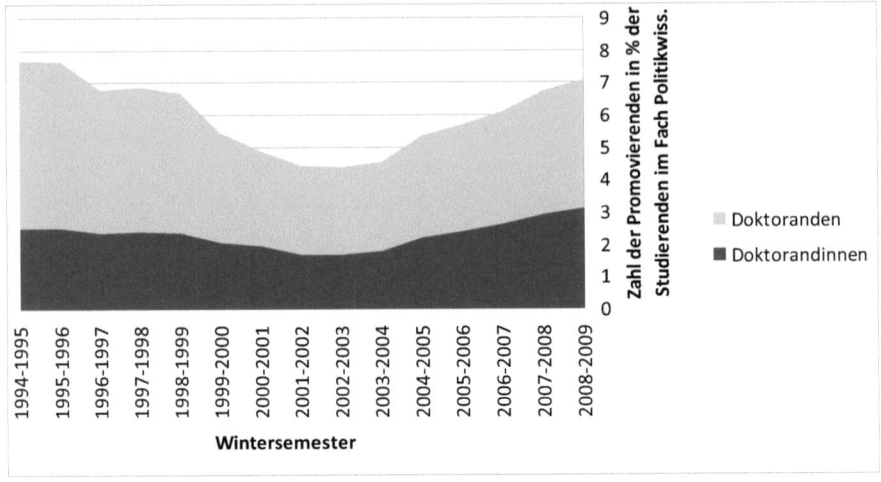

Quelle: Statistisches Bundesamt, Fachserie 11, Reihe 4.2 (diverse Jahrgänge).
Anmerkungen: Die Zahlen beziehen sich nur auf die eingeschriebenen Promovenden. Der starke Rück-
gang zwischen 1995 und 2002 geht auf eine Verringerung der nominalen Zahl der Promovierenden im
Fach Politikwissenschaft zurück (1995/96: 1786, 2001/02: 1162). Über Gründe lässt sich nur spekulieren:
So war die Zahl der geförderten Promovierenden durch Bundesmittel (und mittelbar über Förderwerke)
in dieser Zeit rückläufig (1996: 2550, 2000: 2187) und gleichzeitig war die Lage am Arbeitsmarkt Anfang
der 90er Jahre eher positiv.

Schließlich scheint auch der Übergang der Doctores in das Berufsleben hierzu-
lande in der Regel zu funktionieren. Die Arbeitslosenquote unter Personen mit
Doktortitel liegt auf einem ähnlichen Niveau wie in anderen westlichen Industriestaaten – bei rund drei Prozent (Auriol 2007: 15).[5]

Zusammenfassend lässt sich also festhalten: Die Umgestaltung des Promoti-
onswesens in Deutschland ist noch in vollem Gange. In den nächsten Jahren wird
sich die Zahl der strukturierten Promotionsstudiengänge vermutlich weiter erhöhen und eine stärkere internationale Angleichung der Promotionsprogramme
erfolgen. Allerdings zeigen die Daten, dass die Promotion in Deutschland keinesfalls in einer Outcome-Krise steckt. Vielmehr ist eine Modernisierung der Struk-

---

[5] Dies relativiert auch den an sich plausiblen Einwand, mehr Promotionen seien nicht grundsätzlich besser, da eine Titelflut den Wert des Doktorgrades mindere. Außerhalb unserer Beurtei-
lungsmöglichkeiten steht in diesem Zusammenhang indes die Frage nach der Qualität der zahl-
reicheren Doktorarbeiten.

turen grundsätzlich sinnvoll, um einer steigenden Zahl von Promovierenden die bestmögliche und jeweils passgenaue Ausbildung zu bieten. Jedoch sollte unseres Erachtens zukünftig sorgsam beachtet werden, dass das kreative Potenzial freier Einzelpromotionen nicht zu sehr zugunsten von thematischer Clusterung in strukturierten Programmen vernachlässigt wird.

Disserfahrungen
von Michael Zürn

O.

Ich schrieb meine Dissertation vor knapp 20 Jahren, Anfang der 1990er Jahre, während der Zeit des weltpolitischen Umbruchs.[6] Seitdem hat sich die Wissenschaftslandschaft generell und in der Politikwissenschaft in Deutschland deutlich verändert. Es vollzog sich in großem Tempo eine Professionalisierung der Disziplin und damit verbunden ein deutlich verändertes Publikationsverhalten (Stichwort: „peer-reviewed journals"), eine fortschreitende Internationalisierung sowohl mit Blick auf die relevanten Netzwerke und Publikationsorgane als auch mit Blick auf den Arbeitsmarkt sowie eine deutliche Ausdifferenzierung in der Ausstattung und Leistungsfähigkeit zwischen Universitäten und zwischen einzelnen Fachbereichen in den Universitäten (Sonderforschungsbereiche und Exzellenzinitiative). Die Veränderungen im Bereich der Ausbildung und der sogenannten Nachwuchsförderung sind ebenso frappierend. Die Einführung der BA-MA Studiengänge, das Aufkommen von Graduate Schools und die Einführung der Juniorprofessur mit der damit verbundenen Relativierung der Habilitation sind hier die entscheidenden Punkte. Das ist in der Rückschau eine ganze Menge in relativ kurzer Zeit.

Wenn ein inzwischen etablierter Professor angesichts solcher umwälzenden Veränderungen über seine damaligen, vor diesen Veränderungen liegenden Promotionserfahrungen berichten und damit auf die „alte Zeit" reflektierend zurückschauen soll, dann besteht die große Gefahr in eine von zwei Fallen zu tappen: entweder in das bekannte Lamento, wonach früher doch alles viel besser und authentischer war, oder in ein selbstgefälliges „Mensch habt Ihr es verglichen mit damals gut". Falls es mir wider Erwarten gelingen sollte, in keine der beiden Fallen zu treten, dann kann ich freilich jetzt schon ankündigen, dass ich an der zweitgenannten Falle viel knapper vorbeigeschrammt sein werde als an der ersten.

---

[6] Meine Promotion schrieb ich an der Universität Tübingen als Mitarbeiter von Prof. Dr. Volker Rittberger am dortigen Institut für Politikwissenschaft. Die Arbeit ist 1992 bei Leske&Budrich unter dem Titel „Interessen und Institutionen in der internationalen Politik. Eine Grundlegung des situationsstrukturellen Ansatzes" erschienen.

I.

Bestimmt nicht nur um die zweite Falle zu vermeiden, will ich zunächst mit aller Deut-
lichkeit zum Ausdruck bringen, dass insbesondere die Monate des Schreibens meiner
Dissertation eine besonders schöne Phase meines Lebens waren. Es war eine intensive Zeit, deren Tagesroutinen ich noch in festen Bildern klar vor Augen habe. Jeden
morgen gegen 10 Uhr kam ich langsam in die Gänge und setzte mich an meinen
Schneider-PC mit seinem Floppy-Disk-Laufwerk und seiner 10MB Festplatte (beides
war damals übrigens sehr fortschrittlich!). Und dann begann das Schreiben, unterbro-
chen nur von einer Mahlzeit und einem kleinen Spaziergang oder etwas Jogging. Erst
abends gegen 21 Uhr schaltete ich den PC ab. Dann ging es in die Haaggasse, die
Kneipenstraße Tübingens, die sich in den letzten zwei Jahrzehnten weit weniger verändert hat als die deutsche Wissenschaftslandschaft. Mein soziales Leben fand in dieser Zeit v.a. dort statt und zwar zwischen 22 und 2 Uhr. Am nächsten morgen saß ich
wieder am Schreibtisch.

Ich fühlte mich so fokussiert und konzentriert wie seit dem nie wieder. Jeder
Gedanke wurde in Ruhe betrachtet, gewendet, formuliert und umformuliert. Es
wuchs etwas vor meinen Augen, geschaffen von meinen Händen. Ich fühlte keinen
Druck, nur die intrinsische Motivation, sich mit den Fragen, die mich beschäftigten
gründlich auseinanderzusetzen und dabei ein Buch zu schreiben. Der parallel stattfin-
dende weltpolitische Wandel interessierte mich weniger, er ging auch nicht in die
Argumentation der Dissertation wirklich ein. Ja, ich schrieb an anderer Stelle dazu und
beteiligte mich an der Diskussion. Was ich aber dazu sagte, waren weitgehend nur
Implikationen meines damaligen Denkens für die Interpretation der Vorgänge. Die
Vorgänge selbst beeinflussten mein Denken zunächst kaum. Gorbatschow, George
Bush sen. und Helmut Kohl spielten auf meinem Schreibtisch eine denkbar kleine Rol-
le verglichen mit Jon Elster, Robert Keohane und John Nash.

Das Gesagte bezieht sich auf die Phase des Schreibens. Es ist nämlich definitiv
nicht so, dass ich in herkulianischer Manier nur durch das Wälzen der Argumente in
meinem Kopf eine Dissertation von Anfang bis Ende in der Einsamkeit geschaffen hätte. Ich war vielmehr Teil einer, für damalige Verhältnisse vergleichsweise großen,
produktiven und international wahrgenommenen Arbeitsgruppe: die Arbeitsgruppe
Friedensforschung an der Universität Tübingen unter Leitung von Volker Rittberger,
die damals v.a. durch ihre Beiträge zur Regimeforschung wahrgenommen wurde. In
dieser Gruppe entwickelte sich ein diskursiver Zusammenhang, die gegenseitige Ver-
sicherung an relevanten Fragen zu arbeiten und die permanente Möglichkeit, die eigenen Sichtweisen und Argumente auf die Probe zu stellen. Bevor ich mich in die
oben beschriebene mönchische Phase des Schreibens zurückzog, standen die Grundzüge meiner Dissertationsarbeit durch die Interaktion mit dieser Gruppe bereits fest.
Ohne diesen Arbeitszusammenhang wäre diese Dissertation nicht möglich gewesen.

II.

Die Arbeit in solchen Projektzusammenhängen, die zu einem nicht unwesentlichen Teil auf DFG-Drittmittelprojekten im Normalverfahren mit kurzen Laufzeiten beruhten, war nicht ohne Probleme. Insbesondere das Verhältnis der Promotion mit der Projektarbeit erwies sich immer wieder als spannungsreich. Drei Bedingungen mussten gegeben sein, damit diese Spannung produktiv gewendet werden konnte. Erstens: Die empirischen Erhebungen für das Drittmittelprojekt und die Promotion mussten soweit wie möglich deckungsgleich gemacht werden. Zweitens: Argumentativ betrachtet musste die Dissertation aber das eigene, exklusiv intrinsisch motivierte Ding sein. Drittens: Die eigene Arbeit musste dennoch ein Teil des größeren Ganzen sein. In den Fällen, in denen diese drei Bedingungen nicht erfüllt waren, erwiesen sich die daraus erwachsenden Spannungen oft als hinderlich und unproduktiv.

Dennoch: Es war ein enormes Privileg in einem solchen Arbeitszusammenhang in dieser Zeit promovieren zu können. Das lässt sich auch empirisch anhand der Berufungsmuster nachweisen. Die einzige Alternative im Lande war nämlich wenig verlockend. Sie bestand in einer „Einzeldissertation" an einem zumeist kleinen Lehrstuhl, entweder auf einer halben Mitarbeitstelle mit erheblichen Lehr- und Lehrstuhlverpflichtungen oder auf der Basis eines Promotionsstipendiums, aber zumeist ohne wirkliche Einbindung in einen intellektuellen Zusammenhang. Nur wirklich besonders begabte und willensstarke Menschen haben aus dieser Konstellation heraus eine erfolgreiche wissenschaftliche Karriere starten können.

Zumal die Stellensituation an deutschen Universitäten, insbesondere in den Sozialwissenschaften bis in die 1990er Jahr hinein alles andere als rosig erschien. Die Sozialwissenschaften sind in den 1970er Jahren enorm expandiert, viele, sehr viele Stelleninhaber waren daher um die 50 Jahre und ein Generationswechsel nicht in Sicht. Gleichzeitig standen überall die Zeichen auf Kürzungen; neue Stellen wurden kaum geschaffen und mit jeder Kürzungsrunde weiteten sich die k.w.-Vermerke (Stelle kann nach Pensionierung des Stelleninhabers wegfallen) aus. Die Schaffung von großen, langfristig orientierten Forschungszusammenhängen durch wettbewerblich vergebene Mittel und Zusatzmittel wie Sonderforschungsbereiche und Exzellenzcluster waren zumindest für die Politikwissenschaft noch kaum vorstellbar, der deutsche Einigungsprozess und die Stellen in den neuen Bundesländern lagen gar außerhalb jeder Vorstellungskraft. Kurz und gut: Selbst im Falle einer sehr guten Dissertation erschien der Weg in die Wissenschaft sehr unwahrscheinlich.

III.

Seit etwa Mitte der 1990er Jahre hat sich viel verändert. Die „Einzeldissertation" scheint mir zumindest in ihrer Reinform inzwischen eine Randerscheinung zu sein. Es haben sich vielmehr zwei Formen der Promotionszusammenhänge herausgebildet, die das Bild inzwischen bestimmen. Zum einen sind aus den vergleichsweise kleinen, oben beschriebenen Arbeitszusammenhängen, ausgewachsene Großprojekte geworden, deren Finanzierung und Bestand längerfristig angelegt und die mit viel mehr finanziellen Flexibilitäten ausgestattet sind. In meinem Feld – Internationale Beziehungen – haben sich solche Zusammenhänge etwa in Berlin, Bremen und Frankfurt entwickelt. Die Spannung zwischen Eigenprojekt und Gesamtprojekt besteht in diesen größeren Forschungsverbünden fort, sie ist aber gelockert und kann leichter produktiv gewendet werden. Zum anderen entstanden – nicht selten im Zusammenhang mit den großen Forschungsverbünden – Graduate Schools. Die Stipendiaten sind zwar indirekt an größere Forschungszusammenhänge angebunden, sie definieren jedoch ihr Projekt frei von Rahmenvorgaben in Verbindung mit ihren Betreuern. Dennoch sind sie in einen doppelten Arbeitszusammenhang eingebunden: mit ihren Fellows in der Graduate School und den Wissenschaftlerinnen und Wissenschaftlern im größeren Forschungszusammenhang – wenn auch lockerer als die dortigen Projektmitarbeiter. Gleichzeitig besuchen sie Lehrveranstaltungen, die zum einen der Schärfung ihrer Fragestellung, des theoretischen Hintergrunds und der methodischen Vorgehensweise dienen und sie zum anderen auf die Zeit danach als Juniorprofessor vorbereiten. Sie sollen ihr Fachgebiet so gut überblicken, dass sie vom ersten Tag an nach ihrer Anstellung den anstehenden Aufgaben in der Lehre gewachsen sind. Ob nun die Dissertation in einem großen Forschungszusammenhang auf der Basis einer Anstellung in einem Projekt oder im Rahmen einer Graduate School auf der Grundlage eines Stipendiums zu bevorzugen ist, scheint mir letztlich eine Geschmacksfrage zu sein. In jedem Fall ist es heute möglich, die Promotion in produktiven Kontexten von Gleichgesinnten und Gleichgestellten bei gleichzeitiger Einbindung in größere Forschungszusammenhänge zu erstellen, ohne allzu große Restriktionen und Folgeprobleme einer sehr kurzfristigen Projektfinanzierung aushalten zu müssen.

Natürlich handelt es sich erst um Modelle und die Erfahrungen mit ihnen bedürfen einer sorgfältigen Evaluation. Es bestehen auch noch Schwächen: Die deutsche Fixierung auf die drei Jahre Promotionszeit ist im internationalen Maßstab betrachtet nicht mehr angemessen. Es bedarf auch einer systematischen Bereitstellung einer Postdoc-Zeit, um gerade sehr gute Dissertationen in exzellente Bücher mit internationaler Rezeption verwandeln zu können. Und es bestehen auch systematische Gefahren der Fehlentwicklung, die genau beobachtet werden müssen und ggf. Korrekturmaßnahmen notwendig machen. Die Welle zusätzlicher Dissertationen, die durch die Großprojekte und die Graduate Schools möglich werden, erhöht den Konkurrenzdruck um die Stellen danach. Es muss also darauf geachtet werden, dass die Weiterentwicklung des Wissenschaftssystems so gestaltet wird, dass auch die Doktoranden anfangen, die eine realistische Stellenchance in der Wissenschaft haben. Außerdem ist darauf zu achten, dass die Großprojekte inklusive ihrer Dissertationen nicht zu selbst-referentiellen Karrieresystemen werden. Gerade den Doktoranden muss die Freiheit gegeben werden, ihre eigene Thematik zu entwickeln und die Dinge gegen den Strich zu bürsten. Promotionen in Graduate Schools sollten also nicht den Großprojekten dienen müssen, an denen sie angeschlossen sind, sondern als kritischer Stachel und als Innovationsressource genutzt werden. Wenn diese Probleme erfolgreich angegangen werden, dann würde ich gerne nochmals die Erfahrung einer Promotion erleben dürfen.

Professor Michael Zürn ist Direktor der Abteilung ‚Transnationale Konflikte und Internationale Institutionen' am Wissenschaftszentrum Berlin für Sozialforschung (WZB)

Zum Weitersurfen

Zum Bologna-Prozess:
    http://www.bmbf.de/de/3336.php
„Research Schools" der Max-Planck-Gesellschaft:
    http://www.mpg.de/instituteProjekteEinrichtungen/schoolauswahl/index.html
Graduiertenkollegs der DFG:
    http://www.dfg.de/forschungsfoerderung/koordinierte_programme/graduiertenkollegs
Statistische Daten zu Studierenden an Hochschulen:
    https://www-ec.destatis.de/csp/shop/sfg/bpm.html.cms.cBroker.cls?cmspath=struktur,
    voll anzeige.csp&ID=1022758
Europäisches Doktorandennetzwerk Eurodoc:
    http://www.eurodoc.eu
Doktorandennetzwerk THESIS:
    http://www.thesis.de

Zum Weiterlesen[7]

Auriol, Laudeline (2007): Labour Market Characteristics and International Mobility of Doctorate Holders. OECD Science, Technology and Industry Working Papers 2007/2. Paris: OECD Publishing.

Berning, Ewald/Falk, Susanne (2005): „Das Promotionswesen im Umbruch", in: Bayerisches Staatsinstitut für Hochschulforschung und Hochschulplanung (Hg.): Beiträge zur Hochschulforschung 27. München: Bayerisches Staatsinstitut für Hochschulforschung und Hochschulplanung, 48-73.

BMBF (2005): Bergen-Kommuniqué. Bundesministerium für Bildung und Forschung. Internetquelle (25.10.09): http://www.bmbf.de/pub/bergen_kommunique_dt.pdf.

BMBF (2007a): Londoner Kommuniqué. Bundesministerium für Bildung und Forschung. Internetquelle (25.10.09): http://www.bmbf.de/pub/Londoner_Kommunique_ Bologna _d.pdf

---

[7] In dieser Kategorie finden Sie am Ende jedes Kapitels sowohl zitierte Literatur als auch weitere Titel, die wir dem geneigten Leser ans Herz legen möchten.

BMBF (2007b): Drei für Bologna: Qualität, Mobilität und Transparenz. Pressemitteilung des Bundesministeriums für Bildung und Forschung. Internetquelle (27.10.2009): http://www.bmbf.de/_media/press/pm_20070518-105.pdf.

BMBF (2008): Bundesbericht zur Förderung des Wissenschaftlichen Nachwuchses. Berlin: Bundesministerium für Bildung und Forschung.

BMBF (2009): Begabtenförderung im Hochschulbereich. Internetquelle (7.12.2009): http://www.bmbf.de/de/11869.php.

DPG (2007): Zur Promotion im Fach Physik an deutschen Universitäten. Bad Honnef: Deutsche Physikalische Gesellschaft.

Enders, Jürgen (2005): „Brauchen die Universitäten in Deutschland ein neues Paradigma der Nachwuchsausbildung?", in: Bayerisches Staatsinstitut für Hochschulforschung und Hochschulplanung (Hg.): Beiträge zur Hochschulforschung 27. München: Bayerisches Staatsinstitut für Hochschulforschung und Hochschulplanung, 34-47.

Hochschulrektorenkonferenz (1996): Zum Promotionsstudium: Entschließung des 179. Plenums vom 9. Juli 1996. Internetquelle (25.10.09): http://www.hrk.de/de/beschluesse/109_524.php?datum=179.+Plenum+am+9.+Juli+1996.

Hochschulrektorenkonferenz (2003): Zur Organisation des Promotionsstudiums. Entschließung des 199. Plenums vom 17./18.02.2003. Internetquelle (25.10.09): http://www.hrk.de/de/download/dateien/Promotion.pdf.

Schipp, Sandra (2006): „Doktoranden kritisieren den Trend zum Kolleg à la Bologna", in: DUZ Nachrichten 8/2006.

2 Wozu promovieren?

950 Euro. Das ist die kürzeste aller (und natürlich nur eine von vielen möglichen) Antworten auf die in der Überschrift gestellte Frage. Denn so hoch sind in Deutschland die durchschnittlichen monatlichen Mehreinnahmen eines Promovierten im Gegensatz zu einer Person mit „normalem" Universitätsabschluss.[1] Und im Vergleich zu Facharbeitern verdienen Menschen mit Doktortitel sogar rund 1900 Euro im Monat mehr (Wienert 2006). Auch für die Schweiz liegen wissenschaftliche Ergebnisse vor, die einen signifikanten Einkommensunterschied zwischen der Gruppe der Promovierten und Personen mit „normalem" Universitätsabschluss feststellen – eingeschränkt auch in den Geistes- und Sozialwissenschaften (Engelage/Adjar 2008). Und zudem nimmt das Risiko der Arbeitslosigkeit bei Promovierten im Gegensatz zu Personen mit „normalem" universitärem Abschluss signifikant ab. Aus dieser monetär geprägten Perspektive ist der Sinn einer Promotion also klar: Der Doktorgrad schützt vor Arbeitslosigkeit und führt zu höherem Einkommen.

Nun ist diese Aussicht auf ein höheres Einkommen bei den meisten Doktoranden jedoch nicht der entscheidende Faktor, wenn es darum geht, sich für oder gegen eine Promotion zu entscheiden. Zudem gilt heute auch, dass der Stellenwert einer Promotion in der freien Wirtschaft tendenziell sinkt (Günther 2009: 484). Deshalb geben wir Ihnen auf den nächsten Seiten einige weitere Denkanstöße, warum sich das Schreiben einer Doktorarbeit nicht nur materiell lohnt.

Wozu promovieren wir also? Die Antwort auf diese Frage ist so vielfältig wie die Zahl der Promovenden – denn jeder Doktorand entscheidet sich aus einer unterschiedlichen Gemengelage von Gründen für die Fortsetzung seines Studiums. Motivation beziehen Promovenden häufig aus dem Forschungsthema: Denn im Idealfall bekommen sie bei einer Promotion zwei oder drei Jahre Zeit geschenkt, um sich intensiv mit einem interessanten Thema auseinanderzusetzen – dem eigenen Thema. Und oft besteht sogar die Möglichkeit, sich die Lebenshaltungskosten während dieser zwei bis drei Jahre durch ein Stipendium oder eine

---

[1] Hierbei sind die Opportunitätskosten – also die entgangenen Einnahmen während der Promotionsphase – freilich nicht eingerechnet (vgl. dazu etwa Becker 1993: 118).

Stelle zu finanzieren. Große Sprünge sind in der Regel nicht drin – aber dennoch: Drei Jahre ungestörtes wissenschaftliches Arbeiten, ohne finanzielle Sorgen: Für Forscher ist das ein Luxus. Auch macht Vielen die Arbeit an der Uni Spaß, und für eine langfristige Laufbahn in der Wissenschaft ist die Promotion eben auch eine Voraussetzung. Andere Promovenden sind vor allem extrinsisch motiviert. Sie wollen den Titel, um im Berufsleben aufzusteigen oder brauchen den Doktorgrad für das eigene Ego. Wer für den Job promoviert, arbeitet häufig noch nebenher – und auch, wer intrinsisch motiviert ist, aber keine Finanzierung durch Stelle oder Stipendium gefunden hat. Für solche Promovierenden sind teilweise andere Strategien notwendig, um die Doppelbelastung zu managen und sowohl Promotion als auch den Beruf unter einen Hut zu bekommen. Und wieder andere Promovenden der Politikwissenschaft sind nach dem Studium unentschieden, welchen beruflichen Weg sie einzuschlagen gedenken, entscheiden sich für den Verbleib im bekannten Umfeld an der Universität und werden so zu angehenden Doctores der Politikwissenschaft.

Wenn Sie daher aus einem der genannten Gründe oder auch aus einer anderen Motivation heraus mit dem Gedanken spielen zu promovieren, dann sind die folgenden Seiten für Sie ein guter Einstieg. Bei der Lektüre können Sie für sich selbst überlegen, welchen Sinn und Zweck Sie persönlich mit Ihrer Promotion verbinden. Und wenn Sie bereits nach den ersten Zeilen vor Tatendurst nicht mehr weiterlesen können, sondern sofort losschreiben wollen – umso besser. Zumindest dürfen Sie dann zum nächsten Kapitel springen.

Erfahrungsbericht eines Doktoranden
von Thieß Petersen

Meine Promotion an der Christian-Albrechts-Universität zu Kiel dauerte rund 4,5 Jahre. Gemessen am aktuellen Alter von 45 machte die Promotionsphase also gut ein Zehntel meines bisherigen Lebens aus. Haben sich diese Jahre rückblickend gelohnt?

Die Beantwortung dieser Frage hängt maßgeblich von der Erwartungshaltung und Zielvorstellung ab. Viele Beweggründe sind denkbar: eine Verbesserung der Arbeitsmarkt- und Einkommenschancen, eine wissenschaftliche Karriere, eine hohe intrinsische Motivation in dem Sinne, sich intensiv mit einem Thema wissenschaftlich auseinandersetzen zu wollen, oder auch ,nur' der Wunsch, den schmückenden Doktortitel zu tragen. Über die zutiefst persönlichen Motivationen muss sich jeder angehende Doktorand absolut im Klaren sein, denn die persönliche Motivationslage ist entscheidend für alle weiteren Weichenstellungen. Doktoranden, die ausschließlich ihre Arbeitsmarkt- und Einkommenschancen verbessern wollen, wählen am besten enge Themen mit einer möglichst kurzen Bearbeitungszeit, einem großen beruflichen Kontext und einer hohen Aktualität. Wer hingegen eine Hochschulkarriere anstrebt, ist besser mit einem Thema beraten, das dem wissenschaftlichen Zeitgeist entspricht und sich zudem leichter in wissenschaftlichen Zeitschriften und auf Konferenzen unterbringen lässt. Und wer primär intrinsisch motiviert ist, muss ein Thema wählen, das ihn oder sie wirklich brennend interessiert und auch über mehrere Jahre fesseln kann. Die Frage nach den Zielen, die mit einer Promotion angestrebt werden, ist daher aus meiner Sicht die Kernfrage, die zu Beginn dieses Vorhabens – absolut ehrlich gegenüber sich selbst – beantwortet werden muss. Meine Entscheidung zur Promotion basierte auf einer Kombination aus intrinsischer Motivation und dem Wunsch, irgendwann einmal den Doktortitel vor dem Namen führen zu dürfen. Daneben spielte natürlich auch die Hoffnung eine Rolle, durch den zusätzlichen akademischen Titel die beruflichen Chancen zu verbessern; dieses Ziel war bei mir jedoch eher zweitrangig.

Ob sich die Promotion allerdings positiv auf die langfristige Einkommensentwicklung ausgewirkt hat, vermag ich nicht seriös zu beantworten. Keiner meiner Arbeitgeber entlohnte den zusätzlichen akademischen Titel mit einem signifikant höheren Gehalt. Grundsätzlich würde ich auch angesichts der Erfahrungen im Bekanntenkreis die These wagen, dass potenzielle Arbeitgeber in der Regel nicht bereit sind, einen Doktortitel mit einem höheren Gehalt zu belohnen. Und selbst wenn dies der Fall sein sollte, ist es immer noch äußerst zweifelhaft, ob sich die Einkommensverluste während der Promotionszeit dadurch ausgleichen lassen.

Ein positiver Effekt auf die Einstellungschancen lässt sich bei mir schon eher feststellen. Dazu muss ich allerdings einschränkend sagen, dass sich der Einstieg in das post-universitäre Arbeitsleben als holprig erwies. Dies mag zum Teil an dem Thema meiner Doktorarbeit gelegen haben, deren finaler Titel „Das Menschenbild von Marx und dessen Bedeutung für seine Kritik an der politischen Ökonomie" lautete. Ich ahnte zwar, dass mir diese Materie einige Probleme auf dem Arbeitsmarkt bereiten könnte. Andererseits war ich nach den Vorarbeiten im Rahmen der Themenfindung hiervon so begeistert, dass ich mir ein anderes Thema schwer vorstellen konnte. Neben diesem thematischen Hindernis gehe ich jedoch auch davon aus, dass eine vierjährige Tätigkeit im universitären Umfeld ohne praktische Berufserfahrung viele Arbeitgeber eher abschreckt. Abgesehen von diesen Startschwierigkeiten hat sich die Promotion allerdings positiv auf die berufliche Entwicklung ausgewirkt. Meine Tätigkeit als Lehrender an einer Fachhochschule (hauptberuflich in den Jahren 1997 bis 1998 und seitdem als Lehrbeauftragter) wäre ohne diesen akademischen Grad nur schwer möglich gewesen. Und auch bei der Einstellung durch meinen aktuellen Arbeitgeber – die Bertelsmann Stiftung – war der Doktortitel sicherlich hilfreich. Dies dürfte unter anderem daran liegen, dass der Doktorgrad einen gewissen Vertrauens- bzw. Glaubwürdigkeitsvorschuss mit sich bringt, wenn es um Vorträge, Anhörungen oder Publikationen geht. Gerade im Bereich der Politikberatung ist dies ein nicht zu unterschätzender Pluspunkt.

Von unschätzbarem Wert war schließlich die Erfahrung, mich intensiv einem wissenschaftlichen Thema meiner Wahl zu widmen. Dies machte mir schon während der Seminararbeiten im Studium Spaß und war letztendlich der Auslöser für die Entscheidung zur Promotion. Für mich persönlich haben sich die 4,5 Jahre daher gelohnt, zumal ich diese Phase auch noch mit dem ersehnten Doktorgrad abschließen konnte. Außerdem hat sich damit die Möglichkeit ergeben, nebenberuflich als Lehrbeauftragter an einer FH tätig zu werden, sodass immer noch eine Tätigkeit als Fachhochschulprofessor denkbar ist. All dies wird aber diejenigen, die mit dem Doktortitel primär monetäre Ziele anstreben, wenig überzeugen – für die intertemporale Einkommensmaximierung ist die Promotion nicht unbedingt der beste Weg.

Thieß Petersen ist Projektmanager bei der Bertelsmann Stiftung.

Die Promotion zur Weiterqualifikation

Während der Arbeit an der Dissertation erwirbt man viele wichtige Fähigkeiten, die einem auch im späteren Berufsleben nützen. Zunächst bedeutet die Promotion in einem bestimmten politikwissenschaftlichen Themenbereich natürlich, dass man auf seinem Gebiet zum absoluten Experten wird. Wer über kriegerische Auseinandersetzungen in Westafrika promoviert, wird sich wahrscheinlich in diesem Themengebiet besser auskennen als fast jeder andere – wahrscheinlich sogar besser als sein Betreuer. Planen Sie bereits zu Beginn Ihrer Promotionszeit, in den Entwicklungshilfedienst zu gehen oder sich beim Ministerium für Wirtschaftliche Zusammenarbeit zu bewerben, so werden Ihnen diese Expertenkenntnisse sicher den Einstieg erleichtern bzw. Ihre Bewerbungschancen steigern.

Daneben erwirbt man während einer Promotion in der Regel methodische Kenntnisse: Man lernt die Bedienung eines neuen Statistikprogramms, verinnerlicht, wie man Diskurse analysiert, oder übt sich darin, Konfliktsituationen spieltheoretisch darzustellen. Diese fachspezifischen methodischen Fertigkeiten wirken weit über die konkrete Anwendung in der politikwissenschaftlichen Forschung hinaus. Fragt man Personalchefs, was sie an Promovierten schätzen, so bekommt man meistens eine Antwort wie: „Promovierte verfügen über außergewöhnlich starke konzeptionelle Fähigkeiten und methodisches Vorgehen" (Brunner 2007). Zu einem ähnlichen Ergebnis kam auch eine Umfrage, die die Universität Marburg 1999 unter ihren Promovierten durchgeführt hat. 84 Prozent der Befragten gaben an, dass die Promotion insbesondere ihre Kenntnisse bei der „Anwendung wissenschaftlicher Methoden" verbessert habe. Fazit: Die Fähigkeit, konzeptionell zu denken, mit einem analytischen Blick an Fragestellungen heranzugehen und methodisch zu arbeiten, ist eine Kompetenz, die man während der Erstellung einer Doktorarbeit erwirbt und die in der Arbeitswelt sehr geschätzt wird.

Wer promoviert, muss in der Regel mindestens einmal im Semester die Ergebnisse seines Forschungsvorhabens im Kolloquium des Doktorvaters oder einem vergleichbaren Forum von Doktorandenkollegs bzw. Graduiertenschulen präsentieren. Die Teilnahme an Konferenzen ist für Doktoranden ebenfalls sehr zu empfehlen. Bei diesen Gelegenheiten schult man automatische seine Präsentationstechniken. Die Power-Point-Folien werden immer besser strukturiert, man legt seine Nervosität beim immer freieren Vortrag peu à peu ab und lernt bei Vorträgen in Fremdsprachen, wie man mit Wortfindungsstörungen („was heißt nochmal Dekommodifizierung auf englisch?") und den damit einhergehenden Sekunden der Stille während der Präsentation umgeht. All diese Fähigkeiten werden Ihnen im weiteren Berufsleben nutzen – denn die Präsentation eines Projektes oder Vorhabens (auch in Fremdsprachen) wird für Sie (nicht nur) als zukünftige Führungskraft zum Standard-Repertoire gehören, egal ob in Verwaltung, NGOs oder in der freien Wirtschaft. Während der Promotionsphase haben Sie die Möglichkeit, sich selbst für den Ernstfall fit zu machen.

Die Promotion lässt sich auch als Arbeit an einem Projekt betrachten. Daher treffen aus organisatorischer Sicht viele Merkmale auf die Promotionsphase zu, die man allgemein als Kennzeichen von Projektmanagement bezeichnen würde (siehe auch Kapitel 7). Ähnlich wie ein Unternehmen, das sich bei der Erstellung eines neuen Produkts gewisse Meilensteine setzt und einen Zeitplan von der Analyse des Umfelds über die Konzeption bis zum Abschluss des Projekts aufstellt, steht auch der Doktorand vor der Herausforderung, seine Dissertation in einem selbstgesteckten Zeitrahmen abzuschließen. Als Promotionsstudent machen Sie also erste Erfahrungen im Projektmanagement – auch wenn Sie in den einzelnen Schritten natürlich nicht so detailliert vorgehen müssen (aber durchaus können), wie es die betriebswirtschaftlichen Einführungswerke zum Projektmanagement vorschlagen (Kuster u.a. 2008).

„Wer promoviert, lernt sich selbst kennen" – so antwortete einer unserer Kollegen auf die Frage, welchen Nutzen er persönlich aus seiner Promotionszeit gezogen habe. Und in der Tat: Wer promoviert erfährt seine eigenen Stärken und Schwächen aus nächster Nähe. Lasse ich mich schnell ablenken? Erkenne ich, wann ich gedanklich in einer Sackgasse stecke und kehrt machen muss? Mute ich mir zu viel zu? Lasse ich mich leicht unter Druck setzen? Wie viele Stunden kann ich am Stück konzentriert arbeiten? Seien Sie sich gewiss – am Ende Ihrer Promotionszeit kennen Sie die Antworten auf viele dieser Fragen weit besser als jemals zuvor. Und noch wichtiger: Sie wissen, wie Sie mit Ihren Schwächen am besten umgehen. Sei es durch das Herausziehen des Internet-Steckers, um sich weniger ablenken zu lassen, oder durch das Einstreuen von fünfzehnminütigen Spaziergängen an der frischen Luft, um die Konzentrationsfähigkeit zu steigern. Diese Selbsterkenntnis ist zwar kein messbarer Nutzen. Sie wird Ihnen jedoch bestimmt auch nach Abschluss der Promotion sehr hilfreich sein.

Wenn das Schreiben der Magisterarbeit ein Mittelstreckenlauf war, dann ist die Erstellung einer Doktorarbeit ein Marathon. Und ähnlich einem Marathonläufer haben erfolgreiche Promovenden durch die Bewältigung der langen Wegstrecke eine wichtige Fähigkeit trainiert: ihre Grundlagenausdauer. Diese Kompetenz, lange Zeit an einem Thema „dranzubleiben", sich von Unwägbarkeiten nicht aus dem Konzept bringen zu lassen und sein Projekt zum erfolgreichen Abschluss zu bringen, wird nicht nur in der universitären Forschung hoch geschätzt. Auch Mitarbeiter in der öffentlichen Verwaltung brauchen Durchhaltevermögen, und ein politischer Journalist, der einen investigativen Artikel recherchiert, sitzt manchmal jahrelang an einem Thema. Wenn Sie dieses Durchhaltevermögen bereits in Ihrer Promotionszeit erworben haben, so wird es in der beruflichen Zukunft sicherlich von Nutzen sein.

All diese beschriebenen Fähigkeiten, die Sie während Ihrer Promotionszeit erwerben, werden von Doktoranden meist als Nebenprodukte ihrer eigentlichen Arbeit am Forschungsvorhaben betrachtet. Sie sollten diese Nebenprodukte jedoch keineswegs unterschätzen – im Gegenteil: Wenn Sie die Gelegenheit haben, Kurse für Projektmanagement, Präsentationstechniken oder Methoden zu belegen, nutzen Sie diese Möglichkeiten. Die meisten Universitäten bieten solche Veranstaltungen unter dem Schlagwort Schlüsselkompetenzen für Doktoranden kostenlos oder zu sehr günstigen Tarifen an. Dann wird aus der nebenberuflichen Weiterqualifikation eine eigenständige, im Rahmen der Promotion geschulte Fähigkeit.

Der Zweck einer Promotion und die Motivation der Doktoranden

Wenn man Doktoranden nach dem Sinn und Zweck Ihrer Promotion fragt, so ist das Interesse am konkreten Thema eine der meistgenannten Antworten: 85,2 Prozent der Befragten einer Studie des Doktorandennetzwerks Thesis hielten diesen Grund für „überwiegend völlig ausschlaggebend" für den Beginn ihrer Promotion (Briede/Gerhardt/Mues 2004: 13). Und ehrlich gesagt: Alles andere wäre auch besorgniserregend – schließlich setzt man sich als Doktorand mindestens zwei Jahre lang mit seinem Promotionsthema in all seinen Facetten auseinander. Eine starke intrinsische Motivation ist also überaus wichtig. Ohne Interesse am Thema oder, sollte dies noch nicht feststehen, ohne Neugier auf politikwissenschaftliche Fragestellungen sowie ohne Freude am wissenschaftlichen Arbeiten ist ein guter Abschluss der Promotion kaum möglich. Wenn Sie also zum Beispiel durch die Forschungen für Ihre Magister- oder Masterarbeit auf den Geschmack gekommen sind und sich bei der Abgabe Ihrer Arbeit darüber geärgert haben, nicht noch tiefer schürfen zu können, bringen Sie die besten Voraussetzungen mit, um ein erfolgreicher Doktorand zu werden. Wenig ist erhebender, als sich – nach geglückter Finanzierung der Promotionsphase – morgens an den Schreibtisch zu setzen und für das Lesen wissenschaftlicher Artikel entlohnt zu werden, die einen inhaltlich interessieren. Als Promovend haben Sie die Chance, Ihre Interessen in einem Ausmaß und in einer Form zu verwirklichen, wie es sonst nur selten im Arbeitsleben möglich sein wird: Sie können sich selbst zum Experten in einem Themenfeld machen, das Sie ohnehin interessiert, und halten am Ende als Symbol dafür Ihr Buch in der Hand. Gibt es etwas Schöneres?

Die Gefahren lauern jedoch, wenn aus dem Interesse am Thema eine unendliche Geschichte wird. Jedes Thema lässt sich immer noch weiter untersuchen, noch detaillierter aufdröseln und noch besser ausleuchten. Selbst wenn die Fragestellung bereits stark zugespitzt ist, lassen sich häufig unzählige weitere untersuchenswerte Teilaspekte finden. Daher unser Appell an die primär intrinsisch Motivierten: Lassen Sie auch etwas Pragmatismus walten. Sie sollten sich im Klaren sein, dass Ihre Doktorarbeit neben dem Ziel, die Politikwissenschaft in Ihrem Fachgebiet weiterzubringen, einen weiteren wichtigen Zweck erfüllt: Sie ist eine wissenschaftliche Qualifikationsarbeit, die Ihnen bei Verbleib in Akademia weitere, intensive Forschungstätigkeit ermöglicht – nicht alles muss bereits in der Promotionsphase ergründet werden.

Extrinsische Motive können ebenfalls der Hauptgrund für die Entscheidung zur Promotion sein. Spätestens wenn sie mit ihrer Arbeit auf die Zielgerade einbiegen, aber durchaus auch weit früher, dürfen Sie sich überlegen, was danach kommen soll. Lassen Sie sich ruhig ein wenig extrinsisch motivieren, denken Sie über mögliche Arbeitsstellen und die oben genannten Einkommensunterschiede nach. Und sollten Sie einen Job für die Zeit danach in Aussicht haben, können Sie sich sicher sein: Dann wird die Arbeit ganz bestimmt zügig fertig.

Bei einer Befragung unter Doktoranden in Bayern hat das Bayerisches Staatsinstitut für Hochschulforschung und Hochschulplanung (IHF) ermittelt, dass die Aussicht auf Karriere und höheres Einkommen ebenfalls eine wichtige Rolle spielt – nach dem Interesse am Thema und am wissenschaftlichen Arbeiten:

41,7 Prozent der Befragten gaben an, durch die Promotion ein höheres Einkommen zu erwarten; 63,2 Prozent meinten, der Doktortitel verbessere die beruflichen Chancen (Berning/Falk 2006: 36). Und natürlich verhilft eine klare berufliche Perspektive verbunden mit monetären Anreizen einer Promotion häufig zu zügigem Abschluss. So bedeutet der Doktortitel für den 26-Jährigen Jung-Consultant, der zwei Jahre nach seinem Magisterabschluss in Politik durch die Promotion zum Partner in seinem Unternehmen aufsteigen will, ein höheres Renommee im Unternehmen – und höchstwahrscheinlich auch einige hundert Euro mehr am Monatsende. Diese Aussicht auf rosige Zeiten hilft vielen Doktoranden ungemein, um in schwierigen Phasen den nötigen Antrieb zu behalten. Aber auch hier gilt: Das Extrem ist schädlich. Sollten Sie den einzigen Sinn Ihrer Promotion darin sehen, später mehr Geld zu verdienen, dann gehen Sie nochmals in sich. Denn ohne Interesse an einer politikwissenschaftlichen Fragestellung und ohne die Bereitschaft, sich für ihre Untersuchung zwei bis drei Jahre intensiv mit einem Thema zu befassen, Literatur zu lesen und neue Methoden zu erlernen, kann die Forschung schnell zu einer Last werden – und sie könnte dann, so unsere Vermutung, auch (zu) wenig wissenschaftlichen Mehrwert generieren.

Eine Frage der Leidenschaft
von Werner Weidenfeld

Eine Promotion ist kein Kinderspiel. Die mehrjährige Beschäftigung mit einem Thema, Zweifel an der Wahl des Gegenstandes, den eigenen Fähigkeiten und der beruflichen Zukunft: Dafür braucht es Sitzfleisch, Disziplin und ein Thema, das einen selbst immer wieder zu motivieren vermag. Das wichtigste jedoch, das ein Kandidat mitbringen muss, ist Leidenschaft. Ohne Leidenschaft wird jedem Promovenden die Luft ausgehen, wenn der lange Atem gefragt ist.

Politikwissenschaft meint auch das Hantieren mit Theorien, Modellen, Hypothesen. Sie alle jedoch bleiben stets Mittel zum Zweck. Abstrakte Analyserahmen dürfen nicht den Blick dafür verstellen, dass es letztlich um die Frage nach der Gestaltung und Organisation des Zusammenlebens von Menschen geht. Jeder Politikwissenschaftler muss sich fragen: Welche Gesellschaft und welcher Staat sollen es sein? Wie viel Staat ist gewünscht? Vor allem: Welche Funktion soll Politik erfüllen? Antworten auf diese zentralen Fragen zu finden, meint nicht nur, sein eigenes Tun zu legitimieren. Vielmehr geht es darum, das Wesentliche, aus dem Leidenschaft erwächst, nicht aus den Augen zu verlieren.

Wer eine Promotion in Politikwissenschaft schreibt, arbeitet mit am großen Ganzen. Er beteiligt sich an der Aufgabe, Politik besser zu verstehen, um so das Miteinander von Menschen und Staaten besser gestalten zu können. Aus dieser Leidenschaft erwächst die Einsicht, mehr wollen zu müssen, nicht kleinkariert denken zu dürfen. Die Analyse eines Spezialfalles mag interessant sein – doch was bedeutet ein Fallbeispiel für die großen politischen und gesellschaftlichen Zusammenhänge? Die Fortschreibung einer Theorie mag für eine Publikation im Review-Verfahren hilfreich sein – doch inwiefern hält diese Theorie auch dem Praxistest stand? Nur wer diese Fragen für sich beantworten kann, nur wer seine eigene Promotion in einem festen normativen Fundament verankert sieht, wird nicht nur ein guter Promovend, sondern auch ein guter Politikwissenschaftler sein.

Werner Weidenfeld ist Professor für Politische Wissenschaft an der LMU München und Direktor des Centrum für angewandte Politikforschung (CAP)

Jeder Doktorand wird die Frage nach den Gründen seiner Promotion anders beantworten – zu unterschiedlich sind die persönlichen Motivationen. Ungemein erleichtert wird die Arbeit an der Promotion jedoch, wenn man als Doktorand zwei Herzen in sich spürt: Ein Herz, das einen aus Interesse am Thema immer weiter in die Tiefen der Forschung treibt und das seine Befriedigung und Freude daraus zieht, dass eine Regression ein interessantes Ergebnis ergibt oder eine Verhandlungssituation zwischen verfeindeten Staaten mit einem spieltheoretischen Modell fassbar ist. Und ein zweites Herz, das einen zur Fertigstellung drängt, weil es nach einer monetären oder statusmäßigen Auszahlung der eingesetzten Zeit und Energie lechzt. Volkswirtschaftlich gedacht: Ein Doktorand befindet sich im Trade-Off zwischen zwei nutzenspendenden Elementen und muss eine Lösung finden, die für ihn persönlich optimal ist. Dabei kann aus unserer Sicht die aristotelische Idee von der mesotes, der tugendhaften Mitte, eine Richtschnur sein: Wer nur aus reinem Interesse am Thema oder nur aus purer extrinsischer Motivation promoviert, wird früher oder später auf die oben diskutierten Schwierigkeiten stoßen. Diese machen die Promotion natürlich nicht unmöglich – insbesondere dann nicht, wenn man sich seiner Schwächen bewusst ist und deshalb gezielt gegensteuert oder wenn die persönliche Toleranzschwelle für die negativen Folgen sehr hoch liegt. Aber wenn Sie bei sich selbst eine Mischung von beiden Elementen vorfinden, dem Interesse am Thema und der extrinsischen Motivation, haben sie jedenfalls nicht die schlechtesten Startvoraussetzungen.

Zum Weitersurfen

Deutsches Doktorandennetzwerk:
www.thesis.de
Bayerisches Institut für Hochschulforschung:
www.ihf.bayern.de
Promovierendeninitiative:
http://www.promovierenden-initiative.de/

Zum Weiterlesen

Bayerisches Staatsinstitut für Hochschulforschung und Hochschulplanung (IHF) (2005): Beiträge zur Hochschulforschung – Sonderheft „Promotionswesen im Umbruch" (1/2005). München.

Becker, Gary S. (1993): Human Capital. A Theoretical and Empirical Analysis with Specific Reference to Education, Chicago/London: University of Chicago Press.

Berning, Ewald/Falk, Susanne (2006): Promotionswesen in Bayern. München: Bayerisches Staatsinstitut für Hochschulforschung und Hochschulplanung.

Briede, Ulrike/Gerhardt, Anke/Mues, Christopher (2004): „Die Situation der Doktoranden in Deutschland. Ergebnisse der Befragung.", in: duz (Deutsche Universitätszeitung) special, Beilage zur duz – das unabhängige Hoschulmagazin 3.12.2004, 13-22.

Brunner, Ines (2007): „Karrieresprung. MBA oder Promotion?", Frankfurter Allgemeine Zeitung, Internetausgabe: http://www.faz.net/s/RubEC1ACFE1EE274C81BCD3621EF5 55C83C/Doc~E11B030D8930E4B1B81CE84AC84D318A2~ATpl~Ecommon~Scontent. html.

Engelage, Sonja/Hadjar, Andreas (2008): „Promotion und Karriere – Lohnt es sich zu promovieren? Eine Analyse der Schweizerischen Absolventenstudie", in: Swiss Journal of Sociology 34:1, 71-93.

Kuster, Jürg/Huber, Eugen/Lippmann, Robert/Schmid, Alphons/Schneider, Emil/Witschi, Urs/Wüst, Roger (2008): Handbuch Projektmanagement. Heidelberg: Springer.

Wienert, Helmut (2006): „Einkommensdifferenzen zwischen Nicht-Akademikern und Akademikern", in: Wirtschaftdienst 2006:2, 105-111.

3 Ein Thema finden

Die Themenwahl für ein Promotionsvorhaben weist frappante Parallelen zur Partnersuche auf: Mancher entscheidet sich kurz entschlossen für das erstbeste, mancher sondiert den Markt gründlich und legt dann einen umfangreichen Kriterienkatalog zu Grunde, und manch einer erweist sich als sprunghaft und kann sich einfach nicht festlegen. Wieder andere trifft Amors Pfeil unverhofft, ihnen lässt die Begeisterung des Augenblicks gar keine andere Wahl.

Solche Liebe auf den ersten Blick ist eine schöne Sache, und wer wollte den Frischentflammten das junge Glück madig machen? Wenden wir uns also zunächst nur an alle anderen, diejenigen also, welche eine Promotion in der Politikwissenschaft anstreben, aber dies nicht von vornherein aus Leidenschaft für ein bereits feststehendes Thema tun. Der Kurzentschlossene prüfe im Folgenden, ob er wirklich richtig liegt. Dem systematisch Suchenden sollen einige vielleicht noch nicht bedachte Hinweise gegeben werden. Und dem Bindungsunwilligen sei vor Augen geführt, dass verschiedene Themen das Richtige sein können, dazu aber letztlich nur durch den Akt der Entscheidung werden.

Fünf Ratschläge eines Begräbnisanalysten
von Achim Wendler

Am Anfang war der Zufall. Als ich eine Dissertation ins Auge fasste, hatte ich weder engen Kontakt zu einem Professor, der mich förderte, noch war ich besessen von einem Thema, das ich glaubte, unbedingt wissenschaftlich bereichern zu müssen. Stattdessen las ich, auf Themensuche, kreuz und quer. Alles mehr oder weniger Politikwissenschaftliche, Hauptsache interessant. Im Rückblick würde ich diese Lektürephase „Trawlerzeit" nennen: Ich pflügte mit einem Schleppnetz durch die Literatur, alles aufnehmend, ohne schon zu wissen, was verwertbarer Fang und was nur Beifang sein würde.

Dabei stieß ich auf einen Essay über Franz Josef Strauß. Der Autor, dessen Namen ich vergessen habe, fragte in einem Nebensatz, warum Strauß ein so prächtiges Begräbnis erhalten hatte, obwohl er doch eine so umstrittene Person gewesen war. Ja, warum? Damit hatte ich das Thema meiner Dissertation.

Der Doktorvater fand sich auf ähnliche Weise, eher zufällig. Ich rief einen wissenschaftlichen Mitarbeiter am Geschwister-Scholl-Institut der Ludwig-Maximilians-Universität an, dem Institut, an dem ich Politikwissenschaft im Nebenfach studiert hatte. Mir ging es um nicht mehr als einen Tipp für die Suche nach einem Professor, der meine Begräbnis-Neugier eventuell teilen würde. Das Gespräch endete damit, dass der Mann mir vorschlug, das Thema gleich seinem Chef vorzustellen.

Noch einmal Glück: Prof. Dr. Peter Cornelius Mayer-Tasch, kurz vor der Emeritierung stehend, abgeklärt und doch neugierig, fand Gefallen an meiner nekrophilen Frage. Damit hatte ich den Betreuer.

Und mein erster Rat lautet: Lesen, lesen, lesen und anfangs dem Zufall Raum geben!

Die „Anglerzeit" begann. Lesen wurde Disziplin und Geduld. Jeder weiß das: Es macht einen großen Unterschied, ob man querbeet und aus reinem Interesse liest oder mit dem Ziel, ein Thema zu durchdringen. Alles zu verstehen und zu verinnerlichen. Nichts zu übersehen. Zugleich genoss ich aber gerade diese Intensität, als wunderbare Abwechslung zu meinem Alltag als Nachrichtenredakteur, wo man ja immer irgendwie trawlert. Meine Beute war vielleicht noch nicht scharf definiert, aber immerhin eingegrenzt: alles, was mit politischer Symbolik, mit politischen Ritualen, mit staatlicher Repräsentation, mit politischer Selbstdarstellung zu tun hatte.

Dass ich gut vorankam, habe ich einem Freund und Ratgeber zu verdanken. Wenn ich ihm berichtete, worüber ich promovierte, unterbrach er mich spätestens nach fünf Sätzen. „Finde zuerst mal eine klare, kurze Hypothese. Nur als Arbeitshypothese! Am besten eine Je …, desto…-Hypothese!", verlangte er. Ich widersprach mit Hinweis auf die Komplexität meines Themas, das ja nicht nur politikwissenschaftliche, sondern auch soziologische und historische Aspekte beinhaltete und sich nicht durch simple Automatismen wie „Je, desto" fassen lasse … Einwände, die mein Ratgeber höflich, aber bestimmt wegwischte, wofür ich ihm bis heute dankbar bin. Nach einem halben Jahr konnte ich ihn zufrieden stellen: Je instabiler ein Staat, desto aufwendiger inszeniert er sich selbst.

Die Formulierung dieser klaren, prägnanten Arbeitshypothese war der Durchbruch. Sie allein hat es mir ermöglicht, die Freiheit produktiv zu nutzen, die mein Doktorvater mir ließ. Hätte ich sie nicht rechtzeitig eingegrenzt, wäre aus der Freiheit wahrscheinlich irgendwann Ziellosigkeit geworden und hätte ich entnervt aufgegeben.

Deshalb lautet mein zweiter Rat: Das Thema so früh wie möglich festlegen!

Und der dritte: Keine Scheu vor Vereinfachung und Prägnanz! Die Komplexität kommt von ganz allein.

Mit der Hypothese stand zugleich das Gerüst der gesamten Arbeit. Ein wackeliges zwar, aber stabil genug, um das Material zu ordnen und zugleich mit dem Schreiben zu beginnen. Auch so ein entscheidender Punkt, wie ich heute weiß. Je eher man zu schreiben anfängt, desto besser. Es diszipliniert und strukturiert. Und ändern kann man später immer noch.

Daher Rat Nummer vier: So früh wie möglich mit dem Schreiben beginnen!

Meine Notizen wuchsen rasch, die Literaturliste ebenso. Klar, Beifang war immer noch reichlich dabei, wie ich später merkte. Aber ich machte Fortschritte. Mal wöchentlich einen, mal auch nur monatlich. Wenn das Projekt länger stagnierte, lag es nicht an Unproduktivität. Sondern daran, dass ich die Dissertation zugunsten des Berufs ruhen lassen musste. Das waren mal drei, mal vier Monate. Diese Phasen waren ärgerlich, weil sie nicht nur Stillstand, sondern Rückschritt bedeuteten. Ich brauchte dann immer ein paar Tage, um mich auf den aktuellen Stand meines eigenen Projekts zu bringen.

Folglich mein letzter Rat: Die Arbeit an der Dissertation möglichst nie ganz ruhen lassen! Sparflamme ist immer noch besser als Dunkelheit.

Achim Wendler ist Redakteur des Hörfunk-Nachrichtensenders B5 aktuell.

Sie werden sich in den kommenden zwei, drei oder auch fünf Jahren so intensiv wie noch nie mit einer Materie befassen, sie aus unterschiedlichen Blickwinkeln durchdenken und fast alles lesen, was je über sie geschrieben worden ist. Das schließt ein pragmatisches Verhältnis zu ihrem Thema nicht aus, aber eine gewisse Neigung dazu macht die Sache gewiss kurzweiliger. Ausschließen können Sie also wohl Themen, die sie immer schon als langweilig, vollkommen abseitig oder irrelevant erachtet haben. Es verbleiben dann aber immer noch mehrere mittelgroße Interessensgebiete, etwa Sozialpolitik, Verfassungsgerichte, neue Kriege oder Wählerverhalten? Dann sollten Sie zur genaueren Eingrenzung prüfen, wo noch etwas zu holen ist – schließlich wollen Sie nicht das Rad zum fünften Mal erfinden[1]: Gibt es auf den in Frage kommenden Interessengebieten jüngere Entwicklungen, die noch kaum untersucht sind, oder Kontroversen zwischen verschiedenen Autoren bzw. Strömungen, die zur genaueren Analyse herausfor-

---

[1] Illusorisch wäre allerdings die Erwartung, auf Dauer der Einzige zu bleiben, der sich mit einem Thema beschäftigt. Deshalb ist auch keine Panik angebracht, wenn Sie eines Tages feststellen, dass es in Bielefeld auch einen Doktoranden gibt, der über Parteiensystemwandel in Lettland und Litauen im Vergleich promoviert. Erstens wird er es kaum auf exakt dieselbe Weise tun, und zweitens ergeben sich vermutlich durchaus interessante Divergenzen zwischen ihren Schlussfolgerungen, die die weitere produktive Debatte in der Disziplin anregen. Zudem entlastet Sie vielleicht die Aussage des Doktorvaters einer Kollegin von allzu hohen Exklusivitätsansprüchen: „Sie sollten nichts zu einem Thema schreiben wollen, zu dem es noch überhaupt nichts gibt – denn es hat in der Regel einen Grund, dass es noch nichts gibt."

dern? Unternehmen Sie dazu Katalog- und Datenbankrecherchen nach neuen Publikationen wie im folgenden simplen Beispiel:

Doktorand XY interessiert sich für neue Kriege, ist sich aber unsicher, ob dazu nicht schon alles gesagt ist. Eine erste Suche mit dem Schlagwort ‚neue Kriege' in der Virtuellen Fachbibliothek Politikwissenschaft (www.vifapol.de) verstärkt zunächst diesen ersten Eindruck, ergibt sie doch mehr als 1000 Treffer. Allerdings könnte sich der potenzielle Doktorand vorstellen, sich besonders auf Südostasien zu konzentrieren oder besonders den Aspekt von externen Interventionen bei solchen Konflikten anzugehen. Beide Einschränkungen für sich genommen reduzieren die Zahl der gefundenen Titel auf eine Handvoll, und die Kombination beider lässt das Herz unseres Doktoranden höher schlagen: Kein einziger Treffer mehr! Nun ist selbstverständlich noch offen (oder hochgradig fraglich), ob er auf dieser Basis einer Schlagwortsuche ausschließen kann, dass es nicht doch in der Literatur schon zahlreiche Erkenntnisse zu dem eingegrenzten Thema ‚externe Interventionen in neuen Kriegen in Südostasien' gibt. Aber die Übung sollte deutlich gemacht haben: Auch Modethemen lassen sich prinzipiell so zuspitzen, dass man als hoffnungsfroher Doktorand eine Nische finden kann.[2] (Die relative Enge oder Weite eines Themas ist natürlich nicht bloß eine Frage der Positionierung in der Disziplin bzw. der Originalität der entstehenden Arbeit, sondern auch eine der Bearbeitbarkeit in einem angemessenen Zeitraum. Dazu etwas weiter unten mehr.)

Auch Überblickswerke zu Forschungsstand und Perspektiven einzelner Teilbereiche wie Boix/Stokes (2009), Cahn/Talisse (2010), Janning/Toens (2008) und – leider schon etwas älter – Hellmann/Wolf/Zürn (2003) und Katznelson/ Milner (2002) können eine wertvolle Orientierungshilfe sein, zumal manche Beiträge darin gar ganz konkrete offene Forschungsfragen und mögliche Promotionsthemen benennen. Schauen Sie sich außerdem die Titel und Abstracts der Beiträge zu den wichtigsten Fachkonferenzen der letzten Jahre an. Zudem finden sich in deren Schlussfolgerungen oft Hinweise auf weiteren Forschungsbedarf. Und vor allem: Fragen Sie erfahrenere Wissenschaftler um Rat. Nicht alle Professoren sind jederzeit gleichermaßen ansprechbar, aber wenn sie es bei einigen (besser nicht nur an ihrer bisherigen Uni, sondern auch an solchen mit entsprechenden Forschungsschwerpunkten) versuchen, werden bestimmt mehrere bereit

---

[2] Selbstverständlich müssten nun noch weitere Datenbanken zu Rate gezogen werden, und eine Recherche in englischer Sprache wäre sogar dann unerlässlich, wenn Sie lediglich auf die (allerdings bereits besetzte) Rolle eines Popularisierers angelsächsischer Forschung zum Thema für den deutschen Sprachraum aus sind.

sein, ihre Einschätzung über besonders fruchtbare brachliegende Themenfelder mit Ihnen zu teilen.

Haben Sie einen bestimmten Betreuer oder eine begrenzte Anzahl von potenziellen Doktorvätern im Auge, dann empfiehlt es sich zur Orientierung über Möglichkeiten auch, in letzter Zeit an deren Lehrstühlen abgeschlossene und gerade noch laufende Projekte näher zu betrachten. Das Motto sollte dabei lauten: Sich orientieren ohne zu imitieren. Schauen Sie sich an, welche Themen man wie formulieren und angehen kann, aber kopieren Sie diese nicht, sondern nehmen Sie sie als Inspiration zur eigenen Positionierung, ja durchaus gerade auch zur bewussten Abgrenzung.

Bei der dann irgendwann fälligen Entscheidung sollten Sie bedenken, dass es nicht nur eine Kategorie von geeigneten Themen gibt. Themen können geeignet sein, weil

- sie unerforschtes Terrain darstellen, das aber von gut kartographiertem Gelände umgeben ist;
- sie in der politischen Debatte umstrittene, wissenschaftlich aber bislang unterbelichtete Aspekte enthalten;
- sie sich für neue interdisziplinäre Brückenschläge eignen;
- sie selbstverständliche Annahmen der bisherigen Forschung in Frage stellen;
- sie zwar schon von vielen beackert worden sind, aber noch nicht aus der Ihnen vorschwebenden Perspektive;
- sie sich durch einen anderen methodischen Zugang neu analysieren lassen;
- sie gesellschaftlich besonders relevante Zukunftsfragen berühren; oder auch ganz pragmatisch
- weil sie besonders gute Finanzierungsaussichten bieten, da sie die bei Graduiertenkollegs, Stiftungen etc. vorherrschenden Themenkonjunkturen bedienen; oder weil sie
- besonders gut in das Portfolio Ihres Wunschbetreuers passen.

Ist eine dieser Eigenschaften in besonderem Maße gegeben oder können Sie einem potenziellen Thema mehrere davon zuschreiben, dann wäre es vermutlich keine schlechte Wahl. Kein Thema schneidet zufriedenstellend ab? Dann gehen Sie zurück über Los und fangen Sie oben noch einmal an. Oder es kommen immer noch mehrere Themen in Frage? Dann hilft vielleicht der Gedanke, dass man die anderen ja auch nach der Promotion noch erforschen könnte. Oder Sie nehmen zunächst einfach zwei, arbeiten je vier Wochen daran, und entscheiden sich dann – zur allergrößten Not und für den unwahrscheinlichen Fall, dass immer noch Gleichstand herrscht, auch per Münzwurf, denn nun muss es wirklich sein.

Über zwei gar nicht so seltene Ausnahmen

Zwei Subtypen von Themenfindungsprozessen sind bislang unangesprochen geblieben. Der erste entspringt dem recht häufigen Fall, dass ein Professor erfolgreich ein Drittmittel-Forschungsprojekt beantragt hat und einem Absolventen ohne Ausschreibungs- oder Bewerbungsverfahren, also auch ohne Initiative von dessen Seite, eine Promotionsstelle in diesem Projekt anbietet. Zwar gibt es eine sehr kleine Gruppe von Projektmitarbeitern, die neben der Projektarbeit ein inhaltlich völlig anders gelagertes Promotionsvorhaben vorantreiben, in aller Regel aber ist mit der Annahme eines solchen Stellenangebots auch die Entscheidung für das Promotionsthema gefallen. Hat der potenzielle Doktorand hier also keine wirkliche Auswahl, sondern nur eine binäre Entscheidung unter dem Motto ‚take it or leave it' zu treffen? Auf den ersten Blick ja. Und um ein solches Stellenangebot abzulehnen, bedarf es schon entweder attraktiver Konkurrenzangebote oder einer gehörigen Portion Selbstsicherheit. Demjenigen, der es anzunehmen gedenkt, sei dazu geraten, sich nach Möglichkeit das Thema alsbald auch dadurch zu eigen zu machen, dass er eigene Schwerpunktsetzungen und Ergänzungen einbringt. In den Vorgesprächen über eine etwaige Anstellung wird dies allein schon wegen des Zeitrahmens kaum inhaltlich konkret möglich sein, eine Vereinbarung über die grundsätzliche Möglichkeit dazu sollte aber angestrebt werden: Sprechen Sie Ihren potenziellen Doktorvater ganz offen und gezielt auf den Umfang der Freiheitsgrade an, die er Ihnen zuzugestehen denkt, und bekunden Sie neben Interesse am von ihm ausformulierten Thema auch die Bereitschaft wie das Bedürfnis, eigene Akzente zumindest in ihrer Dissertation zu setzen. Diese wird ja in enger Überlappung mit den Projektberichten entstehen, muss aber nicht zwingend völlig mit diesen identisch sein.

Seien Sie skeptisch
von Volker Perthes

Seien Sie skeptisch, was Themenvorschläge Ihres Doktorvaters betrifft. Als Professoren kennen diese in erster Linie nur den universitären Betrieb. Was aber in Wirtschaft, Verwaltung, Politik und in anderen Branchen zählt, unterscheidet sich oft von

---

dem, was Sie für eine akademische Laufbahn mitbringen müssen. Finden Sie deshalb heraus, was ihnen einen Wettbewerbsvorteil auf dem außeruniversitären Arbeitsmarkt bringt und welche Fähigkeiten und Kenntnisse sie dafür mitbringen müssen.

Betreuer von Abschlussarbeiten raten ihren Studenten gern, doch ihre Magister- oder Diplomarbeit zur Dissertation zu erweitern und schränken sie damit unnötig ein. In Zeiten der Beschleunigung und des Rufs nach Flexibilität ist es eher unwahrscheinlich, dass ein Unternehmen oder ein Institut einen Bewerber einstellt, der von der Bachelorarbeit bis zur Habilitationsschrift immer nur das eine Thema bearbeitet hat.

Doktorväter raten auch gern dazu, Themen oder gar Fächer zu meiden, die gerade keinen besonderen Markt haben. Außer den wenigen erfolgreichen Zukunftsforschern unter den Professoren wissen die meisten aber auch nicht, wie der Markt in ein paar Jahren aussehen wird. Also suchen Sie sich ein Thema, das Sie wirklich interessiert, und keins, wo ein Berater oder Betreuer gerade eine Marktlücke sieht. Ein Thema ist dann das richtige, wenn es Sie richtig umtreibt, neugierig macht und Sie anderen erklären können, wie relevant es ist. Vor allem werden sie es besser bearbeiten als eines, das Sie nur gewählt haben, weil es eine Marktlücke darstellen soll.

In dem Feld, in dem wir, die SWP, rekrutieren, also im Bereich der internationalen Politik, gilt vor allem: Zeigen Sie, dass sie an mehr als einem Land oder einer Theorie interessiert sind. Wenn Sie noch dazu über fundierte Politikfeldexpertise und Sprachkenntnisse, gerne auch in eher seltenen Sprachen verfügen, Regionalerfahrung oder vielleicht auch Praktika bei internationalen Think Tanks oder vergleichbaren Institutionen absolviert haben, ist das für uns eine gute Kombination.

Professor Volker Perthes ist Direktor der Stiftung Wissenschaft und Politik (SWP)

Der zweite zu nennende gar nicht so seltene Sonderfall ist die ausgebaute Master-, Magister- oder Diplom-Arbeit. Diese ist gut oder sehr gut bewertet worden, Sie sind tief in das Thema eingearbeitet, haben aber noch weiteres Material zusammen getragen und offene Folgefragen formuliert – warum also nicht an der selben Furche weiterpflügen, fragt sich mancher Absolvent oder fragt ihn sein Betreuer. Mit hoher Wahrscheinlichkeit ist eine solche Dissertation schneller fertig gestellt, und etwaige Stipendienanträge können natürlich leichter geschrieben werden als ein komplett neues Exposé. Gegen diese Vorteile sind allerdings einige gravierende Einwände abzuwägen. Erstens merkt man Doktorarbeiten derartige Vorgeschichten oft (nicht gerade positiv) stilistisch und konzeptionell an. Dies ist insbesondere dann der Fall, wenn die Abschlussarbeit lediglich aufgepumpt, also keine Doktorarbeit zum selben Thema neu geplant wird, und wenn ganze Textpassagen oder gar Kapitel schlicht übernommen werden.[3] Zweitens gibt nicht jedes Thema einer guten Abschlussarbeit auch ein sonderlich geeignetes Dissertationsthema ab – der Aspekt der eigenständigen Forschungsleistung und der Innovation spielt hier schließlich eine weitaus geringere Rolle als dort. Das alles heißt nicht, dass von einem Dranbleiben an einem schon einmal bearbeiteten Thema grundsätzlich abzuraten ist. Bloß sollte die Entscheidung für das Promotionsthema nicht allein aus Behäbigkeit getroffen werden, und die Konzeption der Doktorarbeit gilt es mit genügendem Abstand zum bisher Geleisteten von Grund auf neu zu bedenken. Das bereits zu einem gewissen Grad durchdrungene Thema kann dann bei einer Neukonzeption der Arbeit und durch das damit verbundene Heranziehen weiterer theoretischer Zugriffe und methodischer Werkzeuge gewiss auch einen ganz neuen Reiz entfalten.

Thema gefunden – und dann?

Ein gutes Dissertationsthema ist nicht zu weit, um es in einer angemessenen Zeit bearbeiten und dabei mehr als Allgemeinplätze produzieren zu können, aber auch nicht so eng, dass es in einem Vierteljahr abgegrast werden kann und man danach nurmehr an den Zierspitzen der Darstellung feilen kann oder l'art pour l'art betreibt. Wer von der eigenen Magisterarbeit kommt und wer auf einem viel beackerten Teilgebiet weiterforschen will, schwebt tendenziell in der Gefahr, unterambitioniert eng vorzugehen, wer aus spontan entflammter Zuneigung zu einem Thema ungestüm loslegt, nimmt sich dagegen oft eher zu viel vor. Gerade für Letztere gilt, wie für die in Kapitel 2 angesprochenen vornehmlich intrinsisch motivierten Doktoranden, dass ein Schuss Pragmatismus hilfreich sein kann. Kennt man den Mangel an demselben als eigene Schwäche, ist das Einholen von Meinungen Dritter besonders angeraten.

Wer nun ein Thema gefunden hat oder auch wem eines zugelaufen ist, der steht vor dem nächsten Schritt, dazu eine konkrete und präzise Fragestellung zu formulieren. (Mancherorts hält sich noch die seltsame Unsitte, statt einer Fragestellung eine These an den Ausgangspunkt einer Dissertation zu stellen. Falls

---

[3] Solche Zweit- oder Drittverwertungsstrategien werden zuweilen auch später noch eingesetzt, wenn etwa Kapitel aus Dissertationen in MPA-Leistungsnachweise eingehen oder aus Doktorarbeiten hervorgegangenen Papiere Eingang in kumulative Habilitationen finden. Dies ist letztlich eine Frage der Wahrnehmung innerhalb der Disziplin und des persönlichen Stils und entzieht sich an dieser Stelle unserer Bewertung.

irgend möglich, vermeiden Sie das. Dadurch entsteht nur der Eindruck von Voreingenommenheit – oder schlimmer noch: Voreingenommenheit selbst.) Doch dazu mehr in Kapitel 6 über die Konzeption von Doktorarbeiten.

Hier bleibt fürs Erste nur, noch einmal auf die Gruppe von Doktoranden zurückzukommen, die ihre Themenwahl nach dem Muster der Liebe auf den ersten Blick betrieben haben. Sind Sie nach der Lektüre dieses Kapitels immer noch zufrieden und hoffnungsfroh? Gut, dann wollen wir nicht weiter stören. Oder haben wir Zweifel gesät, ob sich Ihr Vorhaben auf dieser Basis zum Erfolg führen lässt? Dann tut uns das leid; es ist vielleicht aber auch besser so.

Zum Weitersurfen

Mal sehen, was auf Konferenzen so an Themen vorgetragen wurde:
    www.dvpw.de/kongresse/dvpw2009/abstracts.html
    www.ecprnet.eu/conferences
    www.apsanet.org/mtgs/program_2009

Zum Weiterlesen

Boix, Carles/Stokes, Susan C. (Hg.) (2009): The Oxford Handbook of Comparative Politics, Oxford: Oxford University Press.
Cahn, Steven M./Talisse, Robert B. (2010): Contemporary Debates in Political Philosophy, Upper Saddle River: Prentice Hall.
Hellmann, Gunther/Wolf, Klaus-Dieter/Zürn, Michael (Hg.) (2003): Die neuen internationalen Beziehungen: Forschungsstand und Perspektiven in Deutschland, Baden-Baden: Nomos.
Janning, Frank/Toens, Katrin (Hg.) (2008): Die Zukunft der Policy-Forschung. Theorien, Methoden, Anwendungen, Wiesbaden: VS Verlag.
Katznelson, Ira/Milner, Helen V. (Hg.) (2002): Political Science. The State of the Discipline, New York: Norton.

4   Promovieren – wo und bei wem?

Stellen Sie sich folgende Situation vor: Sie haben Ihre Magisterarbeit zum Thema „Der Begriff der Tugend bei Aristoteles, Cicero und Machiavelli" mit einer sehr guten Note beendet und stecken voller Elan, dieses Thema noch weiter zu verfolgen. Während des Forschens sind Ihnen viele gute Ideen gekommen, wie man den Begriff der Tugend noch interpretieren könnte und welche philosophischen Traditionen sich noch berücksichtigen ließen. Der Besuch einer Konferenz, auf der Sie die Ergebnisse Ihrer Abschlussarbeit vorgestellt haben, bestärkt Sie in Ihrem Vorhaben: Ihr Vortrag führt zu einer regen Diskussion, viele Teilnehmer bringen noch weitere Aspekte und Verbesserungsvorschläge ein – dabei ist Ihre Magisterarbeit doch schon längst fertig. In einer solchen Situation liegt der Schluss nahe, die Magisterarbeit als ersten Schritt auf einem begonnen Forschungspfad zu betrachten und die darin gewonnenen Erkenntnisse als Ausgangspunkt für eine profunde Analyse des Themas in einer Promotion zu nehmen. Gleichzeitig stellt sich jedoch eine zentrale Frage: Wo und bei wem soll die Promotion durchgeführt werden? Beim Betreuer der Magisterarbeit, den Sie gut kennen und der Sie sicher liebend gerne als Promovend aufnehmen würde? Oder doch an einer ganz anderen Uni in Deutschland – wo beispielsweise die Forschung zu Ihrem Themenbereich besonders renommiert ist? Oder sogar an einer Hochschule im Ausland, wo der international anerkannte Experte sitzt und/oder Sie immer schon einige Jahre verbringen wollten? Dieses Kapitel hat das Ziel, diese und damit verbundene Fragen zu diskutieren. Während die Erörterung der Vor- und Nachteile der unterschiedlichen Möglichkeiten vorwiegend theoretisch bleibt und die einzelnen Beispiele nur zur Illustration dienen, gibt der Serviceteil dieses Ratgebers einen umfassenden Überblick über die Promotionsmöglichkeiten an politikwissenschaftlichen Instituten in Deutschland. Er fungiert damit als Nachschlagewerk und kann Ihnen ganz konkret bei der Beantwortung der eingangs formulierten Frage helfen, wo und bei wem Sie promovieren können.

Die Qual der Wahl: Promovieren im Fach Politikwissenschaft in Deutschland

Wer in Deutschland in der Politikwissenschaft promovieren möchte, hat – zumindest theoretisch – die Qual der Wahl. Denn insgesamt stehen rund 70 politikwissenschaftlich forschende Institute zur Auswahl (vgl. Anhang II), an deren ca. 350 Lehrstühlen man promovieren kann (vgl. Abb. 2).

Abbildung 2: Politikwissenschaftliche Institute und Lehrstühle in den deutschen Ländern

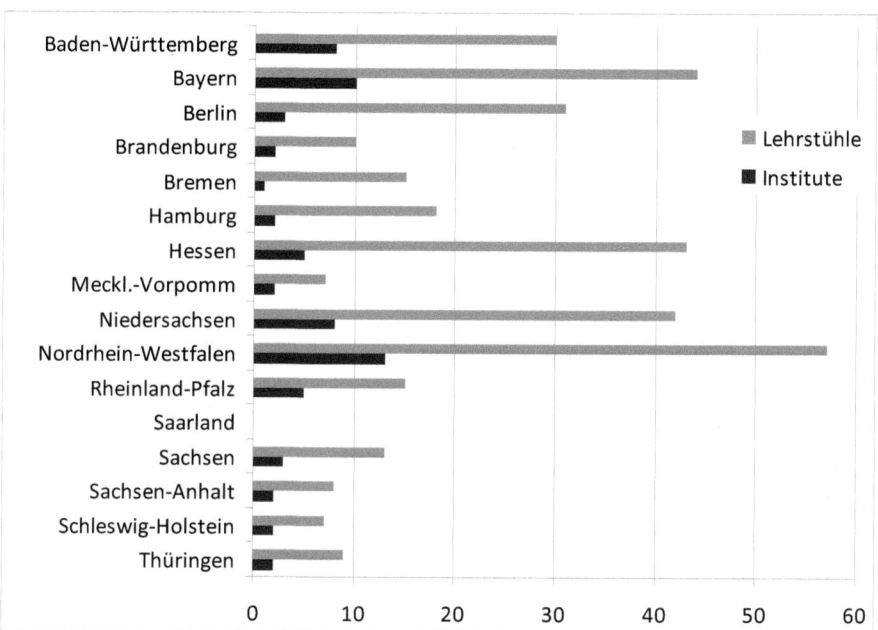

Anmerkung: Die Auswertung basiert auf Daten der DVPW, ergänzt um eigene Recherchen. Gezählt wurden nur ordentliche Professoren (keine Juniorprofessoren, außerplanmäßigen Professoren, etc.). Durch die andauernden Umstrukturierungen gibt diese Grafik den Stand Ende 2009 wieder.

Hinzu kommen eine große Anzahl habilitierter Privatdozenten, Emeriti, außerplanmäßiger Professoren und Juniorprofessoren, die ebenfalls Promotionen betreuen dürfen. Sprich: Wenn Sie sich für ein Promotionsthema entschieden haben, dann finden Sie garantiert auch einen Wissenschaftler in Deutschland, der darauf spezialisiert ist und Ihr Betreuer werden kann.

Was diese Argumentation dabei impliziert, ist die These, dass es wünschenswert sei, wenn der Betreuer sich gut mit dem Promotionsthema „seines" Doktoranden auskennt. Und in der Tat liegen die Vorteile auf der Hand. Wenn sich Ihr Betreuer bereits mit Ihrem Promotionsthema näher befasst hat, dann profitieren Sie natürlich immens: Von seinem Fachwissen, seinen Literaturempfehlungen, seiner Privatbibliothek, seinen Datensätzen, seinen persönlichen Netzwerken, usw.. Sie sind bei einem solchen Professor sicher fachlich allerbestens aufgehoben. Doch in manchen Fällen schlägt dieser Vorteil auch ins Gegenteil um. Probleme gibt es etwa, wenn Ihnen Ihr Betreuer aufgrund seiner Expertise keinen Freiraum mehr zum selbstständigen wissenschaftlichen Arbeiten an Ihrem Promotionsthema lässt. Schließlich kennt er sich ja besser aus als jeder andere und weiß genau, welchen Weg er selbst beschreiten würde, wenn er an Ihrer Stelle wäre. Damit engt er Sie in Ihrer Forschungskreativität jedoch möglicherweise ein. Ein Beispiel: Ihre Dissertation dreht sich um das Thema Demokratisierung und sie kommen nach gründlicher Lektüre der wissenschaftlichen Literatur zum Ergebnis, dass die bisherigen Konzepte zur Demokratiemessung alle mit großen Schwierigkeiten behaftet sind. Daher beschließen Sie, einen eigenen Index zu entwerfen. Sie verbringen mehrere Monate damit, nach geeigneten Indikatoren zu suchen und eine ausgeklügelte Aggregationsregel für Ihren neuen Demokratieindex zu entwerfen. Mit einem ersten Entwurf bewaffnet kommen Sie zu Ihrem Professor – einem ausgewiesenen Experten in Sachen Demokratiemessung. Seine Reaktion: „Nein, also diese Operationalisierung geht überhaupt nicht, das habe ich ja noch nie gesehen! Schauen Sie sich doch zunächst einmal in der Literatur um, da gibt es massenweise Vorschläge. Ich würde Ihnen ja empfehlen, meinen Aufsatz aus dem Jahr 2006 zu lesen und die dort verwendeten Indikatoren zu übernehmen." – Dahin ist Ihre innovative Idee eines neuen Demokratie-Indexes.

Dieses kleine Beispiel zeigt: Ein Betreuer, der selbst Experte auf dem Feld Ihres Promotionsthemas ist, kann sehr ungeeignet sein, wenn er Ihnen nur wenig Freiraum lässt. Ebenfalls schwierig wird es, wenn Sie bei Ihren eigenen Forschungen mit dem Betreuer in Konkurrenz treten und er dies nicht akzeptiert. Es sind also nicht nur die fachlichen Kriterien bei der Wahl eines Betreuers entscheidend – auch der Betreuungsstil und die Persönlichkeit müssen zu Ihnen passen. Dadurch lassen sich Konflikte schon von Beginn an vermeiden (siehe auch Kapitel 10). Über beachtenswerte Kriterien bei der Wahl des geeigneten Betreuers informiert daher der nächste Abschnitt dieses Kapitels.

Gibt es den idealen Betreuer?

Eine Warnung vorneweg: Wenn Sie 1000 Promovierte fragen, ob sie sich während ihrer Promotionszeit einmal über ihren Betreuer geärgert haben oder mit einem bestimmten Aspekt der Betreuung unzufrieden waren, werden Sie wahrscheinlich von ca. 990 ein klares „Ja" als Antwort bekommen. Den idealen Betreuer, der alle Wünsche eines Doktoranden erfüllt, gibt es also selten.[1] Denn zum einen hat jeder Doktorvater seine Stärken – und seine Schwächen. Der erste hat ein besonders gutes Gedächtnis für Literatur und kann Ihnen wertvolle Tipps geben – ist aber häufig auf Konferenzen unterwegs und dadurch nur schwer erreichbar. Der zweite ist sehr kreativ und gibt Ihnen in jedem Gespräch eine gute Idee mit auf den Weg – ist aber gleichzeitig etwas unorganisiert und kommt häufig unvorbereitet in die Gespräche. Und der dritte ist immer verfügbar, antwortet schnell auf Mails und unterstützt Ihre Forschungsarbeit wann immer es geht durch organisatorische Hilfen – kennt sich aber fachlich nicht besonders gut mit ihrem Thema aus. Zum anderen hat auch jeder Promovend spezifische und nicht immer kohärente Ansprüche an seinen Betreuer.

Abbildung 3:   Die Auswahl des Betreuers

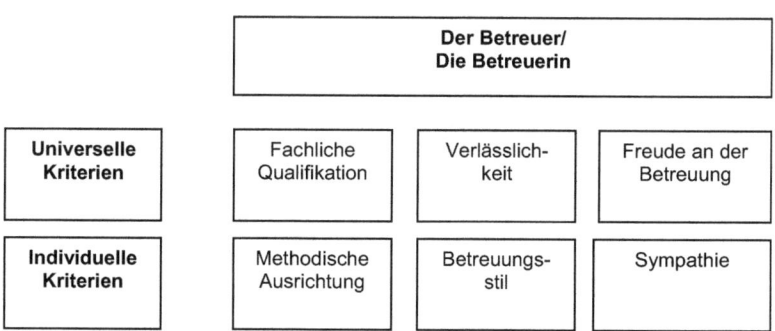

Betrachtet man die Beziehung zwischen Doktorand und Betreuer abstrakt, so wird deutlich, dass sich zwei unterschiedliche Arten von Auswahlkriterien unterscheiden lassen. Erstens universelle Kriterien, deren Erfüllung für jeden Doktoranden

---

[1] Alles in allem scheinen aber die Doktoranden mit der Beratung durch ihre Professoren eher zufrieden zu sein, wie die Ergebnisse einer Umfrage des Doktorandennetzwerks Thesis zeigen (Briede/Gerhardt/Mues 2004: 15-16).

von zentraler Bedeutung ist. Hierzu zählen die fachliche Qualifikation des Betreuers, dessen Verlässlichkeit als Grundvoraussetzung einer funktionierenden Beziehung und seine Freude an der Betreuung von Nachwuchswissenschaftlern. Davon abgrenzen lassen sich, zweitens, individuelle Kriterien, die von den Erwartungen und Eigenschaften des jeweiligen Doktoranden abhängen. Hierunter fallen der Betreuungsstil des Doktorvaters, die methodische Ausrichtung oder auch menschliche Aspekte wie die Sympathie oder der „gute Draht" zueinander.

Universelles Kriterium 1: Die fachliche Qualifikation

Im einleitenden Abschnitt wurde bereits deutlich, dass die fachliche Qualifikation ein wichtiges Kriterium für die Wahl des Promotionsbetreuers sein sollte. Mit fachlicher Qualifikation ist damit nicht gemeint, dass Ihr Doktorvater notwendigerweise ein international herausragender Experte in Ihrem Themenbereich sein muss. Vielmehr reicht es in der Regel aus, wenn der Betreuer den Bereich der Politikwissenschaft, in dem sie forschen, sehr gut kennt und weiß, mit welchen Methoden dort gearbeitet wird. Die einfachste Strategie, um einen geeigneten Betreuer nach fachlichen Kriterien auszuwählen, ist die negative Selektion. Die entscheidende Frage ist also: Wer kommt keinesfalls in Frage? In der Regel schließen Sie durch dieses Vorgehen bereits einen Großteil der Kandidaten aus. Ein Beispiel: Wer eine Arbeit über politische Philosophen verfasst, wird mit einem Professor aus dem Bereich der Vergleichenden Regierungslehre eher schlecht beraten sein – von Ausnahmefällen abgesehen. Ein einfaches Selektionskriterium ist also die klassische Dreiteilung der Politikwissenschaft in Politische Theorie, Vergleichende Regierungslehre und Internationale Politik.

Nach dieser ersten groben Auswahl sollten Sie einen feineren Filter anlegen. Denn ein Professor der Vergleichenden Regierungslehre muss sich nicht notwendigerweise mit Steuerpolitik auskennen – wenn er etwa im Bereich der politischen Kultur forscht. Um hier klarer zu sehen, lohnt sich – neben einem Blick auf die Homepage des Professors – eine Durchsicht der einschlägigen politikwissenschaftlichen Zeitschriften. Blättern Sie durch die jüngsten Ausgaben der Politischen Vierteljahresschrift und bereichsspezifischerer Journale und schauen Sie, wer in ihrem Themenbereich publiziert hat. Wer ist ein Experte für Föderalismus, wer hat schon einmal etwas über Südostasien geschrieben, wer kennt sich mit politischen Theoretikern aus der Antike gut aus? So kommen Sie schnell zu einer Auswahl von vielleicht zehn bis zwanzig deutschen Professoren, die für die Betreuung Ihrer Arbeit in Frage kommen. Ein Gegencheck der fachlichen Qualifikation ist meistens recht einfach über die Homepages der dann ausgewählten Professoren möglich. Schauen Sie hier, wann ihr Betreuer in spe zuletzt zu einem einschlägigen Thema in einem hochrangigen Journal[2] publiziert oder eine umfangreiche Monographie verfasst hat.

Achten Sie auf den Track Record des Betreuers
von Gerald Schneider

Wenn über Globalisierung gesprochen wird, wird leicht die Internationalisierung vergessen, welche die Sozialwissenschaften seit meiner Promotionszeit erfahren haben. Vor zwanzig Jahren war es noch üblich, am gleichen Ort alle Qualifizierungsstufen vom Vordiplom bis zur Habilitation zu durchlaufen, um dann nach vielleicht einjährigem Exil als Lehrstuhlinhaber an die *alma mater* zurückzukehren. Solche nepotistischen Karriereverläufe sind zumindest in den wettbewerbsfähigen politikwissenschaftlichen Fachbereichen selten geworden. Viel mehr finden die besten MA-Absolventen heute ohne Probleme herausforderungsreiche Promotionsstellen im In- und Ausland. Durch die gestiegene Mobilität hat sich aber auch der Wettbewerb um attraktive Postdoc-Stellen erhöht. So wird heute erwartet, dass ein Doktorand neben der Promotion bereits in international sichtbaren Zeitschriften publiziert hat; wer nichts veröffentlicht, ist im Zeitalter von *Publish or Perish* schnell vom Markt. Dies bedeutet für zur Promotion befähigte Studierende, dass sie sich genau informieren müssen, bei wem sie promovieren wollen. Viel zu oft stehen hier noch landsmannschaftliche Erwägungen und andere Sekundärkriterien einer rationalen Wahl des Betreuers oder der Betreuerin im Wege. So geschieht es dann, dass der selbstdeklarierte Fachbereichsstrippenzieher, der in der Redaktion der jeweiligen Lokalzeitung zwar weltberühmt ist, aber selber noch nie etwas in einer Spitzenzeitschrift untergebracht hat, immer wieder Promovierende gewinnt. Diese brüten dann ohne Betreuung über einem aussichtslosen Forschungsunterfangen, das sie entweder ganz aufgeben oder nach fünf oder sechs Jahren in eine Dissertation gießen, die nie zitiert werden wird. Was mehr Erfolg verspricht, ist die Auswahl von Doktormüttern und -vätern, die zwei Kriterien erfüllen: internationale Sichtbarkeit durch hochrangige Publikationen und der Nachweis eines *track record* in der Betreuung von Doktoranden, die sich später erfolgreich im internationalen Markt behaupten konnten. Denn die Wissenssoziologie zeigt eines: der Publikationserfolg eines Forschers lässt sich maßgeblich durch die Zahl der Veröffentlichungen seiner Betreuer erklären!

Gerald Schneider ist Professor für Internationale Politik an der Universität Konstanz

---

[2] Welche Publikationsorgane sich hier besonders zur ersten Orientierung eignen, können Sie Tabelle 6 in Kapitel 11 entnehmen.

Gute fachliche Betreuung muss allerdings nicht notwendigerweise mit einer aktuell starken Publikationsaktivität in hochangesehenen politikwissenschaftlichen Zeitschriften einher gehen. Daher besteht die Gefahr, dass Sie durch die Selektion anhand der tagesaktuellen Publikationsaktivität einige hochqualifizierte Vertreter Ihres Faches fälschlicherweise ausschließen. Denn der emeritierte Professor, die in Ehren ergraute Koryphäe des Fachs oder der in die Univerwaltung aufgerückte Champion früherer Jahrzehnte können freilich auch weiterhin brillante Betreuer sein. Um diese zu enge Selektivität zu vermeiden, können Sie alternativ z.B. auch die Arbeitskreise oder die Sektionen der Deutschen Vereinigung für Politische Wissenschaft zum Ausgangspunkt Ihrer Recherche nehmen. Arbeitskreise gibt es zu vielen Themen der Politikwissenschaft – von Integrationsforschung über politische Psychologie und lokale Politikforschung bis zur Vergleichenden Wohlfahrtsstaatsforschung. Die Wissenschaftler, die sich in den Arbeitskreisen zusammengeschlossenen haben, haben zwar nicht in allen Fällen das Promotionsrecht. Aber Sie können sie ansprechen und nach Tipps bei der Suche nach einem Betreuer fragen. Die Sektionen decken ein breiteres thematisches Spektrum ab – etwa Politische Soziologie oder Politische Ökonomie. Doch auch diese Untergliederung der Politikwissenschaft kann Ihnen bei der Suche helfen.

Schließlich haben Sie die Möglichkeit, Rankings von Politik-Professoren als Auswahlkriterium zu Rate zu ziehen. Seit 1984 wurden in regelmäßigen Abständen Umfragen unter den Mitgliedern der DVPW und der Deutschen Gesellschaft für Politikwissenschaft (DGfP) durchgeführt (Böhret 1984, Honolka 1986, Falter/Klingemann 1998, Falter/Knodt 2007) und erhoben, wer im Urteil der Disziplin selbst die führenden deutschen Vertreter des Faches sind. Weil das Ranking nicht nur für die Politikwissenschaft allgemein (vgl. Tab. 2), sondern auch für einzelne Bereiche unseres Faches aufgestellt wurde, kann man sich dadurch ein Bild davon machen, wer in einzelnen Subdisziplinen unter den Professoren besonders angesehen ist. Auch auf diese Weise kann man sich an die Auswahl des Betreuers nach fachlichen Kriterien annähern.

Tabelle 2: Rangfolge der deutschen Politikwissenschaftler im Vergleich[3]

Allgemeine Reputation 2006	Allgemeine Reputation 1996	Politische Theorie, Philosophie, Ideengeschichte 2006	Vergleichende Politikwissenschaft, Systemvergleich 2006	Internationale Beziehungen 2006
Fritz Scharpf	Klaus von Beyme	Herfried Münkler	Manfred G. Schmidt	Michael Zürn
Manfred G. Schmidt	Fritz Scharpf	Rainer Schmalz-Bruns	Wolfgang Merkel	Thomas Risse
Herfried Münkler	Manfred G. Schmidt	Claus Offe	Klaus von Beyme	Beate Kohler-Koch
Thomas Risse	Gerhard Lehmbruch	Hubertus Buchstein	Fritz Scharpf	Klaus-Dieter Wolf
Michael Zürn	Claus Offe	Klaus von Beyme	Dirk Berg-Schlosser	Volker Rittberger
Klaus von Beyme	Hans-Dieter Klingemann	Henning Ottmann	Ferdinand Müller-Rommel	Frank Schimmelpfennig
Jürgen W. Falter	Beate Kohler-Koch	Hans Vorländer	Heidrun Abromeit	Hanns Maull
Claus Offe	Dieter Senghaas	Michael Greven	Hans-Dieter Klingemann	Gerald Schneider
Hans-Dieter Klingemann	Michael Greven	Julian Nida-Rümelin	Hans-Joachim Lauth	Helga Haftendorn
Max Kaase	Thomas Risse	Reinhard Zintl	Detlef Jahn	Ernst-Otto Czempiel

Anmerkung: Der allgemeine Reputationsindex ist konstruiert aus den Antworten auf die Frage: „Wer zählt Ihrer Meinung nach gegenwärtig zu den fünf wichtigsten Vertretern der Politikwissenschaft in der Bundesrepublik? Bitte stellen Sie eine Art Rangliste auf!". Die bereichsspezifischen Rangfolgen ergeben sich aus Abwandlungen dieser Frageform für die einzelnen Bereiche.
Quelle: Falter/Knodt 2007: 155

Universelles Kriterium 2: Verlässlichkeit

Das Verhältnis zwischen Promovenden und Betreuern wird erfahrungsgemäß dann besonders schwierig, wenn über zentrale Geschäftsgrundlagen der Beziehung keine Einigkeit besteht. Die nach unserer Auffassung wichtigste zentrale Voraussetzung für ein funktionierendes Betreuungsverhältnis ist die Verlässlichkeit.[4] E-Mails an den betreuenden Professor sollten von diesem in einem akzeptablen Zeitrahmen beantwortet werden. Gleiches gilt für die Einhaltung von

---

[3] Neben den genannten bereichsspezifischen Rangfolgen wurden noch Ranglisten erhoben für die Teilbereiche: „Wissenschaftstheorie und Methoden der Politikwissenschaft", „Innenpolitik und politisches System der BRD", „Policy-Forschung und Verwaltungswissenschaft", „Politische Soziologie".

[4] Dies gilt natürlich nicht nur einseitig für den Professor, sondern auch für den Promovenden. Nur wer selbst zuverlässig ist, kann auch Verlässlichkeit vom Betreuer erwarten. In der Folge wird jedoch, der Stoßrichtung des Kapitels geschuldet, vor allem von der Verlässlichkeit des Betreuers die Rede sein.

Terminen. Wer auf seinen Zwischenbericht zum Stand der Promotion keinerlei Rückmeldung vom Betreuer bekommt, erfährt keine Betreuung und muss sich über Konsequenzen Gedanken machen (siehe dazu auch Kapitel 10). Um solchen Schwierigkeiten bereits von Beginn an aus dem Weg zu gehen, sollten Sie sich idealerweise bereits bei der Auswahl Ihres Doktorvater von dessen Verlässlichkeit überzeugen. Informationen über solche Eigenschaften von Professoren zu erhalten, die man bisher vielleicht nur aus Zeitschriften oder über die Homepage kennt, ist nicht immer einfach und erfordert ein wenig Fingerspitzengefühl. Der beste Weg: Sprechen Sie ehemalige Promovenden ganz offen an. Viele Professoren veröffentlichen auf Ihrer Homepage, wen sie promoviert haben. Recherchieren Sie im Internet die Namen der ehemaligen Doktoranden und schreiben Sie eine E-Mail, oder rufen Sie an. Wenn Sie sich als zukünftiger Doktorand hilfesuchend an bereits Promovierte wenden, bekommen Sie in der Regel auch eine Antwort. Schließlich waren die Promovierten selbst auch einmal in der Situation, einen Betreuer finden zu müssen. Aber machen Sie sich auch darauf gefasst, dass manche Antworten sehr diplomatisch zurückhaltend oder verklausuliert ausfallen. Schließlich sind Abhängigkeitsverhältnisse auch über die Doktorandenzeit hinaus in der Wissenschaft alltäglich. In diesen Fällen müssen Sie ein wenig zwischen den Zeilen lesen und versuchen, die feinen Hinweise in den Antworten zu interpretieren. Und: Wenn Sie von Doktoranden gar keine Antwort auf Ihre Anfrage bekommen, so kann das nicht nur böser Wille sondern auch eine inhaltliche Antwort auf Ihre Frage sein. Wie die Reaktionen auf Ihre Anfragen auch ausfallen mögen – auf diese Weise erhalten Sie zumindest in jedem Fall einen ersten Hinweis darauf, was Sie – neben der fachlichen Qualifikation – von Ihrem Betreuer in spe erwarten können. Wo für Sie die Schmerzgrenze im Hinblick auf die Verlässlichkeit liegt, müssen Sie freilich selbst entscheiden. Ein Mindestmaß an Verlässlichkeit ist unserer Meinung nach jedoch Voraussetzung für ein funktionierendes Promotionsverhältnis. Wenn Sie Grund haben, an der Verlässlichkeit ihres potenziellen Betreuers zu zweifeln, sollten Sie abwägen, ob in diesem Fall seine fachliche Qualifikation überhaupt noch zur Geltung kommen kann. Denn wenn der Betreuer nie zu erreichen ist, bleibt von der fachlich exzellenten Beratung, die theoretisch möglich wäre, in der Praxis nichts übrig.

Universelles Kriterium 3: Die Freude an der Betreuung

Ein Doktorvater kann höchst verlässlich und fachlich hochqualifiziert sein – wenn er keinerlei Freude an der Betreuung seiner Zöglinge hat, gestaltet sich das Betreuungsverhältnis schwierig. Zu dieser „Freude an der Betreuung" gehört zum Beispiel, dass sich Ihr Professor in den Beratungsgesprächen auf Sie und Ihr Thema einlässt, Ihre Fragen beantwortet und Ihnen vermittelt, dass Sie ihm gerade nicht nur Zeit stehlen, die er sonst für andere Dinge verwenden könnte, sondern dass ihm das Gespräch wichtig ist. Sie sollten in der Diskussion das Gefühl haben, dass Ihr Betreuer jetzt gerade voll und ganz für Sie da ist und gemeinsam mit Ihnen an Ihrem Thema weiterdenkt. Im besten Fall werden Beratungsgespräche dann zu einem kreativen Moment, in dem Sie gemeinsam Forschungsideen entwickeln und verfeinern (oder auch begraben). Oder Sie sitzen am Tisch und versuchen ein konkretes Problem zu lösen: Koeffizienten einer Regression zu interpretieren oder eine spieltheoretische Situation zu durchdenken. Wenn ein Betreuungsverhältnis so partnerschaftlich funktioniert, haben beide Beteiligten etwas davon: Sie profitieren von der analytischen Exzellenz und der langjährigen Erfahrung Ihres Professors, und Ihr Doktorvater freut sich über die neuen Ideen und Ansätze, die er selbst aus den Gesprächen für seine Forschung mitnehmen kann, oder einfach nur darüber, dass er einen so vielversprechenden Doktoranden hat. Sind Beratungsgespräche hingegen rein formell, weil der Doktorvater von der ersten bis zur letzten Minute deutlich macht, dass er diese Aufgabe als reine Pflichtleistung betrachtet, ist ein wichtiges Kriterium für eine gute Beratung nicht erfüllt. Und noch schlimmer: Wenn die Freude an der Betreuung, die Offenheit und vielleicht auch das pädagogische Händchen für den Umgang mit den Promovierenden fehlen, kann dies auch auf den Promovenden selbst abfärben. Warum sollte der Doktorand motiviert sein, wenn ihm sein Professor nur Desinteresse entgegen bringt?

Wenn Sie Ihren Betreuer frei wählen können, sollten Sie also auch auf dessen pädagogische Fähigkeiten achten. Wer beispielsweise in Vorlesungen und Seminaren aufblüht und Freude am Fach vermittelt, der ist in der Regel auch kein schlechter Betreuer von Promotionen. Zur Beurteilung des Kriteriums „Freude an der Beratung" lohnt sich natürlich auch ein Sprechstundentermin, bei dem Sie schnell merken, ob Sie einen schlechtgelaunten Pflichterfüller oder einen enthusiastischen Dissertationsbetreuer vor sich haben, mit dem Sie anregend diskutieren und der Sie zur Forschung motiviert. Noch besser wäre, falls es sich einrichten lässt, ein Besuch im Kolloquium des potenziellen Betreuers. Aus der Art und Weise, wie er den vortragenden Magistranden oder Doktoranden behandelt, anhand der Frage, ob eine konstruktive Diskussion über den Bauplan der vorgestellten Arbeit oder seine Umsetzung entsteht, und anhand des Klimas in einem solchen Forum können Sie wichtige Rückschlüsse ziehen, ob Ihnen genügend unterstützende Herzlichkeit vorhanden ist.[5]

---

[5] Es sei angemerkt, dass auch der Professor mit dem lebhaftesten pädagogischen Eros angesichts anderer Verpflichtungen in Forschung, Lehre und Selbstverwaltung zuweilen müde und ange-

Individuelles Kriterium 1: Die methodische Ausrichtung
Die Promotionsphase ist in der Regel auch eine Phase, in der Doktoranden ihre Methodenkompetenz ausbilden, anreichern und vertiefen. Gerade in der Politikwissenschaft unterscheiden sich die methodischen Wege zur Dissertation jedoch erheblich. Während einige Professoren eine gesättigte Beschreibung eines bestimmten Problembereichs auf Basis eingehender Literaturrecherche und qualitative Interviews vorziehen, geht bei anderen Fachvertretern nichts ohne eine quantitative Auswertung mit elaborierten statistischen Verfahren. Bei der Suche nach Ihrem Betreuer sollten Sie daher auch auf dessen methodische Ausrichtung achten. Wenn Sie als Promovierender im Bereich der Vergleichenden Regierungslehre Ihre Dissertation ohne statistische Datenauswertung und stattdessen mit qualitativen Methoden planen, sollten Sie den Gang zu solchen Professoren vermeiden, die eine Arbeit ohne Regressionsgleichungen niemals mit einem magna cum laude begutachten würden. Andersherum sollten Sie einen vorwiegend qualitativ forschenden Betreuer nicht mit einer elaborierten „Survival-Analysis" konfrontieren. Sowohl die Betreuung der Arbeit als auch die Begutachtung werden dann schwierig. Wenn Sie also wissen, wie Sie an Ihr Thema herangehen wollen und es vermeiden möchten, sich in eine völlig andere Methode einzuarbeiten, so sollten Sie bei der Wahl Ihres Betreuers neben dessen fachlicher Qualifikation auch seine methodische Ausrichtung bedenken. Blättern Sie zu diesem Zweck am besten einige Publikationen ihres Doktorvater in spe (oder auch seiner bisherigen Doktoranden) durch und analysieren Sie die methodische Vorgehensweise. Dann bekommen Sie einen guten Einblick in die methodische Ausrichtung Ihres möglichen Betreuers. Optimal sind natürlich Doktorväter, die methodisch so breit aufgestellt und offen sind, dass Sie bei vielen Methoden eine gute Betreuung leisten. Manche raten auch explizit zu einem Methodenmix oder triangulativen Ansatz – was aus vielen Gründen sinnvoll sein kann (vgl. Wolf 2010). Insbesondere dann, wenn Sie mit den jüngsten Entwicklungen und den feinsten Verästelungen einer bestimmten Methode arbeiten wollen (das wäre der sogenannte ‚refinement'-Ansatz; vgl. Shalev 2007), sollten Sie sich jedoch vorher bei einem methodisch breit aufgestellten Doktorvater schlau machen, ob oder bis zu welchem Grad er eine Beratung in diesem Spezialfall leisten kann.

---

strengt wirkt. Das ist zum einen nur menschlich, zum anderen ist es aber unter Umständen besonders aufschlussreich zu sehen, wie sich ein Betreuer gerade unter solchen suboptimalen Rahmenbedingungen auf seine Schäfchen einlässt. Wenn Wohlwollen und Interesse durchscheinen, sollte auch ein Gähnen oder eine kurze Konzentrationsschwäche verzeihlich sein.

Davon unabhängig steht jedoch fest, dass Sie als Doktorand in den meisten Fällen Ihre Methodenkenntnisse während der Promotionsphase vertiefen müssen. Deshalb wird es während Ihrer Promotion auf der einen Seite immer auch darum gehen, methodisch Neuland zu betreten, ein zusätzliches Auswertungsverfahren zu erlernen oder sich noch tiefer als bisher in eine bestimmte Methode einzuarbeiten. Diese Aufgabe ist Teil einer jeden Promotionsphase – schließlich soll Ihre Dissertation selbstständiges wissenschaftliches Arbeiten nachweisen. Auf der anderen Seite können Sie jedoch durch kluge Auswahl Ihres Betreuers vermeiden, eine Methode anwenden zu müssen, der Sie (etwa aus methodologischen Gründen) grundsätzlich skeptisch gegenüberstehen oder deren Adäquanz Sie im Zusammenhang mit Ihrem konkreten Forschungsproblem bezweifeln.

Individuelles Kriterium 2: Der Betreuungsstil

Die Betreuung durch einen fachlich qualifizierten und zuverlässigen Professor, der zudem methodisch dem politikwissenschaftlichen Zugang des Doktoranden nahesteht, kann trotzdem schwierig werden, wenn der Beratungsstil des Betreuers nicht zum Doktoranden passt. Ein Beispiel: Ein Doktorand ist sehr intelligent, sehr belesen und sehr motiviert. Er bastelt seit Monaten an einem spieltheoretischen Modell zur Erklärung von Verhandlungssituationen im UN-Sicherheitsrat. Sein Betreuer lässt den Doktoranden in großer Freiheit arbeiten und lässt sich jedes halbe Jahr über den Stand der Dinge informieren. Da er selbst bei seinem damaligen Doktorvater unter einem sehr direktiven Beratungsstil gelitten hat, lässt er seinen eigenen Doktoranden große Freiräume und sieht das Ziel der Beratung eher darin, zu motivieren und anzuregen, als inhaltlich in die Dissertation hineinzuregieren. Nun kommt der Doktorand mit seinem spieltheoretischen Modell in die Sprechstunde seines Doktorvaters. Er zweifelt an seinem Weg und ist sich bei der Modellierung der Präferenzen der Akteure unsicher. Der Professor hört sich die Problemlage an und motiviert den Doktoranden, weiter zu lesen, weiter zu denken und seinen eigenen Weg zur Lösung des Problems zu finden. Seine Aussage: „Ja, Ihr Modell gefällt mir im Prinzip gut. Aber natürlich sehe ich auch die von Ihnen genannten Schwierigkeiten. Sie bekommen das aber bestimmt hin, da bin ich mir sicher. Lesen Sie dazu doch den Artikel zu den Präferenzordnungen im European Journal of International Relations vom Herbst 2007. Wir unterhalten uns dann in einem Vierteljahr nochmals." Nach einem solchen Beratungsgespräch verlässt der Doktorand frustriert das Büro seines Betreuers. Grund: Die Art der Beratung passt nicht zu seiner Arbeitsweise. Der Doktorand ist selbst ein Grübler und hätte in seiner Situation gerne eine klare Vorgabe gehabt. Nach dem Motto: „Sie lesen jetzt maximal noch einen Artikel, dann treffen wir uns und zurren das Modell fest." Das Beispiel illustriert, dass Beratungsstile von Professoren zur Arbeitsweise und zum Typ des Doktoranden passen sollten. Idealerweise erkennen Betreuer, wie Ihre Schützlinge ticken und passen Ihren Beratungsstil entsprechend auf die konkrete Situation und den jeweiligen Promovenden an. Doch nicht immer gelingt das – manche Betreuer sind von Natur aus eher direktiv, andere lassen Ihre Doktoranden in großer Freiheit „einfach machen" und greifen nur ab und zu steuernd ein.

Bei der Wahl Ihres Betreuers sollte die Frage des passenden Betreuungsstils also eine Rolle spielen. Machen Sie sich Gedanken darüber, welcher Doktorandentypus sie selbst sind und welcher Betreuertypus dazu am besten passt (siehe auch den sehr instruktiven Gastbeitrag von Tanja Börzel zu dieser Frage). Denken Sie dazu am besten an Ihre Magister-, Diplom- oder Staatsexamensarbeit zurück. Haben Sie eher einen Artikel zu wenig als einen zu viel gelesen, früh mit dem Schreiben der Arbeit begonnen und waren insgesamt schnell fertig? Dann wäre es sinnvoll, einen Doktorvater als Betreuer zu wählen, der Sie hinterfragt, Sie zum nochmaligen Nachdenken auffordert und Sie auf Lücken in Ihrer Argumentationskette hinweist. Wenn Sie im Gegensatz dazu eher zu viel gegrübelt haben, wenn Sie ein zufällig entdeckter Text zu Ihrem Thema mit einem neuen theoretischen Seitenaspekt komplett aus dem Konzept gebracht hat, und Sie Ihre Struktur mehrmals umgeworfen haben – dann sollten Sie einen Betreuer suchen, der dafür bekannt ist, seine Promovierenden zum Abschluss der Arbeit zu drängen, klare Vorgaben zu machen, vergleichsweise stark in den Forschungsprozess seiner Doktoranden einzugreifen und mit aufkommenden Problemen pragmatisch umzugehen.

Nun stellt sich im nächsten Schritt die Frage, wie Sie als angehender Doktorand bei der Auswahl des Betreuers schon dessen Betreuungsstil identifizieren können. In der Tat ist ein abschließendes eigenes Urteil schwierig. Es gibt jedoch einige Indizien, auf die Sie bauen können. Eine Möglichkeit ist es, wiederum bereits Promovierte um ein Urteil über Ihren potenziellen Doktorvater zu bitten. Wenn Sie ohnehin schon wegen der Frage der Verlässlichkeit eine E-Mail an zwei oder drei seiner ehemaligen Doktoranden absetzen, können Sie gleich auch eine Frage zu dessen Beratungsstil unterbringen. Höchstwahrscheinlich sind die Antworten in Details unterschiedlich – eine grobe Tendenz lässt sich aber sicherlich herauslesen. Wenn die Antworten sehr unterschiedlich (und positiv) ausfallen, spricht vieles dafür, dass der Betreuer seinen Beratungsstil abhängig vom Promovierenden verändert – ein Idealfall.

Eine andere Möglichkeit ist es, ein erstes Informationsgespräch zu initiieren, um sich ein Bild zu machen. Fragen Sie bei Ihrem Betreuer in spe einfach an, ob er Zeit für ein kurzes Gespräch hat, in dem Sie Ihre Pläne für die Promotion vorstellen. In der Regel antworten Professoren auf solche Anfragen positiv – schließlich ist auch ihnen daran gelegen, die Person persönlich kennen zu lernen, der sie eventuell einmal die Doktorprüfung abnehmen. Nach einem solchen ersten Gespräch haben Sie immer noch die Chance abzusagen, wenn Sie mit dem Stil der Beratung nicht klarkommen. Wenn Sie bereits Ihre Forschungsfrage oder einen Plan für die Dissertation thematisieren können, ist es umso besser. Dann merken Sie in der Diskussion hoffentlich vergleichsweise schnell, welchem Beratungs-Typ Sie gegenübersitzen.

Eine Frage des Fits – oder wie finde ich den richtigen Betreuer für meine Dissertation?
von Tanja A. Börzel

Früher hielt ich den Begriff „Doktorvater" für hoffnungslos überkommen. Aber spätestens als ich mich auf einer internationalen Konferenz schützend vor meine „Doktormutter" meinte werfen zu müssen und dafür den Spott meiner Kommilitonen erntete, dämmerte mir, dass das Betreuungsverhältnis auch eine emotionale Bindung beinhalten kann.

Das Betreuungsverhältnis im Rahmen einer Promotion ist natürlich zunächst einmal ein professionelles. Häufig stehen die Promovenden bei ihrem Betreuer in Lohn und Brot, weil sie als wissenschaftliche Mitarbeiter am Lehrstuhl oder in einem Forschungsprojekt auf einer halben „Qualifikationsstelle" arbeiten, auf der sie in ihrer Freizeit die Doktorarbeit schreiben dürfen. In den an amerikanischen Ph.D. Programmen orientierten Graduiertenschulen ist das Betreuungsverhältnis ebenfalls vertraglich geregelt. Die Betreuungsvereinbarungen sollen sicherstellen, dass sich die Doktorväter und -mütter wenigstens zweimal im Jahr mit ihren Schützlingen zusammensetzen, und sie müssen das sogar schriftlich bestätigen. Inwieweit diese Bürokratisierung tatsächlich die Qualität der Betreuungsleistung erhöht, ist fraglich. Viele Doktoranden holen sich inhaltlichen Rat und Rückmeldung an anderer Stelle, und das ist auch gut so. Doktorväter und -mütter sind nicht allwissend, auch wenn sie sich vielleicht dafür halten mögen. Idealerweise sind sie theoretisch, methodisch und empirisch auf dem Gebiet der Dissertation gleichermaßen einschlägig. Aber ihre Hauptfunktion besteht darin, die Promotion zu begleiten und dafür zu sorgen, dass diese zu einem erfolgreichen Abschluss kommt, möglichst in dem dafür vorgesehenen Zeitraum von drei bis vier Jahren. Dabei reduziert sich der Beitrag des Betreuers keineswegs nur auf die Hilfe beim Finden einer relevanten Fragestellung, bei dem Umschiffen theoretischer und methodischer Klippen oder bei der Zähmung der widerspenstigen Empirie. Die Ermutigung, vor vermeintlich unüberwindbaren Problemen nicht zu kapitulieren und die Zuversicht, dass am Ende alles gut wird, sind häufig genauso wichtig. Der richtige Mix zwischen inhaltlicher und emotionaler Betreuung ist natürlich individuell unterschiedlich.

Wider Patentrezepte und Universalmodelle

Was macht also ein gutes Betreuungsverhältnis aus? Die Erfahrung zeigt, dass es keine Patentrezepte oder „one-size-fits-all" Modelle gibt. Jeder Doktorand ist anders und das gilt auch für die Betreuer. Für die Wahl des Betreuers sollte deshalb nicht nur seine Einschlägigkeit für das gewählte Thema und die wissenschaftliche Reputation ausschlaggebend sein, sondern auch die Passfähigkeit zu seinem Betreuungskonzept. Das setzt natürlich voraus, dass ich als Promovend erstens weiß, was ich für eine Art von Betreuung brauche, zweitens mein potentieller Betreuer ein Konzept hat, das mir als solches auch bekannt ist, und drittens ich überhaupt eine Wahl habe. Wer entscheidet sich schon gegen eine Stelle als wissenschaftlicher Mitarbeiter oder lehnt ein Promotionsstipendium ab, weil ihm das Betreuungskonzept des Professors den eigenen Bedürfnissen als nicht angemessen erscheint?

Es geht vielmehr darum, möglichst frühzeitig in der Promotion herauszufinden, welcher Typ von Doktorand ich bin, dies meinem Betreuer zu vermitteln und zu hoffen, dass er sich dann darauf einstellt. Das ist weder naiv noch trivial. Natürlich wünschen sich Professoren möglichst selbständige und unkomplizierte Doktoranden. Aber sie sind auch idealistisch oder eitel genug zu glauben, dass sie als Betreuer durchaus eine maßgebliche Rolle für den Erfolg einer Promotion spielen können.

Selbstläufer, Gipfelstürmer, Rohdiamanten und Blender

Die Erfahrung zeigt, dass es sehr unterschiedliche Typen von Doktoranden gibt. Alle sind gleichermaßen motiviert und qualifiziert, das sollte der Auswahlprozess, der immer kompetitiver wird, sicherstellen. Es sind vielmehr das Selbstvertrauen und die Reflexionsfähigkeit, worin sich Doktoranden erheblich unterscheiden. Die *Selbstläufer* besitzen beides und sind in jeder Hinsicht unproblematisch, aber auch eher selten. Die *Gipfelstürmer* verfügen über ein ungetrübtes Selbstbewusstsein und reflektieren wenig über mögliche Probleme und Hindernisse auf ihrem Weg zur Promotion. Sie legen in eindrucksvoller Zeit einen ersten Entwurf vor. Die dadurch meist notwendigen, umfassenden Überarbeitungen können ihr Selbstbewusstsein nicht erschüttern. Die Anforderungen an die Betreuung sind also vor allem inhaltlicher Natur. Die *Rohdiamanten* sind brillant, aber betreuungsintensiv. Ihr hohes Reflexionsvermögen und ihr geringes Selbstvertrauen lässt sie immer wieder an ihren eigenen Ansprüchen scheitern. Sie erfassen jede noch so kleine theoretische und methodische Fußangel und verzweifeln an der Unmöglichkeit, ihr zu entkommen. Mit Zuspruch und Ermutigungen ist es nicht getan, sie müssen davon überzeugt werden, dass sie entweder gar kein Problem haben oder dass es mal wieder gilt, pragmatisch zu sein. Vor allem müssen sie internalisieren, dass es letztlich nicht an ihnen ist zu beurteilen, ob ihre Arbeit gut oder schlecht ist. Die schwierigsten Fälle sind die *Blender*. Ähnlich den *Rohdiamanten* scheitern sie häufig an ihren eigenen Ansprüchen, ohne jedoch zu reflektieren, dass sie sich vor allem selbst im Wege stehen. Sie geben vielmehr externen Faktoren die Schuld – zu wenig Zeit, zu sperrige Empirie, zu schlechte Betreuung, zu anstrengende Kollegen, zu stressige Partner. Und weil die Probleme nichts mit der Dissertation zu tun haben, sprechen sie auch nicht darüber, sondern vermitteln zunächst den Eindruck, dass mit der Promotion alles prima läuft. Den Offenbarungseid leisten sie – wenn überhaupt – erst, wenn das erste Kapitel fällig ist, ein Konferenzpapier in eigener Regie geschrieben werden muss oder die Verlängerung des Vertrags ansteht. Betreuung kann hier nur begrenzt etwas ausrichten – sie kann allenfalls versuchen, Reflexionsprozesse zu induzieren, die ohne professionelle Hilfe jedoch selten zu Fortschritten in der Promotion führen.

Dies sind natürlich Idealtypen, die in ihrer Reinform empirisch kaum auftreten. Meine Doktoranden lassen sich trotzdem den vier Typen zuordnen und ich bemühe mich, meinen Betreuungsstil den unterschiedlichen Anforderungen entsprechend anzupassen. Ein solcher situativer Ansatz stößt allerdings an Grenzen, die nicht nur in den zeitlichen Ressourcen, sondern auch in der Persönlichkeit des Betreuers angelegt sind.

Der Alte vom Berg, der Mikromanager und die Glucke

Auch bei den Betreuern lassen sich vier Idealtypen unterscheiden, die unterschiedliche Schwerpunkte bei der Betreuung hinsichtlich Inhalt und Motivation setzen. Der klassische Doktorvater ähnelt der Figur des *„Alten vom Berg"*, der absolute Autorität in seinem Fach und unter seinen Schülern genießt. Er setzt sich zwei bis dreimal mit der Dissertation auseinander, seine inhaltlichen Kommentare sind dann aber wegweisend. Die Selbstläufer und Gipfelstürmer werden ihnen ehrfurchtsvoll lauschen und das Wesentliche für sich mitnehmen und in ihrer Arbeit umsetzen. Die Rohdiamanten werden hingegen noch Wochen und Monate Exegese betreiben, um den Sinn der Anregungen möglichst genau zu erfassen, während die Blender sie nach kurzer Zeit als wenig hilfreich beiseite legen. Das Gegenmodell ist der *Mikromanager*, der jeden Schritt der Promotion überwacht, um rechtzeitig intervenieren zu können. Für Selbstläufer und Gipfelstürmer sind die regelmäßig geforderten Fortschrittsberichte und Feed-back Sitzungen lästig und überflüssig. Blender hingegen werden frühzeitig gezwungen, sich ihren Problemen zu stellen. Die Rohdiamanten laufen unter Umständen Gefahr, das große Ganze aus dem Blick zu verlieren, weil sie bei jedem Zwischenschritt neue Probleme aufdecken. Sie sind bei der *„Glucke"* besser aufgehoben. Anders als der Begriff vielleicht nahelegt, bezieht er sich keineswegs nur auf Doktormütter – auch Doktorväter können ihre Zöglinge umsorgen. Neben die inhaltliche Betreuung tritt bei ihnen die emotionale Unterstützung bei der Bewältigung von Problemen, die häufig mehr mit mangelndem Selbstvertrauen als mit unüberwindbaren inhaltlichen Schwierigkeiten zu tun haben. Den vierten Idealtyp gilt es wenn irgend möglich zu meiden.[6]

Make it Fit!

Die Individualisierung des Betreuungsverhältnisses erfordert einen Kommunikationsprozess, in dem sich vor allem der Betreuer auf den Doktoranden einstellen sollte. Die Bringschuld, Erwartungen auszusprechen, liegt zunächst bei den Promovenden selbst, aber auch die Betreuer sollten ihre Erwartungen auf den Tisch legen. Der Alte vom Berg kann dann durchaus von seinem Berg heruntersteigen, wenn sich zwischen dem jährlichen Gespräch bei einem seiner Rohdiamanten eine Promotionskrise abzeichnet. Der Mikromanager sollte seinen Kontrollzwang bei Selbstläufern zügeln und Vertrauen in die Rohdiamanten setzen. Und die Glucke muss lernen loszulassen und zu akzeptieren, dass sie nicht alle Probleme der Blender und Rohdiamanten lösen kann.

Sollte dieser Kommunikationsprozess fehlschlagen, gibt es immer noch die Möglichkeit, sich einen zweiten Betreuer zu suchen. Im Zuge der fortschreitenden Modernisierung des deutschen Hochschulsystems muss das heutzutage nicht notwendigerweise ein (deutscher) Professor sein. Ein vollständiger Wechsel des Betreuers sollte hingegen nur dann in Erwägung gezogen werden, wenn es gar nicht anders geht. Die Koordinatoren von Graduiertenschulen oder Nachwuchsbeauftragten von Forschungsverbünden sind in solchen Fällen wichtige Ansprechpartner.

Zur Kommunikation von Erwartungen und Bedürfnissen gehört auch zu klären, wohin die Reise nach der Promotion gehen soll. Eine Dissertation, die für eine wissenschaftliche Laufbahn qualifizieren soll, unterliegt besonderen Anforderungen. Die Entscheidung, sich die Option für eine Universitätskarriere offen zu halten, sollte frühzeitig getroffen werden. Wer von vorneherein weiß, dass sie einen gut bezahlten Job in der Privatwirtschaft oder der öffentlichen Verwaltung anstrebt, braucht sich weniger auf wissenschaftlichen Konferenzen herumtreiben und theoretische Aufsätze verfassen, sondern kann mehr Zeit in Praktika oder das Schreiben von Policy Papers investieren.

Tanja A. Börzel ist Professorin für Europäische Integration an der Freien Universität Berlin

Individuelles Kriterium 3: Sympathie

Ein ähnliches Kriterium wie der Betreuungsstil ist das persönliche Verhältnis zwischen Doktorand und Betreuer. Wenn man sich gegenseitig sympathisch findet, hilft das enorm, ein gutes Klima im Gespräch zu schaffen. Man kann sich

---

[6] Er (oder sie) liegt auf der Hand und ließe sich nur mit Begriffen aus der Vulgärsprache griffig auf den Punkt bringen.

dann auf die inhaltlichen Fragen konzentrieren und ist nicht von anderen Aspekten abgelenkt, die sich auf der persönlichen Ebene abspielen. Noch stärker als beim Betreuungsstil ist jedoch für die Einschätzung des zwischenmenschlichen Verhältnisses zum Doktorvater ein gegenseitiges persönliches Kennenlernen erforderlich. Der Hinweis im vorigen Abschnitt zur Bedeutung eines ersten Informationsgespräches vor der Zusage oder Absage an einen Betreuer sei an dieser Stelle nochmals unterstrichen.

Allerdings hilft auch ein noch so sympathischer Doktorvater nichts, wenn dessen Verlässlichkeit oder seine fachliche Qualifikation eine gute Betreuung der Dissertation unmöglich machen. Sprich: Prüfen Sie sich selbst und lassen Sie sich bei der Wahl Ihres Betreuers nicht allein von persönlicher Sympathie leiten. Ja, ein guter Draht zum Professor ist wichtig. Aber alle anderen soeben diskutierten Kriterien sind wichtiger.[7]

Die häufige Realität: Wenn der Betreuer von vornherein feststeht
Bisher sind wir von der Situation ausgegangen, dass ein Doktorand seinen Betreuer frei auswählen kann. Häufig sind angehende Promovierende jedoch nicht in dieser komfortablen Situation. Die Realität sieht in vielen Fällen so aus, dass der Professor aktiv wird und einem begabten Studenten vorschlägt, eine Promotion an das gerade abgeschlossene sehr gut absolvierte Magisterstudium zu hängen. In diesem Fall findet de facto meist keine ergebnisoffene Suche nach dem bestmöglichen Betreuer mehr statt. Natürlich könnte (und vielleicht: sollte) man sich auch anderweitig bewerben und den Betreuer der Magisterarbeit etwas hinhalten. Doch auch wer das nicht tut, sollte dennoch die oben besprochenen Kriterien bedenken und seinen Professor daran messen. Ihr großer Vorteil liegt darin, die Stärken und Schwächen seiner Beratung bereits zu kennen. Sie können viele der oben genannten Auswahlkriterien also leicht überprüfen. Wenn Sie nun doch Zweifel daran haben, ob der Professor zu Ihnen passt, bleiben Ihnen zwei Handlungsmöglichkeiten: Entweder Sie sagen ihm höflich aber bestimmt ab und suchen sich aus dem breiten Feld an Forschern in der Politikwissenschaft einen anderen Betreuer. Dies ist sicherlich die klarste aller Lösungen – allerdings ist sie nicht immer möglich und sicher nicht für alle potenziellen Doktoranden vorstell-

---

[7] Einschränkend sei hier natürlich erwähnt, dass – dem gesunden Menschenverstand folgend – es sehr ungeschickt wäre, einen Betreuer auszuwählen, mit dem man seit den ersten Studienjahren spinnefeind ist. Die Bewertung von Sympathie bezieht sich in diesem Abschnitt eher auf die Skala zwischen neutral und sympathisch und schließt völlige gegenseitige Abneigung aus. Diese wäre, in der Tat, ein absolutes Ausschlusskriterium bei der Wahl des Betreuers.

bar – beispielsweise wenn ihre Finanzierung der Promotion an den Betreuer gebunden ist oder wenn Sie in einem anderen Abhängigkeitsverhältnis stehen. In diesem (zweiten) Fall sollten Sie Strategien entwickeln, um die sich andeutenden Schwächen des Professors bei der Betreuung bzw. die nicht ganz ideale Passung zwischen Ihren Erwartungen und seinem Profil auszugleichen. Warum suchen Sie sich nicht einen Zweit- oder Drittbetreuer, der genau die Schwächen ausgleicht, die Sie bei Ihrem Professor vermuten? Wenn Sie unbedingt eine spieltheoretische Analyse durchführen wollen, Ihr Professor davon aber nur wenig versteht, dann könnten Sie etwa bei dem Experten aus der Volkswirtschaftslehre anfragen, ob er nicht die Zweitbetreuung Ihrer Promotion übernimmt.[8] Bei Betreuern, die sich schlecht auf die Gespräche mit Ihnen vorbreiten, könnte es helfen, kurz vor dem Termin eine Erinnerungsmail mit einer Art Tagesordnung oder Agenda zu verschicken. Wenn Sie jedoch schon zu Beginn Ihrer Promotionszeit größere Konflikte zwischen Ihnen und Ihrem Betreuer mit großer Sicherheit prognostizieren können und dennoch auf ihn angewiesen sind, sollten Sie Wege finden, um den Professor bei der Stange zu halten und dennoch eine gute Beratung zu erhalten. Eine Möglichkeit wäre es, den Professor offiziell zu Ihrem Zweitbetreuer zu machen und als Erstbetreuer einen ausgewiesenen Experten in Ihrem Spezialgebiet zu engagieren. Natürlich müssen Sie damit rechnen, dass Ihr Erstbetreuer etwas verschnupft auf diese „Degradierung" reagiert. Wenn Sie aber wirklich einen ausgewiesenen Experten in ihrem Themenbereich als Erstbetreuer gewinnen, tun Sie sich mit der Argumentation leichter, warum Sie den verdienten Professor, der Sie immer gefördert hat, zum Zweitbetreuer machen. Oder Sie belassen es auf dem Papier bei der Erstbetreuung durch den Professor, wenden sich in der Praxis aber mit den meisten Fragen an einen anderen Wissenschaftler, der dann als Zweit- oder Drittbetreuer fungiert. Allerdings gilt auch hier: Eine gewisse Zurückhaltung in der Kommunikation über die „wahren Betreuungsverhältnisse" ist dann wohl angebracht, will man nicht Erstaunen bis Unmut beim offiziellen Erstbetreuer hervorrufen.

Alle diese Strategien können funktionieren. Eine Garantie, dass selbst bei sorgfältiger Auswahl des Betreuers ein Beratungsverhältnis ohne Konflikte abläuft, haben Sie freilich nicht. Sollten diese auftreten, hilft Ihnen hoffentlich unser Kapitel 10 zu diesem Thema weiter.

---

[8] Dies setzt natürlich voraus, dass eine solche interdisziplinäre Betreuung in der Promotionsordnung Ihrer Fakultät zumindest als Ausnahmefall vorgesehen ist.

Exkurs: Forschungs- und Betreuungsrankings

In regelmäßigen Abständen publizieren unterschiedliche Medien und Organisationen Forschungsrankings der deutschen Universitäten – auch bezogen auf die Sozialwissenschaften oder die Politikwissenschaft (bspw. das Ranking des Centrums für Hochschulentwicklung (CHE) oder die Rankings von Publikumszeitschriften wie Spiegel, Focus oder Capital). Neben den unterschiedlichen methodischen und inhaltlichen Kritikpunkten an diesen Verfahren (dazu etwa: Engel 2001, Pilgram 2007) stellt sich die Frage, ob diese allgemeinen Rankings ein sinnvoller Leitfaden für die Auswahl von Promotionsbetreuern bzw. politikwissenschaftlichen Instituten sind. Wir sind auf der einen Seite der Auffassung, dass diese globalen Hitlisten gerade für die Promotionsphase ein eher schlechter Ratgeber sind. Denn auch wenn ein politikwissenschaftliches Institut bei der Unterkategorie „Betreuung" schlecht abschneidet, muss das nicht bedeuten, dass die Beratung durch einen bestimmten Professor in der Promotionsphase unbedingt schlechter sein muss als an Instituten, die im Ranking weiter oben stehen. Wie keine andere Studienphase steht und fällt der Erfolg einer Promotion mit dem direkten Kontakt zwischen Professor und Doktorand, der sich nur schlecht darüber messen lässt, wie viele Studierende auf einen Lehrstuhl kommen. Auf der anderen Seite jedoch gibt es natürlich auch in unserem Fachbereich gewisse Universitäten, die in bestimmten Bereichen der Politikwissenschaft (meist nicht ganz zu unrecht) als „führend" gelten, und es gibt Institute, die forschungsorientierter sind als andere (vgl. Tab. 3).[9] Wenn Sie dort promoviert haben, wird man Sie völlig unabhängig von der Qualität Ihrer Arbeit innerhalb der Disziplin zumindest zunächst anders wahrnehmen, als wenn Sie ein Institut aus der Kategorie „ferner liefen" wählen. Daher gilt es abzuwägen – einerseits zwischen der Reputation eines politikwissenschaftlichen Instituts in einem bestimmten Bereich unseres Faches oder auch in der Politikwissenschaft allgemein und andererseits zwischen der konkreten Betreuungssituation bzw. Ihrer Wahrnehmung des Betreuungsverhältnisses zu Ihrem potenziellen Doktorvater (sowie ggf. weiterer Standortkriterien wie technischer Ausstattung, Bibliotheken o.ä.).

---

[9] Für einen Überblick über den Publikations- und Zitationserfolg der deutschen politikwissenschaftlichen Institute siehe Plümper 2003.

Tabelle 3: Publikationstätigkeit an politikwissenschaftlichen Instituten (1990-2002)

Institut	Publikationen	Zitationen	Publikationen pro Professur	Zitationen pro Professur
Mannheim	37	88	6,17	14,67
Heidelberg	15	29	3,75	7,25
Konstanz	28	215	2,8	21,5
Bremen	13	45	1,86	6,43
Berlin HU	12	63	1,5	7,88
Berlin FU	11	48	0,42	1,85
Frankfurt Main	10	28	0,91	2,55
Bamberg	10	24	2,5	6,0
WZB	30	157		
MPIfG Köln	36	164		

Anmerkung: Dargestellt sind die zehn Institute mit den nominal meisten Publikationen in 92 ausgewählten Zeitschriften.
Quelle: Plümper 2003

Unter dem Strich wäre unser Plädoyer: Machen Sie Hochschul- oder Institutsrankings nicht zu Ihrem einzigen und wichtigsten Ratgeber für die Wahl Ihres Promotionsorts (bzw. des Instituts) und Ihres Doktorvaters. Aber behalten Sie sie als sekundäres Kriterium im Hinterkopf – gerade wenn Sie vorhaben, nach der Promotion in der Wissenschaft zu bleiben.

Wie promovieren: strukturiert oder frei?

Die Promotionslandschaft in Deutschland ist im Umbruch – sie differenziert sich aus. Entstanden in den 80er Jahren in der Regel alle Promotionen in der Politikwissenschaften im Rahmen einer „Meister-Lehrlings"-Beziehung, steigt seit Beginn der 90er Jahre die Zahl derer, die ihren Doktorgrad in einem strukturierten Promotionsstudium erhalten (wie bereits in Kapitel 1 ausgeführt). Es stellt sich also die Frage, welcher Weg zur Dissertation mit welchen Vor- und Nachteilen verbunden ist.

Grundsätzlich gilt: Es gibt auch hier verschiedene Wege zum Glück – abhängig davon, wie Sie selbst Ihre Promotionsphase gestalten wollen. Die strukturierten Promotionsstudiengänge haben den Vorteil, dass Sie in der Regel mit der Aufnahme in den Studiengang auch die Finanzierung gesichert haben (siehe Kapitel 5). Daneben erhalten Sie durch die starke Strukturierung auch noch eine gute Weiterbildung in methodischen Fragen, die Sie sich als „freier" Promovend selbst organisieren müssen, und Sie sind in institutionalisierte Feedbackmechanismen eingebunden (inklusive Kontakte mit anderen Doktoranden, die zu verwandten Themen arbeiten) eingebunden. Gleichzeitig schränkt Sie die Strukturierung aber in Ihrer Selbstbestimmtheit ein. Wer im Rahmen eines Promotionskollegs oder an einer Graduiertenschule promoviert, kann sich nicht so einfach auf halber Strecke umentscheiden und das Thema sowie den Doktorvater wechseln. Auch verfügen Sie im Gegensatz zu einem freien Promovenden nicht mehr so frei über Ihre Zeit. Am stärksten schränkt Sie eine strukturierte Promotion freilich thematisch ein: Nicht für jedes Spezialthema lässt sich in Deutschland ein geeignetes Graduiertenkolleg finden, in dem noch Plätze zu vergeben sind. Je nachdem, wie Sie sich ihre Promotionsphase vorstellen, für welches Thema Sie sich interessieren und wie gut Sie methodisch und fachlich ausgebildet sind, sollten Sie diese Vor- und Nachteile eines strukturierten Promotionsstudiums im Vergleich zu einer „freien" Promotion bewerten und die entsprechende Wahl treffen. Grundsätzlich gilt aber, dass die Zahl der Graduiertenschulen in den vergangenen Jahren deutlich zugenommen hat. Alleine die DFG fördert im Bereich der Politikwissenschaften insgesamt 61 institutionalisierte Promotionsmöglichkeiten (Stand: Februar 2008). Hinzu kommt eine wachsende Zahl von Promotionskollegs, die von den Bundesländern finanziert werden. Es lohnt sich also in jedem Fall ein Blick in die entsprechenden Datenbanken und nachzuforschen, ob das angedachte Promotionsthema nicht doch in die thematische Ausrichtung eines Graduiertenkollegs passt (siehe Linktipp am Ende dieses Kapitels).

Promovieren im Ausland

Wer träumt nicht davon, einen Ph.D. aus Oxford, Cambridge oder Harvard, vom IEP aus Paris oder dem Europäischen Hochschulinstitut in Florenz in seinen Lebenslauf schreiben zu können? In der Tat – promovieren im Ausland kann eine Alternative zum herkömmlichen deutschen Doktortitel sein.

Allerdings gilt für die folgenden Tipps zur Auslandspromotion – und vielleicht an dieser Stelle sogar noch mehr als anderswo – die Einschränkung: es kommt darauf an! Auf die persönliche Lebenssituation, die Zukunftspläne, die finanziellen Möglichkeiten, die thematischen Vorlieben. Damit Sie bei Ihrer Entscheidung über eine eventuelle Auslandspromotion einige dieser Variablen mit Inhalt füllen können und so eine etwas besser informierte erste Einschätzung des Für und Wider einer Auslandspromotion treffen können, stellt der folgende kurze Überblick die wichtigsten Besonderheiten, Schwerpunkte und möglichen

Probleme eines Promotionsstudiums im Ausland dar. Der Überblick bleibt dabei aufgrund der unendlichen Vielfalt der Promotionsangebote lückenhaft – eigene weiter- und tiefergehende Recherchen sind unabdingbar.

Grundsätzlich gilt für eine Promotion im Ausland natürlich, dass erstens eine sehr gute Sprachkenntnis notwendige Voraussetzung oder zumindest zügig zu erwerben ist. Sie müssen schließlich ihre Dissertation in englischer, französischer oder spanischer Schriftsprache abliefern. Auch wenn jeder, der eine wissenschaftliche Laufbahn anstrebt, in der Lage sein sollte, ein englisches Paper zu verfassen – eine Ph.D.-Thesis ist eine Herausforderung. Und für andere Sprachen – etwa französisch, spanisch oder italienisch – gilt: Selbst wenn Sie sich mündlich in Paris oder Barcelona problemlos zurecht finden – die Wissenschaftssprache erfordert ein anderes Niveau. Klar ist auf der anderen Seite aber auch: Wenn Sie nach Ihrem Auslandsaufenthalt eine Sprache exzellent beherrschen, ist das in Ihrem weiterführenden Berufsleben ein großes Plus – als Wissenschaftler oder auch in Wirtschaft, Medien, NGOs oder Verwaltung.

Zweitens sollten Sie davon ausgehen, dass Sie bei einem Promotionsstudium im Ausland in der Regel zusätzliche Seminare belegen müssen. In den USA umfassen die ersten beiden Jahre eines Ph.D.-Programms ein echtes Seminarprogramm, das es in sich hat und mit einer Prüfung abgeschlossen werden muss, die Voraussetzung für die Weiterführung der Promotion ist (siehe hierzu auch unseren Vergleich der Modelle in Kapitel 1). In Princeton sind beispielsweise 12 bis 14 Seminare in den ersten beiden Jahren vorgesehen.[10] Thematisch sind die meisten Promotionsstudiengänge so organisiert, dass man neben einem Hauptfach (etwa Comparative Politics) noch Kenntnisse in einem weiteren Teilgebiet der Politikwissenschaft (bspw. Political Theory) oder einem verwandten Gebiet (bspw. quantitative Methoden) vorweisen muss. In Europa sind die Promotionsverfahren sehr unterschiedlich – einen Überblick gibt beispielsweise das europäische Doktorandennetzwerk Eurodoc (Brown 2004). In England und auch in den Benelux-Ländern etwa gehören Methodenkurse für Politologen im ersten Jahr des Promotionsstudiums ebenfalls häufig zum Pflichtprogramm.

Drittens sollten Sie sich darüber im Klaren sein, dass Ihnen eine Promotion im Ausland die Rückkehr ins deutsche Universitätssystem auch erschweren kann. Dies gilt weniger für Doktoranden, die sich mit einer Promotionsurkunde aus Oxford, Harvard oder Cambridge um eine Postdoc-Stelle bewerben. Wenn sie aber an einer unbekannten Uni in Spanien promoviert haben, fehlen Ihnen

---

[10] Die Möglichkeiten einer Anrechnung von Methodenseminaren aus Deutschland besteht natürlich, ist jedoch – wie üblich – von der Anerkennungspraxis an den jeweiligen Instituten abhängig.

sowohl die Netzwerke und die persönlichen Beziehungen, um in Deutschland Fuß zu fassen, als auch der „große Name" der Uni als Eintrittskarte ins deutsche System (Schuhen 2008). Oder, anders gewendet: Sie haben während Ihres Doktorstudiums Netzwerke und Beziehungen im Ausland aufgebaut und haben deshalb dort beste Aussichten auf eine Postdoc-Stelle. Wenn Sie also im Ausland promovieren, sollten Sie darauf gefasst sein, dass aus einem ursprünglich geplanten Aufenthalt von vier Jahren schnell ein Aufenthalt von sieben oder acht Jahren – oder für ein ganzes Leben – werden kann.

Das wichtigste Argument für eine Promotion im Ausland ist, neben persönlichen Motiven (Lebenserfahrung, etc.), häufig die thematische Ausrichtung eines bestimmten Instituts. An dieser Stelle ist es aus hoffentlich verständlichen Gründen nicht möglich, analog zu Deutschland (siehe Anhang 1) einen gesättigten Überblick über die thematischen Schwerpunkte aller politikwissenschaftlichen Institute zu geben. Dennoch halten wir es für sinnvoll, einige Besonderheiten von möglichen Ländern für einen Auslandsaufenthalt kurz darzustellen.

Für Politikwissenschaftler sind insbesondere die USA ein attraktiver Kandidat für eine Auslandspromotion. Traditionell übt insbesondere Harvard eine besonders große Anziehungskraft auf Promovenden der Politikwissenschaft aus. Aber auch die anderen Top-Universitäten der USA, wie etwa Princeton oder Yale sowie die Columbia University sind beliebt. Die thematischen Schwerpunkte variieren je nach Institut. In Yale wird in den kommenden Jahren beispielsweise vor allem an den fünf Themen „Order, Conflict, and Violence", „Representation and Popular Rule", „Distributive Politics", „Identities, Affiliations, and Allegiances" sowie „Crafting and Operating Institutions" geforscht. Andere Universitäten wie Princeton sind für methodische Spezialitäten bekannt – etwa für formale Modellierung politikwissenschaftlicher Problemstellungen. Grundsätzlich gilt jedoch, dass die großen politikwissenschaftlichen Institute in vielen Bereichen exzellente Bedingungen für Doktoranden bieten. Ebenfalls lässt sich prinzipiell sagen, dass quantitative Methoden in der US-amerikanischen Forschung eine größere Rolle spielen als auf dem europäischen Kontinent.[11] Die Aufnahme in einen US-amerikanischen Promotionsstudiengang erfolgt über ein Auswahlverfahren. Hierzu gibt es standardisierte Tests (Graduate Record Examination General Test (GRE-Test), oder für die sprachliche Qualifikation der bekannte TOEFL-Test), an manchen Unis wird auch ein Paper verlangt (bspw. University of Pennsylvania). Für

---

[11] Vielleicht auch deshalb weisen aber gerade auch qualitative Dissertationen oft elaboriertere Methodenkapitel auf als europäische.

einen Studienbeginn im September enden die Fristen in der Regel im November oder Dezember des Vorjahres.

In Frankreich sind die angesehensten politikwissenschaftlichen Institute nicht an den Universitäten des Landes angesiedelt, sondern an den „Grandes Écoles". Insgesamt gibt es neun solcher IEPs (institut d'études politiques), die übers ganze Land verteilt sind. Das angesehenste IEP liegt (natürlich) in Paris. Dahinter folgen die anderen Institute, bei denen sich Promotionen je nach thematischem Schwerpunkt der Doktoranden anbieten. Das IEP Bordeaux sieht seine eigenen Schwerpunkte beispielsweise im Bereich der Regionalstudien zu Schwarzafrika oder beim Verfassungsvergleich und der Verwaltungswissenschaft. Das IEP Straßburg ist traditionell und aufgrund seiner Nähe zu den europäischen Institutionen in Sachen Europaforschung eine gute Adresse. Die Aufnahmeverfahren für Promotionsstudenten sind je nach IEP unterschiedlich. Exemplarisch sei hier das Verfahren der IEP aus Bordeaux genannt: Dort sollte man sich mit einem Exposé des Promotionsprojektes, seinem Lebenslauf und einem Anschreiben („lettre de motivation") beim zuständigen Direktor für die Promotionsstudierenden bewerben. Das gesamte Dossier wird dann vom wissenschaftlichen Ausschuss des Instituts beraten, der dann über die Annahme entscheidet.

Neben den IEPs besteht auch die Möglichkeit an den „Écoles Nationales Supérieurs" (ENS) seinen Doktor zu machen. Ausländische Promovenden an diesen Forschungsinstituten erhalten ein Stipendium – französische Studierende, die „normaliens", sind Beamte in Ausbildung und werden bezahlt. Für Politikwissenschaftler – insbesondere, wenn sie zu einem ideengeschichtlichen oder philosophischen Thema promovieren – eignen sich vor allem die ENS Paris (Rue d'Ulm) sowie der ENS Lyon (lettres et sciences humaines). Daneben ist es freilich möglich, an einer renommierten französischen Universität zu promovieren – hier ist für Politikwissenschaftler (erneut insbesondere bei ideengeschichtlichem Schwerpunkt) hauptsächlich die Sorbonne (Paris IV) mit ihren „Écoles doctorales" interessant. Schließlich gibt es auch eine Reihe deutsch-französischer Kooperationen für Doktoranden. So zum Beispiel die Doktorandenschule der Deutsch-Französischen Hochschule (DFH) „Comparing Democratic Societies in Europe (CODESE)", die von der Universität Stuttgart und dem IEP in Bordeaux getragen und von weiteren Forschungseinrichtungen in beiden Ländern unterstützt wird.

Großbritannien ist des Weiteren ein attraktives Ziel für deutsche Promovierende unseres Faches. Besonders beliebt und anerkannt ist ganz allgemein natürlich ein Doktor aus „Oxbridge", wobei laut nationalen Rankings Oxford die Nase vorne hat. Eine der ersten Anlaufstellen für Promovenden der Politikwissenschaft ist ebenfalls die London School of Economics and Political Science (LSE), die zwar im geläufigeren Kurztitel nach Wirtschaftswissenschaft klingt, aber auch ein hervorragendes Programm für Doktoranden der Politikwissenschaft anbietet. Das Programm der LSE umfasst dabei eine Vielzahl von Spezialisierungsmöglichkeiten (Political Philosophy, Government, Media and Communication, u.v.m.), innerhalb derer jeweils erneut thematische Schwerpunktsetzungen möglich sind. Folgt man dem internationalen Ranking von Hix (2004) sind gute Anlaufstellen für ausländische Promovenden daneben die Universitäten in Essex (Colchester), in Birmingham oder Sheffield.

Auslandspromotionen sind für Deutsche natürlich (sprachlich) besonders problemlos im deutschsprachigen Ausland möglich. Dabei ist das Promotionsstudium in Österreich und in der Schweiz ähnlich variantenreich möglich wie in Deutschland, wobei die Einrichtung von stärker strukturierten Promotionsstudiengängen auch in unseren deutschsprachigen Nachbarländern voranschreitet. Die thematischen Schwerpunkte in der politikwissenschaftlichen Promotionsausbildung sind je nach Institut sehr unterschiedlich. Die Schwerpunkte einiger ausgewählter Institute finden sich beispielhaft in Tabelle 4.

Natürlich gibt es auch im sonstigen Ausland eine Vielzahl an Promotionsmöglichkeiten. Darunter sind auch viele politikwissenschaftliche Institute, die in besonderen Spezialgebieten absolute Spitze sind und teilweise auch englische Studienangebote haben – etwa viele Universitäten in Skandinavien (Aarhus, Uppsala, Stockholm etc.), aus den Benelux-Ländern (Amsterdam, Leiden) oder auch Irland (hier insbesondere das Trinity College in Dublin). Auf diese speziellen Promotionsprogramme kann hier aus Platzgründen nicht eingegangen werden. Eine besonders renommierte Adresse sei jedoch hier noch erwähnt: Das Europäische Hochschulinstitut (European University Institute) in Florenz. Dieses weltweit bekannte Top-Institut bietet im Bereich Politikwissenschaft besonders gute Promotionsmöglichkeiten in folgenden Schwerpunktbereichen:

- „The Transformation of Government and Democracy
- „Social Change in Europe and its Implications for Society, Politics & Public Policy",
- „The Comparative Study of Public Policy",
- „Political and Social Structures and Behaviour",
- „International Relations and Security",
- „Social and Political Theory".

Tabelle 4: Schwerpunkte an ausgewählten Instituten im deutschsprachigen Ausland[12]

Institut, Land	Schwerpunkte
Universität Bern Schweiz http://www.ipw.unibe.ch	▪ Politisches System der Schweiz (Schweiz. Innenpolitik) ▪ Vergleichende Politikwissenschaft (insbes. entwickelte Demokratien) ▪ Europapolitik ▪ Policy-Analyse (Schwerpunkt Umweltpolitik) ▪ Wahl- und Abstimmungsforschung
Universität Zürich[13] Schweiz http://www.ipz.uzh.ch/studium/ doktorat.html	▪ Politische Ökonomie (Schwerpunkt Afrika, Entwicklungs- und Schwellenländer) ▪ Demokratieforschung (auch aus vergleichender Perspektive, insbesondere im Rahmen des NCCR Forschungsverbundes) ▪ Politische Soziologie (Parteienforschung, Wähler- und Wahlverhalten) ▪ Policy Analysis (besonderer Fokus auf Public Administration) ▪ Sicherheitspolitik (auch aus historischer Perspektive) und global Governance (hier: kleinerer Schwerpunkt im Bereich Klima- und Umweltpolitik) ▪ Ab Herbst 2010: neues strukturiertes Doktoratsprogramm „Comparative and International Studies".
Universität Wien Österreich http://politikwissenschaft.univie.ac.at/	▪ Geschlechterpolitik ▪ Migrationspolitik ▪ Quantitative Wahlforschung ▪ Osteuropa (postsozialistische Länder)
Universität Innsbruck Österreich http://www.vibk.ac.at/politikwissenschaft	▪ Politische Kommunikation ▪ Gender-Forschung ▪ Internationale Sicherheitspolitik ▪ Regieren und politische Führung in liberalen Demokratien ▪ Europäische Politik und Gesellschaft

Anmeldeschluss in Florenz ist der 31. Januar jedes Jahres – für einen Start des Promotionsstudiums zum 1. September. Bewerber müssen einen Lebenslauf, ein Exposé ihres Forschungsvorhabens sowie einen Überblick über den Studienver-

---

[12] Die Schwerpunkte wurden von den jeweiligen Instituten auf Anfrage genannt. Die Auswahl der Institute erfolgte durch die Autoren.
[13] In Zürich besteht zudem eine enge Kooperation mit der ETH Zürich im Rahmen des „Center for Comparative and International Studies (CIS)".

lauf und den Abschluss nach Florenz schicken, um in das Bewerbungsverfahren aufgenommen zu werden. Die endgültige Auswahl erfolgt dann über Bewerbungsgespräche

Für die Finanzierung eines Ph.D.-Studiums im Ausland stehen deutschen Doktoranden unterschiedliche Wege offen. Recht schwierig ist die Suche nach deutschen Stiftungen, die Auslandspromotionen fördern. Die meisten großen Förderwerke unterstützen Promotionen im Ausland nicht, die Studienstiftung des deutschen Volkes stellt für Ihre Stipendiaten in der Grundförderung nur in begründeten Ausnahmefällen Geld für ein Promotionsstudium im Ausland zur Verfügung. In diese Lücke stößt hingegen z.B. die Daimler-Benz-Stiftung. Sie fördert explizit Promotionsstudien im Ausland. Besser sieht es aus, wenn Sie sich direkt im Ausland um eine Förderung bewerben. So vergeben beispielsweise viele Universitäten Stipendien für exzellente ausländische *Graduate Students* oder vermitteln zumindest mittelprächtig bezahlte Lehraufträge im *Undergraduate*-Bereich. Am besten, Sie sprechen direkt das Institut oder den Professor im Ausland an, bei dem Sie sich ein Promotionsstudium vorstellen können. Dort bekommen Sie sicher Hinweise darauf, wie eine Finanzierung möglich ist.

Ein abschließender Punkt für die Planung, der aus der deutschen Perspektive oft vergessen wird: Rechnen Sie fest damit, dass die Promotionsstudiengänge im Ausland häufig mit hohen Studiengebühren belegt sind, deren Finanzierung erst gestemmt werden muss. Unter amerikanischen, britischen oder ostasiatischen Doktoranden (und bei den dortigen Banken) ist es auch eher akzeptiert, diese Ausbildungsphase als Investition anzusehen und sich dafür zu verschulden. Ob Sie sich im Bedarfsfall dieser Haltung anschließen möchten, bleibt Ihnen selbstverständlich selbst überlassen.

All diese Einschränkungen sollten Sie nicht missverstehen: Ein Ph.D.-Studium im Ausland ist eine hochinteressante Möglichkeit und wird Sie nicht nur fachlich, sondern auch persönlich weiterbringen. Außerdem ist Auslandserfahrung sowohl in der Wirtschaft als auch im Universitätsbetrieb ein wichtiges Auswahlkriterium – beispielsweise bei der Besetzung von Lehrstühlen. Wenn Sie zudem die Aufnahme in eine der renommierten Universitäten in den USA, Großbritannien oder Frankreich schaffen, haben Sie mit hoher Wahrscheinlichkeit den Grundstein für eine erfolgreiche internationale Karriere als Politikwissenschaftler gelegt. Nur sollten Sie von Anfang an auch die Konsequenzen bedenken, die mit der Entscheidung einhergehen, vier Jahre im Ausland zu forschen und zu leben.

Wenn Sie Auslandserfahrung sammeln und gleichzeitig im deutschen Universitätsbetrieb integriert bleiben wollen, bieten sich Mischlösungen an. Eine Möglichkeit wäre es etwa, sich auf eine Promotionsstelle in einem internationalen

Graduiertenkolleg der DFG zu bewerben, wenn dort ein politikwissenschaftliches Thema angeboten wird. Eine andere Lösung ist es, einen Zweitbetreuer aus dem Ausland zu wählen und einen Teil der Forschungsarbeit im Ausland zu absolvieren. Mit Frankreich besteht zum Beispiel die Möglichkeit, eine Doktorarbeit binational anzulegen und entsprechend auch einen doppelten Abschluss zu erwerben (Stichwort Co-Tutelle, siehe Surftipp am Ende dieses Kapitels).

Für Fallstudien oder ähnliche landes- bzw. regionenspezifische Analysen sind außerdem Auslandsreisen oft ohnehin unerlässlich – und werden auch von verschiedenen Organisationen im Rahmen von Kurzstipendien gefördert (etwa durch die Daimler-Benz-Stiftung[14], den DAAD oder, für Stipendiaten, das jeweilige Förderwerk; siehe hierzu auch Kapitel 5). Auch der Besuch von Summer Schools oder Seminaren im Ausland ist möglich. Viele andere Wege, Auslandserfahrung mit einer Promotion in Deutschland zu verbinden, sind freilich denkbar – Ihrer Kreativität sind hier keinerlei Grenzen gesetzt.

Zum Weitersurfen

Sektionen und Arbeitskreise der Deutsche Vereinigung für Politische Wissenschaft:
    http://www.dvpw.de/nc/gliederung/sektionen.html.
Internationale Graduiertenkollegs der DFG:
    http://www.dfg.de/forschungsfoerderung/koordinierte_programme/graduiertenkollegs/
    liste/gk_int_nr.html.
Strukturierte Promotionsmöglichkeiten:
    http://www.dfg.de/forschungsfoerderung/koordinierte_programme/graduiertenkollegs.
Promotionsverfahren in Europa:
    http://www.eurodoc.net/articles_en_23.html.
Informationen zum Co-tutelle-Verfahren von der Hochschulrektorenkonferenz:
    http://www.hrk.de/de/service_fuer_hochschulmitglieder/156.php.
Promotionsangebot in Politikwissenschaft des European University Institute
    http://www.eui.eu/DepartmentsAndCentres/PoliticalAndSocialSciences/DoctoralProgramme/Index.aspx
Informationen einiger renommierter Institute in den USA zur Graduiertenausbildung:
    Harvard: http://www.hks.harvard.edu/degrees/phd
    Princeton: http://www.princeton.edu/politics/graduate/
    Yale: http://www.yale.edu/polisci/gradprogram/index.html
    MIT: http://web.mit.edu/polisci/grad/index.html

---

[14] Die Finanzkrise im Jahr 2009 hat allerdings die DBS bzw. ihren Kapitalstock empfindlich getroffen, was auch Auswirkungen auf das Doktorandenförderprogramm hatte.

UPennsylvania: http://www.polisci.upenn.edu/PSCIGrad2009.pdf

Columbia: http://www.columbia.edu/cu/polisci/grad/main/introduction/index.html

Informationen zur Promotion in Frankreich:

IEPs in Frankreich und deren Forschungsschwerpunkte:

http://www.cidu.de/raeume/studieren/hochschule/iep_inhalt.html

Doktorandenausbildung am IEP Paris:

http://ecoledoctorale.sciences-po.fr/

ENS Paris Rue d'Ulm:

http://www.ens.fr/?lang=fr

ENS Lyon (Überblick über die sozialwissenschaftlichen Forschungsinstitute, an denen Doktoranden andocken können):

http://www.ens-lyon.eu/10353782/0/fiche___pagelibre/&RH=ENS-LYON-ETUD-DOCTO

Sorbonne (Paris IV), Département für Philosophie und Soziologie:

http://www.paris-sorbonne.fr/en/spip.php?article111

Deutsch-französische Doktorandenschule:

http://cdfa.sciencespobordeaux.fr/index.htm

Deutsch-Französische Hochschule:

http://www.dfh-ufa.org/forschung/

Links zu ausgewählten Instituten in Großbritannien

London School of Economics:

http://www.lse.ac.uk/collections/graduateAdmissions/apply/availabilityOfProgrammes2010-11.htm

University of Essex:

http://www.essex.ac.uk/government/prospective_students/res_degrees.shtm

Oxford:

http://www.politics.ox.ac.uk/prospective/grad/

Cambridge:

http://www.polis.cam.ac.uk/courses/graduates/prosphd.html

Birmingham:

http://www.polsis.bham.ac.uk/pg/research-degrees.shtml

Sheffield:

http://www.shef.ac.uk/politics/index.html

Zum Weiterlesen

Böhret, Carl (1984): „Zum Stand und zur Orientierung der Politikwissenschaft in der Bundesrepublik Deutschland", in: Hartwich, Hans-Hermann (Hg.): Policy-Forschung in der Bundesrepublik Deutschland. Opladen: Westdeutscher Verlag, 216-330.

Briede, Ulrike/Gerhardt, Anke/Mues, Christopher (2004): „Die Situation der Doktoranden in Deutschland. Ergebnisse der Befragung.", in: duz (Deutsche Universitätszeitung) special, Beilage zur duz – das unabhängige Hoschulmagazin 3.12.2004, 13-22.

Brown, Tim (2004): Gathering of Evidence and Development of a European Supervision and Training Charter. Eurodoc, online unter (30.11.2009): http://www.eurodoc.net/Euro docsuptrain.pdf.

Engel, Uwe (Hg.) (2001): Hochschulranking. Zur Qualitätsbewertung von Studium und Lehre. Frankfurt am Main: Campus.

Honolka, Harro (1986): „Reputation, Desintegration, theoretische Umorientierungen. Zu einigen empirisch vernachlässigten Aspekten der Lage der Politikwissenschaft in Deutschland", in: Von Beyme, Klaus (Hg.): Politikwissenschaft in der Bundesrepublik Deutschland. Opladen: Westdeutscher Verlag, 41-61.

Klingemann, Hans-Dieter/Falter, Jürgen (1998): „Die deutsche Politikwissenschaft im Urteil der Fachvertreter.", in: Greven, Michael (Hg.): Demokratie – eine Kultur des Westens? 10. wissenschaftlicher Kongress der Deutschen Vereinigung für Politische Wissenschaft. Opladen: Leske&Budrich, 305-341.

Pilgram, Jutta (2007): „Nutzlose Hitlisten", in: Süddeutsche Zeitung, 21.April 2007, V3/12.

Plümper, Thomas (2003): „Publikationstätigkeit und Rezeptionserfolg der deutschen Politikwissenschaft in internationalen Fachzeitschriften, 1990-2002. Eine bibliometrische Analyse der Veröffentlichungsleistung deutscher politikwissenschaftlicher Fachbereiche und Institute", in: Politische Vierteljahresschrift 44:4, 529-544.

Schuhen, Sarah (2008): „Doktortitel ohne Rückfahrschein", in: http://www.faz.net/s/Rub1 A09F6EF89FE4FD19B3755342A3F509A/Doc~E30347E15CB3F40E2BC95BC9C755235FA ~ATpl~Ecommon~Scontent.html, (30.11.2009).

Shalev, Michael (2007): Limits and Alternatives to Multiple Regression in Comparative Research, in: Mjøset, Lars/Clausen, Tommy (eds.) 2007: Capitalisms Compared. Comparative Political Research, Volume 24, Amsterdam et al.: JAI Press, 261-308.

Wolf, Frieder (2010): „Enlightened Eclecticism or Hazardous Hodgepodge? Mixed Methods and Triangulation Strategies in Comparative Public Policy Research", in: Journal of Mixed Methods Research 4:2, 144-167.

5 Finanzierungsmöglichkeiten

Sie haben ein spannendes Thema für Ihre Dissertation gefunden, das noch kaum erforscht ist und sind hochmotiviert, mit der Forschung zu beginnen. Ihr Betreuer ist begeistert und ermutigt Sie, sich in das Abenteuer Promotion zu stürzen. In solchen Fällen haben Sie bereits drei wichtige Zutaten für eine gelungene Promotion beisammen – es fehlt allein ein letzter, im wahrsten Sinne des Wortes überlebenswichtiger Teil: die Finanzierung Ihrer Promotionsphase. Denn so spannend das Thema sein mag, so motiviert Sie selbst sind und so begeistert der Doktorvater – zwei bis vier Jahre Forschung ohne regelmäßige Einkünfte lassen sich für einen Nachwuchswissenschaftler nicht ohne weiteres stemmen. Und ein üppiges Erbe oder große Ersparnisse zur Finanzierung der Promotionsphase sind bei Doktoranden eher eine Seltenheit. Daher stellt sich die Frage, welchen Weg man beschreiten sollte, um seinen Lebensunterhalt während der Promotionsphase zu verdienen. Die Antworten auf diese Frage sind sehr unterschiedlich und hängen stark von der individuellen Situation des Doktoranden, seinen Plänen (auch für die Zeit nach der Promotion), vor allem aber von den konkreten Rahmenbedingungen ab. Dieses Kapitel hat daher zum Ziel, einen Überblick über verschiedene Finanzierungsmöglichkeiten zu geben, damit Sie als Doktorand bestens informiert Ihre eigene Situation überdenken und auf Grundlage der Vor- und Nachteile des jeweiligen Finanzierungsweges die für Sie passende (Strategie-)Entscheidung treffen können.[1]

Wie sich Doktoranden finanzieren

Vor der Diskussion der Vor- und Nachteile der jeweiligen Finanzierungsmöglichkeiten einer Promotionsphase lohnt sich ein Blick in die Empirie. Wie finanzieren Doktoranden in Deutschland ihre Promotionszeit?

---

[1] Angesichts der Tatsache, dass ein größerer Teil der Doktoranden nicht im luftleeren Raum zwischen den Finanzierungsarten wählt, sondern die Finanzierung für sie eng mit der Auswahl durch den Doktorvater zusammenhängt, widmet sich dieses Kapitel im letzten Abschnitt auch diesem Fall.

Ein Ergebnis vorneweg: Die Datengrundlage zur Beantwortung dieser Frage ist – wie häufig bei der Analyse von Fragestellungen im Zusammenhang mit der Promotion – vergleichsweise dürftig. Die Ergebnisse von zwei Studien erlauben jedoch eine gewisse Annäherung an das Thema. Zum einen hat das Bayerische Staatsinstitut für Hochschulforschung Promovierende in Bayern befragt und nachgeforscht, aus welchen Quellen sich die Doktoranden finanzieren. Für die Sozialwissenschaften zeigt die Umfrage, dass es drei wichtige Finanzierungsarten gibt (Abb. 4): 42 Prozent der Befragten gaben an, ihre Promotion über eine Teilzeitstelle (sowohl Drittmittel- als auch Planstellen) und 18 Prozent über eine Vollzeitstelle an der Universität zu finanzieren, 13 Prozent bekamen Geld aus einem Stipendium. Dagegen verfügten 27 Prozent der Befragten weder über ein Stipendium noch über eine Beschäftigung im Universitätsbetrieb (Berning/Falk 2006: 32). Aufschluss über die Zusammensetzung dieser letzten Gruppe von Doktoranden gibt uns die zweite Studie, aus der man Aussagen über die Finanzierungsquellen von Promotionsstudenten ableiten kann: eine deutschlandweite fächerübergreifende Befragung des Doktorandennetzwerkes Thesis. Die Ergebnisse der Thesis-Umfrage zeigen, dass neben den klassischen Finanzierungsmöglichkeiten (Teilzeit- oder Vollzeitstelle sowie Stipendium) insbesondere die Unterstützung durch Angehörige, eine Erwerbstätigkeit außerhalb des Wissenschaftsbetriebs und die Finanzierung der Promotion durch die eigenen Ersparnisse wichtige Ressourcen zur Sicherung des Lebensunterhaltes während der Promotionsphase sind (Briede/Gerhardt/Mues 2004). Die Studie stützt daneben auch die Befunde der Umfrage unter Doktoranden der Sozialwissenschaften in Bayern: Auch im bundesweiten Vergleich sind die wichtigsten Finanzierungsquellen Stellen an der Universität (37 Prozent, davon 16 Prozentpunkte aus Drittmitteln) und Stipendien (32 Prozent).

Diese Einteilung der Doktoranden nach ihren hauptsächlichen Finanzierungsarten verdeckt natürlich, dass viele Promovierende gleichzeitig von mehreren Einkommensquellen leben. Dies trifft insbesondere auf Stipendiaten zu. Hier reicht das Stipendium in einigen Fällen gerade, um über die Runden zu kommen. Wer sich jedoch den jährlichen Urlaub in der Toskana oder einen etwas gehobenen Lebensstil leisten will – Konzertbesuche, Wochenend-Reisen zu Freunden, Dauerkarte im Stadion – , wird häufig eine zweite Einkommensquelle anzapfen müssen. Fast jedes Stipendium erlaubt Hinzuverdienste bis zu einer gewissen Grenze: Eine Stelle als wissenschaftliche Hilfskraft an einem Lehrstuhl beispielsweise wird meistens bis zu einer bestimmten Stundenzahl zugelassen. Im Hinblick auf die Art der Nebenbeschäftigung differenzieren die Förderwerke zwischen fachnahen Tätigkeiten, also beispielsweise einem Hiwi-Job, und fachfremden Tätigkeiten. Die Friedrich-Ebert-Stiftung lässt im ersten Fall 10 Stunden Arbeitzeit pro Woche zu, im zweiten Fall nur die Hälfte. Bei diesen Nebenjobs gilt dann keine Verdienstgrenze. Wenn ein Stipendiat aber aus Mieten, Zinsen oder anderen Einkünften mehr als 3000 Euro im Jahr verdient, werden die Einnahmen über dieser Grenze auf das Stipendium angerechnet (BMBF 2009: 7).

Abbildung 4:   Finanzierung der Promotion in Bayern in den
Sozialwissenschaften

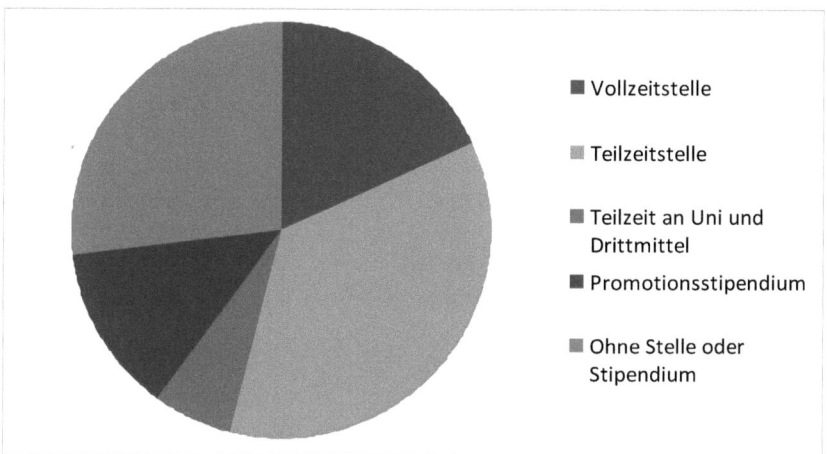

Quelle: Berning/Falk 2006: 32

Bei der Befragung des Netzwerkes Thesis hat sich auch gezeigt, dass viele Finanzierungsmöglichkeiten gleichzeitig genannt wurden (Gerhardt/Briede/Mues 2005: 81). Somit lässt sich mit einiger Sicherheit davon ausgehen, dass ein Teil der Befragten nicht nur Promotionsstipendien empfängt, sondern gleichzeitig auch Geld mit einem Nebenjob verdient. Eine Befragung der Empfänger des maximal dreijährigen Berliner Landesstipendiums (Nachwuchsförderungsgesetz), die Anfang der 90er Jahre 1200 DM monatlich erhielten, gibt einen Hinweis auf die wichtigsten zusätzlichen Finanzierungsquellen: So hatten in den Sozialwissenschaften 7 Prozent der Doktoranden zeitgleich mit dem Stipendium eine Stelle an einer Hochschule oder Forschungseinrichtung, 14 Prozent gingen einer Erwerbstätigkeit außerhalb der Hochschule nach und 21 Prozent wurden zusätzlich zum Stipendium durch die Eltern unterstützt (Röbbecke/ Simon 2001: 49). Sprich: Mischformen der Finanzierung sind durchaus Gang und Gäbe – wobei meist eine Hauptfinanzierungsquelle dominiert und diese je nach Höhe und je nach Notwendigkeit durch Zusatzverdienste ergänzt wird. Hinzu kommt im Übrigen gewiss bei vielen Doktoranden eine intertemporale Variation der Finanzierungsquellen im Verlauf der Promotionsphase.

Finanzierung und Promotionsverlauf
Betrachtet man diese unterschiedlichen Finanzierungswege, stellt sich in einem zweiten Schritt die Frage, welcher Weg zu empfehlen ist. Wie eingangs bereits erwähnt, muss sich jeder angehende Doktorand diese Frage auf Basis seiner eigenen Pläne und Rahmenbedingungen selbst beantworten. Allerdings kann man mithilfe der vorliegenden Daten zumindest tendenziell einige Aussagen über den Zusammenhang zwischen Promotionsverläufen und der Finanzierungsart treffen. So zeigt die Auswertung einer Befragung von Promovierenden in Kassel, dass insbesondere solche Promovenden besonders lange an Ihrer Doktorarbeit schreiben, die weder über ein Stipendium noch über eine Stelle an der Universität finanziert sind (Bornemann/Enders 2002: 67). Der wichtigste Grund für diesen Zusammenhang liegt darin, dass diese Gruppe von Doktoranden besonders häufig ihre Arbeit an der Dissertation unterbricht – was wiederum die Promotionsdauer signifikant beeinflusst.[2] Zentrales Ergebnis der Studie: „Betrachtet man die gesamte Promotionsdauer, ist der Zeitraum vom Studien- bis zum Promotionsabschluss bei den Stipendiaten (4,7 Jahre) am kürzesten, gefolgt von Hochschulmitarbeitern (5,5 Jahre) und Externen (6,6 Jahre)" (Bornemann/Enders 2002: 66). Überraschend sind an diesen Zahlen die vergleichsweise langen Promotionsdauern der Stipendiaten von durchschnittlich 4,7 Jahren – auch angesichts der Tatsache, dass Stiftungen nur in den seltensten Fällen die Promotion länger als drei Jahre fördern. Zwei Faktoren könnten zu einer Erklärung dieses hohen Wertes beitragen: Zum einen messen die Autoren die Promotionsdauer als Zeitraum zwischen Studien- und Promotionsabschluss. Gerade bei Stipendiaten ist aber anzunehmen, dass vor der Bewerbung um ein Stipendium und bis zum Ende des Aufnahmeverfahrens eine gewisse Zeit vergeht. Schließlich müssen die Bewerber zunächst den Antrag fertigstellen, ein Exposé schreiben (und die dafür notwendigen Vorarbeiten leisten) und dann noch die Aufnahmeprozedur durchlaufen. Zum zweiten deuten die Zahlen erneut auf Mischfinanzierungen hin – in diesem Fall in zeitlicher Abfolge. So ist zu erwarten, dass sich Stipendiaten nach Ende ihrer Förderung andere Finanzierungsmöglichkeiten suchen, um die begonnene Arbeit an der Dissertation zu Ende zu führen und in der Umfrage dennoch das Stipendium als wichtigste Finanzierungsquelle angeben.

---

[2] Ein weiterer Grund könnte ehrlicherweise auch darin liegen, dass die besten Absolventen tendenziell größere Chancen auf eine Stelle bzw. ein Stipendium haben.

Dennoch kann man auf Basis des vorhandenen Materials schlussfolgern: Tendenziell gelingt Doktoranden, die sich über ein Stipendium finanzieren, ein vergleichsweise schneller Abschluss, während insbesondere externe Promovenden besonders lange brauchen bis sie schließlich die Doktorurkunde in der Hand halten.

Doch die Dauer ist freilich nicht alles. Denn ein Doktorand, der eine Karriere im Wissenschaftsbetrieb anstrebt, profitiert sicher stark von einer frühzeitigen Einbindung in den Hochschulbetrieb. Für solche Promovierende kann es sich lohnen, eine längere Bearbeitungszeit in Kauf zu nehmen, und dafür bereits Lehrerfahrung zu sammeln. Davon jedoch später mehr.

Ein anderer Einwand grundsätzlicher Art ist natürlich ebenfalls nicht von der Hand zu weisen: Natürlich haben die wenigsten Doktoranden die Chance, zwischen verschiedenen Finanzierungsarten zu wählen und sich den passenden Weg heraus zu suchen. Vielmehr sind die meisten froh, wenn ihnen der Professor eine halbe Stelle als Mitarbeiter anbietet, oder wenn ein Antrag auf ein Stipendium erfolgreich ist (siehe unten). Dennoch ist es sinnvoll, sich mit den Vor- und Nachteilen der einzelnen Finanzierungsmöglichkeiten zu befassen. Denn wenn Sie sich als Doktorand darüber im Klaren sind, welche Vor- und Nachteile der von Ihnen eingeschlagene Finanzierungsweg mit sich bringt, können Sie darauf reagieren und durch gezieltes Handeln versuchen, die Nachteile zu beheben.

Manchmal hat man einfach Glück
von Jürgen W. Falter

Nach meinem Diplom im Herbst 1968 am Otto-Suhr-Institut der Freien Universität Berlin hatte ich mit einem meiner Professoren ein Dissertationsthema abgesprochen, das aus meinem damaligen (und bis heute gebliebenen) Interessenbereich der Wahl- und Einstellungsforschung stammte. Der Arbeitstitel lautete: „Rechtsextremismus unter der deutschen Landbevölkerung". Während eines Studienaufenthaltes in Berkeley bekam ich dann überraschend eine Assistentenstelle an der Universität des Saarlandes in Saarbrücken bei einem frisch berufenen jüngeren Politikwissenschaftler, Karl Kaiser, angeboten. Es erwies sich als Glücksfall, dass die mir für den Zeitpunkt nach meiner Rückkehr aus den USA in Aussicht gestellte Assistentenstelle an der Freien Universität im Rahmen einer Rektoratserstürmung und einer Änderung der Universitätspolitik gestrichen worden war. Als Glücksfall deswegen, weil an der Universität des Saarlandes Anfang 1970 die Studentenrevolte mit ihren tief reichenden, das Zeitbudget stark belastenden Auseinandersetzungen bereits beendet war; als Glücksfall aber auch deshalb, weil ich auf einen liberal gesonnenen, ungewöhnlich großzügigen Chef stieß, der mein Promotionsvorhaben ideell wie materiell unterstützte, mir aber dabei intellektuell weitestgehend freie Hand ließ. Das Thema meiner Dissertation hatte sich mittlerweile geändert, da ich über Karl Kaiser bald intensiver mit der saarländischen Politik in Kontakt kam. An einem benachbarten Lehrstuhl, im Institut für Konsum- und Verhaltensforschung, wurde damals gerade eine Saarlandumfrage durchgeführt, in die ich mich mit einigen eigenen Fragen einklinken konnte. Auf diese Weise konnte ich, für die damalige Zeit ungewöhnlich, anhand von Primärmaterial eine Analyse des saarländischen Wahlverhaltens anläßlich der Landtagswahl 1970 durchführen.

Trotz meiner Tätigkeit als, wie es damals hieß, „Verwalter der Dienstgeschäfte eines wissenschaftlichen Assistenten" mit der üblichen Unterrichtstätigkeit und der notwendigen Lehrstuhlassistenz blieb mir genug Zeit, die für die Niederschrift der Dissertation notwendigen Vorarbeiten relativ zügig durchzuführen. Begünstigt wurde das dadurch, dass ich am Lehrstuhl Kaiser nicht nur Gelder zur Bezahlung eines so genannten Rechenknechts bekam, der nach meinen Anweisungen statistische Berechnungen am Großrechner der Universität durchführte, sondern dass ich auch aus Lehrstuhlmitteln eine Art PC-Vorläufer zur Verfügung gestellt bekam, mit dessen Hilfe ich einfachere statistische Berechnungen bis hin zu Korrelations- und Regressionsanalysen durchführen konnte. Schließlich wurde ich im Sommersemester 1972 ganz von meiner Tätigkeiten als Assistent freigestellt, um Zeit für die Niederschrift der Arbeit zu haben. Die einzige Auflage Karl Kaisers war, dass er nach seiner Rückkehr aus den USA, wo er ein Forschungssemester an der Harvard University verbrachte, die Dissertation fertig auf seinem Tisch vorfinden wollte. Sie wurde tatsächlich 14 Tage vor seiner Rückkehr fertig.

Ein neues, stärker dem *genius loci* verpflichtetes Thema zu finden fiel mir nicht schwer, da ich aufgrund meines schon damals starken Interesses an der Wahl- und Einstellungsforschung mich bald nach meinem Wechsel nach Saarbrücken mit den Strukturen der saarländischen Wählerschaft zu beschäftigen begann. Mit der Niederschrift fing ich erst an, nachdem ich alle Materialien beisammen, alle notwendigen Berechnungen durchgeführt, alle Tabellen erstellt und die einschlägige Literatur durchgearbeitet hatte, so dass es mir dann möglich war, im Sommersemester 1972 (unter Einschluss eines Teils der Semesterferien) die Arbeit quasi in einem Zuge niederzuschreiben. Das hatte den Vorteil, dass ich nach einigen Wochen geradezu in einen Schreibrausch geriet und auf diese Weise die allmorgendliche Angst vor dem weißen Blatt verlor.

Erwähnt werden sollte vielleicht noch, dass ich damals mit einer mechanischen Schreibmaschine, der berühmten Erika, einem Modell aus Vorkriegsproduktion, meinen Text schrieb. Man musste sehr genau planen, was man vorhatte, sowohl was die Makroplanung der gesamten Arbeit als auch was die Mikroplanung betraf, also das, was man am jeweiligen Tage niederschreiben wollte. Denn Korrekturen waren unendlich viel schwieriger anzubringen, als das heute der Fall ist. Ich frage mich manchmal, wie ich nicht nur meine Dissertation, sondern auch meine Habilitationsschrift und Dutzende von Aufsätzen auf diese Weise überhaupt zu Papier brachte. Hilfreich war dabei ein striktes Zeitmanagement, das bei mir darin bestand, dass ich mich jeden

Morgen zur gleichen Zeit in meinem etwas abseits gelegenen Dienstzimmer an den Schreibtisch setzte, stets zur gleichen Zeit eine Mittagspause mit Gang zur Mensa einlegte, um mich dann wiederum zur gleichen Zeit wie an den Vortagen und den Tagen danach an den Schreibtisch zu setzen und mehr oder minder um die gleiche Zeit schließlich abends die Schreibmaschine zur Seite zu stellen. Zuhause plante ich dann am Abend bei Musik und einem Glas Wein (oder war es damals eher eine Flasche Bier?) das, was ich am nächsten Tage zu Papier bringen wollte. Die Olympischen Spiele 1972 in München sah ich jeweils nur in der Spätabendzusammenfassung im Fernsehen. Erst als der Palästinenseranschlag auf die israelischen Sportler erfolgte, geriet mein Zeitmanagement kurzfristig ins Wanken.

Das klingt im Nachhinein alles recht heroisch und selbstdiszipliniert, aber es war gar nicht so schwierig. Anders hätte ich vermutlich sehr viel länger gebraucht und es wäre mir nicht gelungen, innerhalb eines guten Vierteljahres meine Dissertation, die später in der Fakultätsreihe als Buch erschien, zu Papier zu bringen. Ohne die günstigen Rahmenbedingungen, ohne das Verständnis und die Unterstützung meiner Umgebung, insbesondere des mich betreuenden Lehrstuhlinhabers, mit dem ich bis heute freundschaftlich verbunden bin, wäre das vermutlich nicht so einfach über die Bühne gegangen. Ich habe im Laufe meiner Tätigkeit als Universitätsprofessor versucht, diese guten Erfahrungen weiterzugeben und meinen promovierenden Mitarbeitern ähnliche Arbeitsbedingungen zu ermöglichen, wie ich sie selbst hatte. Dass das unter den Bedingungen der durchbürokratisierten Massenuniversität und der Bachelorisierung, lies: Verschulung der Studiengänge, nicht immer geht, versteht sich leider von selbst. Wo und wann immer möglich sollte man versuchen, die starren, oft genug wissenschaftsfeindlichen Strukturen der heutigen Universität zu Gunsten des wissenschaftlichen Nachwuchses zu durchbrechen oder zu unterlaufen. Denn hauptsächlich in ihm und durch ihn wird das Werk von uns älteren Wissenschaftlern weiterleben.

Jürgen W. Falter ist Professor für Politikwissenschaft mit dem Schwerpunkt Politische Systeme und Innenpolitik an der Universität Mainz

Die Finanzierung über eine Stelle als Lehrstuhl-Mitarbeiter

Einer der klassischen Finanzierungswege für Promovenden ist es, neben der Promotion eine halbe oder eine ganze Stelle als wissenschaftlicher Mitarbeiter am Lehrstuhl des Doktorvaters zu besetzen. Die halbe TVL-E13-Stelle bringt einem Ledigen im Monat im ersten Jahr etwa 1500 Euro Grundgehalt brutto – nach Abzug der Sozialversicherungsbeiträge und Steuern (Steuerklasse 1) bleiben davon netto rund 1050 Euro übrig. Damit lässt es sich sparsam bzw. etwas auskömmlicher als studentisch leben.

Der große Vorteil einer Mitarbeit am Lehrstuhl ist darüber hinaus die direkte Anbindung an den Unibetrieb. Als wissenschaftlicher Mitarbeiter sind Sie ständig in Kontakt mit der Forschung und sprechen mit Ihren Kollegen am Mittagstisch über Forschungsthemen. Diese Gespräche bilden nicht nur weiter – sie geben Ihnen auch die Möglichkeit, ein konkretes Problem, das Sie gerade mit Ihrem Forschungsthema haben, im Kreis der Kollegen zu diskutieren. Solche Fragen sollten Sie nicht täglich thematisieren – denn wenn Sie etwa die Schwierigkeiten mit der Konstruktion von Dummies zur Kontrolle von Heterogenität im Längsschnitt bei einer gepoolten Regressionsschätzung in jeder Mittagspause aufs Neue *en détail* darlegen, werden sich einige Kollegen relativ schnell genervt aus Ihrer Mittagsrunde verabschieden. Aber Sie können sicher hin und wieder offen fragen, ob Ihre Kollegen Zeit und Muße haben, sich kurz Ihrem Problem zu widmen. Vielleicht auch nicht beim Mittagessen in großer Runde, sondern beim Kaffee danach in anderer Zusammensetzung. Solche Gespräche können sehr hilfreich sein und sind deshalb ein erster großer Pluspunkt für Doktoranden, die fest im Unibetrieb integriert sind.

Nicht zu unterschätzen ist zweitens die positive Wirkung von Lehrverpflichtungen. Für die Vorbereitung auf ein Proseminar aus Ihrem Themenbereich müssen Sie sich in der Regel nochmals intensiv mit der Literatur auseinandersetzen. Und wer interessierte und gute Studierende in seinen Kursen hat, merkt schnell, dass deren Fragen auch Impulse für die eigene Forschungsarbeit geben. Wenn der Referent im Seminar bei seiner Analyse des Fürsten von Machiavelli in einem Halbsatz auch auf Machiavellis Kömödie „La Mandragola" und seine Arbeit zur Geschichte der Stadt Florenz eingeht, dann liefert diese Bemerkung vielleicht einen Ansatzpunkt für Ihre eigene Forschung. Gleiches gilt für andere Pflichtaufgaben, die man als wissenschaftlicher Mitarbeiter erledigen muss – etwa der Beisitz bei Prüfungen oder die Vorkorrektur von Abschlussarbeiten. Auch bei diesen Routinetätigkeiten fallen immer wieder interessante Einsichten für die eigene Forschungsarbeit als Nebenprodukte an.

Außerdem ist auch die Berufserfahrung nicht zu unterschätzen, die Sie sammeln, wenn Sie an der Universität arbeiten und gleichzeitig promovieren. Sollten Sie eine wissenschaftliche Karriere anstreben, liegt der Vorteil natürlich auf der Hand: Sie haben bereits Erfahrungen im Unibetrieb, wissen, wie man Drittmittelanträge schreibt, kennen die Tücken der Verwaltung und haben Erfahrungen bei der Studienberatung oder in der Lehre gesammelt. Doch auch außerhalb der Wissenschaft wird Ihnen die Berufserfahrung einen Vorteil gegenüber anderen Bewerbern verschaffen, die noch nie „richtig" gearbeitet haben. Denn Personalchefs ist es wichtig, dass ein möglicher neuer Mitarbeiter bereits Erfahrungen mit hierarchischen Strukturen und einem täglichen Arbeitsleben gemacht hat und nicht direkt vom ausschließlich selbstbestimmten Leben am heimischen Schreibtisch kommt.

Schließlich ist auch der direkte Draht zum Doktorvater ein absolutes Plus, wenn man als wissenschaftlicher Mitarbeiter promoviert. Denn einige kleinere Fragen zur Dissertation lassen sich auch wunderbar im Gespräch zwischen Tür und Angel klären: Wie soll der Anhangband gestaltet sein? In welcher Sprache soll ich die geführten Experteninterviews transkribieren? Wann soll der Vortrag im Kolloquium stattfinden? Welche Literatur wäre für einen bestimmten Seitenaspekt noch relevant? Diesen Vorteilen stehen freilich auch gravierende Nachteile gegenüber. Um beim Thema Betreuung zu bleiben: Wer als wissenschaftlicher Mitarbeiter promoviert, schwebt in der Gefahr, aufgrund der Nähe zum Doktorvater wichtige Richtungsentscheidungen in der Forschung zu unreflektiert zu treffen. Zwar mag für eher organisatorische Fragen oder einen Literaturtipp das Gespräch mit dem Chef auf dem Gang völlig ausreichen – wenn es um zentrale Weichenstellungen geht, sollte jedoch in jedem Fall ein offizieller Termin her! Schicken Sie ihrem Doktorvater dann vorab eine Mail mit einer Agenda der wichtigsten zu besprechenden Fragen und gestalten Sie das Treffen so formal wie möglich. Dann wird das Gespräch nicht nur als Small-Talk zwischen engem Mitarbeiter und Chef wahrgenommen, sondern als echtes Betreuungsgespräch zwischen Professor und Promovend, bei dem es um zentrale Weichenstellungen in Ihrem Forschungsprojekt geht (siehe auch Kapitel 10).

Das größte Problem für Promovierende auf Assistentenstellen ist jedoch die Überlastung mit der Alltagsarbeit. Dies zeigen auch verschiedene Doktorandenbefragungen – etwa die Ergebnisse der Kasseler Promoviertenstudie. Demnach unterbrachen 34 Prozent der Promovierenden in den Sozialwissenschaften ihre Arbeit an der Dissertation wegen der „Belastung durch hochschulische Berufstätigkeit". Denn bei allen positiven Nebeneffekten neigt der Unibetrieb auch dazu, mehr Platz einzunehmen als eigentlich vorgesehen war und vertraglich vereinbart ist. Neben der tatsächlichen Überlastung, die den Promotionsfortschritt verlangsamt oder gefährdet, bieten zusätzliche Aufgaben durch Verwaltung und Lehre für Promovierende auch Gelegenheiten, um das Weiterarbeiten an ungeliebten Teilen der Dissertation aufzuschieben (und die gibt es immer). Anstatt sich noch eingehender mit dem Forschungsstand zur Interpretation der Rolle des Staates bei Hegel zu beschäftigen macht man dann lieber noch den Kommentar fürs Vorlesungsverzeichnis fertig, optimiert die Präsentation für die Lehrveranstaltung oder überarbeitet das Modulhandbuch für den neuen Masterstudiengang.

Wenn Sie in einer der beschriebenen Situationen sind, gibt es verschiedene Strategien, um dafür zu sorgen, dass die Arbeit an der Dissertation nicht völlig zwischen Lehre, Verwaltung und Studienberatung untergeht – sei es aus tatsächlicher Überlastung oder aus Prokrastination.

Wenn Sie eine halbe Stelle haben: Machen Sie dies für sich selbst und für andere explizit! Führen Sie Tagebuch darüber, was Sie an einem Tag alles geleistet haben. Und wenn Sie nach drei Monaten sehen, dass Sie von Ihrer 40-Stunden-Woche gerade einmal 5 Stunden für die Arbeit an der Promotion aufgewendet haben, sollten Sie über ein Gespräch mit Ihrem Vorgesetzten bzw. über Wege zur Bekämpfung Ihrer eigenen Ablenkbarkeit nachdenken. Oder planen Sie feste Bürotage ein. Warum bleiben Sie nicht donnerstags und freitags zu Hause und widmen sich in dieser Zeit nur Ihrer Doktorarbeit, während Sie Montag bis Mittwoch voll und ganz für Uni-Aufgaben zur Verfügung stehen? Geben Sie Ihren Studierenden in den Seminaren Hinweise, dass Sie nur an gewissen Tagen für Fragen erreichbar sind und auch nur dann Ihre E-Mails beantworten.

Wenn diese Strategien alle nichts helfen, können Sie sich auch darüber Gedanken machen, für Ihre eigene Stelle eine neue Finanzierung zu organisieren. Wer nach zwei Jahren vor lauter Lehre, Verwaltung und Lehrstuhlaufgaben mit der Dissertation gar nicht vorangekommen ist, sollte sich ernsthaft mit dem Gedanken befassen, eine Bewerbung für ein Stipendium oder einen Drittmittelantrag zu schreiben.[3] Besprechen Sie in diesem Fall das Problem direkt mit Ihrem Doktorvater und haben Sie eine Begründung für Ihren Lösungsvorschlag parat. Im Regelfall wird Ihnen Ihr Betreuer nicht böse sein – schließlich möchte er auch, dass Sie die Doktorarbeit in absehbarer Zeit abgeben.

Deutlich schwieriger ist es bei Mitarbeitern mit einer ganzen Stelle. Diese Finanzierung ist jedoch nicht die Regel, denn üblicherweise (und mit guten Gründen) werden volle Stellen nur an bereits promovierte Bewerber vergeben. Denn bei einer vollen Stelle bleibt natürlich noch weniger Zeit für die eigene Forschung. Deshalb: Wenn Ihnen Ihr Doktorvater eine Vollzeitstelle anbietet, nehmen Sie es als Kompliment. Hier will Sie jemand unbedingt halten. Gleichzeitig sollten Sie sich aber überlegen, ob Sie mit der Dissertation bereits soweit voran-

---

[3] Je länger Sie schon am Lehrstuhl angestellt sind, desto größer wird tendenziell die Erfolgschance eines Drittmittelantrags (der formal meist über den Professor wird laufen müssen), umso kleiner dagegen die eines Stipendienantrags: Manche Gutachter werden sich fragen, warum man jemandem ein Stipendium geben soll, der schon einige Jahre am Thema sitzt und nicht vorankommt. Drittmittelstellen in Projekten mit einem der Dissertation möglichst eng verwandten Thema haben dagegen den Charme, weniger mit akademischer Selbstverwaltung und Lehraufgaben belastet zu sein (s.u.).

gekommen sind, dass Sie die Arbeit trotz Vollzeitstelle in absehbarer Zeit fertigstellen können. Machen Sie sich einen realistischen Plan für die noch zur Verfügung stehende Zeit und die Bearbeitungsschritte, die Ihre Promotion erfordert. Wichtig ist auch, dieses Problem im Vorhinein zu thematisieren. Wenn Ihrem Chef und Ihnen klar ist, dass Sie trotz der ganzen Stelle nur wenig Verwaltungsaufgaben bekommen und nur das Pflichtprogramm in der Lehre absolvieren, dann ist die Fertigstellung einer Dissertation auch auf einer Vollzeitstelle denkbar. Und falls das Kind schon in den Brunnen gefallen ist: Warum nicht Teilzeitarbeit für einen begrenzten Zeitraum (Stichwort Intensivphase) vorschlagen? Währenddessen könnte Sie auf der anderen Hälfte Ihrer Stelle z.B. ein jüngerer potenzieller Doktorand vertreten, der in dieser Zeit einen Stipendienantrag schreibt und erste Berufserfahrung sammeln kann. Nennen Sie Ihrem Doktorvater doch einfach einen Kandidaten, an den er vielleicht noch nicht gedacht hat.

Mitarbeit an einem Drittmittelprojekt (Forschungsprojekt)
Promovieren auf einer Stelle als wissenschaftlicher Mitarbeiter ist, wie oben dargestellt, eine heikle Angelegenheit. Ganz anders sieht es freilich aus, wenn Sie an einem Forschungsprojekt mitarbeiten, aus dem Ihre eigene Dissertation hervorgeht. Dies ist insbesondere bei Drittmittelprojekten der Fall, die sich auf ein ganz bestimmtes Thema beziehen. Wenn Ihr Doktorvater beispielsweise ein DFG-Projekt zum Thema Wasser und Konflikte in Afrika eingeworben hat und Sie innerhalb dieses Themenkomplexes die Länder Ghana und Zimbabwe vergleichen, dann arbeiten Sie sowohl für das Projekt als auch für Ihre Dissertation. Natürlich fallen Zusatzaufgaben an – etwa die Erstellung von Zwischen- und Abschlussberichten. Dennoch bleiben Sie geistig in ein und demselben Themenbereich und Ihre Dissertation speist sich aus den Forschungsarbeiten im Rahmen des Projektes – trotz teilweise anderer Schwerpunktsetzung. Wichtig: Klären Sie vorher mit Ihrem Betreuer genau, welche thematischen Überschneidungen möglich sind, wo Sie an Vorgaben aus dem Drittmittelantrag gebunden sind und wo Sie eigene Schwerpunkte setzen können. Dies beugt späteren Unklarheiten vor. Wenn Sie mit anderen Kollegen ein Forschungsthema bearbeiten, gilt dieser Rat natürlich auch für Ihre Absprachen untereinander. Nichts ist schlimmer, als in einem Projektteam Angst haben zu müssen, dass die eigenen Ideen oder Forschungsstrategien kopiert werden. Auch hier ist ein klärendes Gespräch (ggf. inklusive schriftlicher Vereinbarungen) im Voraus ebenso ratsam wie frühzeitige Konfliktbearbeitung, wenn dies notwendig ist (siehe auch Kapitel 10). Andererseits ist zu große Eifersucht auch unangebracht, wenn im Projekt ein Klima der wechselseitigen intellektuellen Befruchtung entstehen soll.

Die feste zeitliche Struktur der Promotionsphase ist ein großes Plus, wenn man seine Dissertation im Rahmen eines Drittmittelprojekts verfasst. In der Regel fordert der Geldgeber regelmäßig Zwischenberichte und gibt seine finanzielle Unterstützung auch nur für einen bestimmten Zeitraum. Sprich: Auch der Abschlussbericht des Projektes muss bis zu einem bestimmten Zeitpunkt geschrieben sein. Damit ist auch für Sie klar, wann es mit der Dissertation auf die Zielgerade geht.

Grundsätzlich ist die Finanzierung der Promotion über eine Drittmittelstelle also zu empfehlen. Voraussetzung ist freilich, dass Sie sich für das Thema des Drittmittelprojekts begeistern können. Ist dies der Fall, vereint eine solche Lösung die Vorteile einer universitären Anbindung mit dem Plus, das Gros der Zeit mittelbar oder ganz direkt an seinem eigenen Forschungsprojekt zu arbeiten. Wichtig ist jedoch, frühzeitig die eigene Rolle und den Platz der Dissertation im Gesamtprojekt zu diskutieren und für alle transparent festzulegen.[4]

Die Finanzierung über ein Stipendium einer Stiftung
Eine beliebte Lösung zur Finanzierung des Lebensunterhaltes während der Promotionsphase ist die Bewerbung um ein Stipendium. Dieser Finanzierungsweg eröffnet Ihnen die Möglichkeit, ungestört von Lehr- oder Verwaltungsverpflichtungen an der Universität an Ihrem Forschungsprojekt zu tüfteln. Der Nachteil liegt auf der Hand: Es fehlt die wissenschaftlich-institutionelle Anbindung. Daher ist es in jedem Fall sinnvoll, eine möglichst enge Verbindung zur Universität zu halten – vor allem für Doktoranden, die sich für die Zeit nach der Promotion eine wissenschaftliche Karriere vorstellen können. Eine Möglichkeit ist es, am Lehrstuhl des Doktorvaters als wissenschaftliche Hilfskraft zu arbeiten. Eine andere Lösung wäre, als Lehrbeauftragter am Institut ein Seminar anzubieten – im Notfall eventuell auch unentgeltlich. Somit sammeln Sie Erfahrung im Universitätsbetrieb und sind gleichzeitig durch ihre Finanzierung autonom, können sich also in arbeitsintensiven Zeiten – beispielsweise im Endspurt vor der Abgabe Ihrer Arbeit – an den heimischen Schreibtisch zurückziehen. Die meisten großen Stiftungen lassen eine solche begrenzte Mitarbeit im Unibetrieb zu. Sie sollten sich vorab jedoch in den Förderrichtlinien der entsprechenden Stiftung über die Höchstgrenzen für Mitarbeit und Hinzuverdienst informieren.

---

[4] Gelegentlich hört man auch von Professoren, die von ihren Projektmitarbeitern erwarten, zu einem anderen als dem Projektthema zu promovieren. Angesichts der daraus resultierenden Doppelbelastung und Verzögerungen sollten Sie es sich zumindest sehr gut überlegen, ob Sie sich darauf einlassen wollen.

Für die Finanzierung der Promotion über ein Stipendium kommen verschiedene Adressen in Frage. Dies sind zum einen die elf großen Stiftungen, die vom Bundesministerium für Wissenschaft und Forschung unterstützt werden und sich an dessen Förderrichtlinien halten. Darunter fällt zunächst die Studienstiftung des Deutschen Volkes. Die Studienstiftung ist das große Elitenförderwerk in Deutschland und überparteilich sowie überkonfessionell. Daneben existieren sechs parteinahe Stiftungen: die Konrad-Adenauer-Stiftung (CDU), die Friedrich-Ebert-Stiftung (SPD), die Friedrich-Naumann-Stiftung (FDP), die Heinrich-Böll-Stiftung (B90/Grüne), die Rosa-Luxemburg-Stiftung (Linkspartei) und die Hanns-Seidel-Stiftung (CSU). Zusätzlich vergeben die gewerkschaftsnahe Hans-Böckler-Stiftung und die Stiftung der Deutschen Wirtschaft (arbeitgebernah) Bundesmittel. Schließlich erhält man Promotionsstipendien auch von den zwei großen kirchlichen Stiftungen (dem katholischen Cusanuswerk und dem evangelischen Studienwerk Villigst). Zum zweiten bestehen Fördermöglichkeiten außerhalb der Bundesrichtlinien zur Förderung des wissenschaftlichen Nachwuchses. Hervorzuheben sind hierbei insbesondere die Graduiertenstipendien der Länder (Landesgraduiertenförderung). Die folgenden beiden Abschnitte gehen daher zunächst auf die Förderung durch Bundesmittel über den Weg der elf großen Stiftungen ein und danach auf die Förderung durch Stipendien der Länder.[5]

▪ Die elf großen Förderwerke nach den Richtlinien des BMBF
In Deutschland vergibt das Ministerium für Bildung und Forschung jedes Jahr Mittel zur Förderung des wissenschaftlichen Nachwuchses. Die Auswahl der Stipendiaten erfolgt mithilfe der eben genannten elf großen Stiftungen. Bei welcher dieser Stiftungen Sie sich bewerben, bleibt Ihrem persönlichen Geschmack überlassen. Sinnvoll ist es aber sicherlich, sich vor einer Bewerbung zu überlegen, zu welcher der Stiftungen ihr Profil gut passt. Bei partienahen Stiftungen ist etwa eine Nähe zum politischen Standpunkt der jeweiligen Stiftung ein (nicht immer explizit thematisiertes, aber zumindest im Hintergrund mitschwingendes) Auswahlkriterium. Wenn Sie schon in Jugendtagen bei den Jusos mitgemacht haben und daneben noch in der Gewerkschaft engagiert sind, macht eine Bewerbung bei der Hanns-Seidel-Stiftung also sicherlich weniger Sinn als bei der Friedrich-Ebert- oder der Hans-Böckler-Stiftung. Für die kirchlichen Stiftungen ist zudem die Kirchenmitgliedschaft Voraussetzung für ein Stipendium (und ehrenamtliches Engagement im kirchlichen Bereich erfolgsförderlich).

---

[5] Danach gibt es weitere Fördermöglichkeiten – etwa von Medien (Zeit, Fazit-Stiftung) oder Städten – die hier nicht dargestellt werden können.

Grundsätzlich gilt: Wenn Sie mit Ihrem Thema und mit Ihrer Vita gut zu einer dieser „weltanschaulichen" Stiftungen passen, dann scheuen Sie sich nicht, sich dort zu bewerben. Allerdings müssen Sie – gerade in der Politikwissenschaft – natürlich damit rechnen, dass Sie nach einer Förderung durch eine parteinahe Stiftung berechtigter- oder unberechtigterweise von manchen externen Betrachtern mit einer bestimmten politischen Richtung identifiziert werden. Letztlich müssen Sie selbst entscheiden, wie wichtig Ihnen solche Folgen sind. Außerdem muss man die Finanzierungsquelle der Promotion ja auch nicht in jeden öffentlich zugänglichen Lebenslauf schreiben. Die Studienstiftung, das größte und älteste Begabtenförderungswerk, wiederum hat sich auf die Fahnen geschrieben, nur die Besten zu fördern: Deshalb müssen Sie für die Aufnahme von Ihrem Dissertationsbetreuer vorgeschlagen werden, und die Aufnahme in diesen Kreis ist vom Renommee her sicher die attraktivste Variante. Bei allen anderen Förderwerken können Sie sich selbst bewerben.

Die Förderung der elf großen Stiftungen richtet sich nach den Richtlinien, die vom Bundesministerium für Wissenschaft und Forschung vorgegeben wurden. Aktuell (2009) beträgt die Grundförderung 1050 Euro. Hinzu kommt ein Familienzuschlag in Höhe von 155 Euro sowie eine Forschungskostenpauschale von 100 Euro für Bücher, Reisen etc. Unterschiedlich handhaben die einzelnen Stiftungen die Förderung für Forschungsreisen ins Ausland (vgl. Anhang 2). Teilweise werden Forschungsreisen ins Ausland gar nicht bezuschusst, manchmal nur solche Aufenthalte, die zwingend für die Dissertation benötigt werden. Einige Stiftungen unterstützen Sie hingegen auch bei Fahrten zu Sprachkursen oder zu Fortbildungen und übernehmen einen Teil der Kursgebühren. Wenn Sie also schon wissen, dass ein sechsmonatiger Aufenthalt zur Feldforschung in Kirgisistan für Ihre Dissertation notwendig ist, sollten Sie dies im Voraus bei der Auswahl der Stiftungen bedenken. Sollte jedoch ausgerechnet die Stiftung, die optimal zu Ihrem Lebenslauf passt, keine Auslandsförderung anbieten: Bewerben Sie sich dennoch dort! Für den Auslandsaufenthalt gibt es noch andere Fördermöglichkeiten (siehe auch Kapitel 4), und die monatliche Unterstützung für Ihre Promotionsphase sollten Sie sich auf keinen Fall entgehen lassen.

Nicht eindeutig vom Gesetzgeber geregelt ist die Länge der Förderung. In den Richtlinien für die Förderungswerke wird die Regelförderungsdauer mit zwei Jahren angegeben. Sie kann jedoch verlängert werden, wenn etwa ein Kind unter 12 Jahren im Haushalt lebt oder wenn dies für den Erfolg der wissenschaftlichen Arbeit notwendig ist. Im zweiten Fall muss in der Regel der Betreuer ein Gutachten verfassen, damit die Förderung weiterlaufen kann. Nicht alle Stiftungen folgen dieser Kann-Vorschrift des Gesetzes auf Punkt und Komma. Häufig wird ein Stipendium zunächst auf ein Jahr gewährt und nach einem Zwischengutachten um ein zusätzliches Jahr verlängert. Auch die maximale Förderdauer unterscheidet sich. Bei der Hanns-Seidel-Stiftung ist zum Beispiel nach zwei Jahren und sechs Monaten definitiv Schluss. Durch die Finanzkrise wurde die maximale Förderdauer im Jahr 2009 nun sogar auf zwei Jahre und drei Monate gestutzt. Bei anderen Förderwerken, wie etwa der Konrad-Adenauer-Stiftung, ist hingegen eine maximale Förderung von bis zu drei Jahren (zwei Jahre Regelförderung plus zweimal sechs Monate Verlängerung) möglich, wobei in Haushalten mit Kindern unter 12 Jahren die Regelförderungsdauer bei drei Jahren liegt. Es lohnt sich also, genauer hinzuschauen und nicht nur auf die finanzielle Ausstattung der jeweiligen Stipendien zu achten.

Profitieren können Sie während Ihrer Promotionszeit auch von der ideellen Förderung Ihres Förderungswerkes. Bei manchen Stiftungen ist der Besuch einiger Veranstaltungen Pflicht – in jedem Fall ist die Teilnahme an Seminaren häufig bereichernd. Dies gilt insbesondere für Veranstaltungen, die sich speziell mit Ihrem Promotionsthema beschäftigen, oder für Seminare, in denen Sie mit anderen Doktoranden über Probleme und Schwierigkeiten in der Promotionsphase diskutieren. So bietet die Studienstiftung des Deutschen Volkes etwa interdisziplinäre Doktorandenforen an, in denen etwa 50 bis 70 Promotionsstipendiaten aus verwandten Fächern zusammenkommen. Politologen treffen sich etwa im Forum Gesellschaft mit Psychologen, Soziologen, Juristen und Wirtschaftswissenschaftlern. Die Mitglieder des Forums stellen sich gegenseitig dann auf viertägigen Kolloquien ihre Dissertationsprojekte in kleinen Gruppen vor. Andere Förderwerke bieten ähnliche Seminare an, zudem existieren häufig Kurse zu übergreifenden Qualifikationen wie Präsentationstechniken, Projektmanagement oder Rhetorik.

Die Aufnahmechancen in die Stiftungen sind nicht genau zu beziffern. Denn zum einen unterscheidet sich nicht nur die Zahl der Bewerber von Jahr zu Jahr, sondern auch deren Qualität. Vor allem aber variieren auch die vom Bund zur Verfügung gestellten Ressourcen (siehe auch Kapitel 1). Grundsätzlich gilt: Feste Aufnahmequoten haben die meisten Stiftungen offiziell nicht. Stattdessen werden, so die wenig überraschende Auskunft der Förderwerke, nur solche Stipendiaten aufgenommen, die den Anforderungen entsprechen.[6] Bei der Stiftung der

---

[6] Einer der Autoren des vorliegenden Bandes kann aus mehrjähriger Erfahrung in den Auswahlkommissionen zweier Stiftungen berichten, dass intern und inoffiziell natürlich doch die Kriterien bzw. die Beurteilungsschärfe an die Finanzlage angepasst werden, wenn auch nicht 1:1.

deutschen Wirtschaft geht dies so weit, dass bei zu wenig geeigneten Bewerbern in manchen Jahren einige Stipendien sogar ungenutzt bleiben.[7]

Es gilt aber andersherum auch: Bei vielen sehr geeigneten Bewerbern und einer begrenzten Zahl von Plätzen liegt die Latte zur Aufnahme höher. Fragt man die Stiftungen nach den Aufnahmequoten in den vergangenen Jahren, zeigt sich ein unterschiedliches Bild. Manche Werke, wie die Konrad-Adenauer-Stiftung wollen gar keine Zahlen nennen. Bei den Stiftungen, die eine Aussage zur Aufnahmequote machen – also unsere Frage beantworteten, wie viele Bewerber es prozentual in die Förderung geschafft haben – variieren die Angaben zwischen 10 Prozent (Evangelisches Studienwerk Villigst, Rosa-Luxemburg-Stiftung, Heinrich-Böll-Stiftung) und 30 Prozent (Studienstiftung[8], Cusanuswerk) (siehe ebenfalls Anhang II). Klar ist: Wenn Sie schon während Ihres Studium von einer Stiftung unterstützt wurden, sollten Sie sich in jedem Fall bei diesem Förderwerk bewerben. Denn in der Regel sind Sie dort bereits persönlich bekannt und haben in der Auswahl für die Promotionsförderung gute Karten.

- Die Förderung durch ein Graduiertenstipendium der Länder
Eine andere Finanzierungsmöglichkeit für die Promotionsphase bieten die Graduiertenförderungsprogramme der Bundesländer. Diese existieren seit Mitte der 80er Jahre, als der Bund seine Graduiertenförderung umstellte. Seither haben sich die Förderprogramme jedoch stark ausdifferenziert – wie so häufig im deutschen Föderalstaat. Im Jahr 2009 stellten die meisten Bundesländer in irgendeiner Form Geld für die Förderung von Promotionen an ihren Hochschulen bereit. Die jeweiligen Detailregelungen variierten jedoch von Land zu Land. So wurden in manchen Ländern – etwa in Niedersachsen – vorwiegend Promotionen innerhalb von strukturierten Promotionsstudiengängen gefördert (bspw. Graduiertenschulen). Eine Individualförderung war hier nicht möglich. Andere Länder – etwa Baden-Württemberg – vergeben sowohl Individualstipendien als auch Förderungen über Graduiertenkollegs, lassen ihren Universitäten aber große Freiräume bei der Aufteilung der Mittel auf die verschiedenen Instrumente (Stand 2009). Die Zahl der geförderten Anträge schwankt (nicht nur hier) stark von Jahr zu Jahr, v.a. mit der Haushaltslage. In Heidelberg wurden etwa im Jahr 2008 dreieinhalb mal

---

[7] Andererseits vergab die Stiftung z.B. 2002/03 Zusagen für Stipendien, deren Auszahlungsbeginn wegen gekürzter Bundeszuschüsse um ein Jahr verzögert wurde – keine schöne Situation für die Betroffenen!

[8] Für die Studienstiftung gilt natürlich, dass eine Vorselektion bereits dadurch vorgenommen wird, dass man sich wie gesagt nicht selbst bewerben kann, sondern vorgeschlagen werden muss.

soviele Individualstipendien vergeben wie 2009, ohne dass es bei der grundsätzlichen Gewichtung zwischen diesen und den strukturierten Programmen neue Weichenstellungen gegeben hätte. Da man diese Konjunkturzyklen der Stipendienvergabe als Doktorand weder einschätzen noch beeinflussen kann, empfiehlt sich eine Kombination aus einer gewissen Gleichmut und Beharrlichkeit: Eine Ablehnung muss nicht allein Qualitätsgründe haben, und vielleicht sieht es nächstes Jahr deutlich besser aus.

Auch im Hinblick auf ihre Höhe unterscheiden sich die Förderprogramme. In Brandenburg etwa liegt der Grundfördersatz bei 751 Euro, hinzu kommen monatlich rund 25 Euro (sic!) für Sach- und Reisekosten. In anderen Ländern entscheiden die Hochschulen selbst über die Höhe der Stipendien. Und in Bayern liegt die Förderung mit 1050 Euro auf dem Niveau der Förderung durch die elf „großen Stiftungen", die die Bundesmittel vergeben. Ebenfalls je nach Land unterschiedlich ist die maximale Dauer der Promotionsförderung, die jedoch in der Regel spätestens nach drei Jahren endet.

Insgesamt gilt, dass die Graduiertenförderung in Zeiten knapper Kassen ein mögliches Kürzungsopfer bei Haushaltskonsolidierungen ist. Aus diesem Grund kappte das Land Nordrhein-Westfalen im Jahr 2002 etwa die Individualförderung und unterstützt seither ausschließlich strukturierte Promotionsstudiengänge (NRW Graduate Schools und NRW-Forschungsschulen) mit jährlich rund 36 Millionen Euro. Diese Beispiele aus unterschiedlichen Ländern verdeutlichen: Bei Interesse an einer Promotionsförderung durch ein Bundesland sollten Sie sich zunächst über den aktuellen Stand in dem Bundesland (und ggf. die konkrete Umsetzung an den Hochschulen) informieren, in dem Sie Ihr Promotionsstudium planen.

Die Finanzierung im Rahmen einer Graduiertenschule bzw. eines Graduiertenkollegs

In den vergangenen Jahren wurden im Rahmen der Reform des Promotionsstudiums in Deutschland viele strukturierte Promotionsmöglichkeiten geschaffen. Insbesondere die Graduiertenkollegs und Graduiertenschulen der DFG sind hier zu nennen. Zudem fördern auch die Bundesländer Graduiertenkollegs mit Mitteln aus den Landeshaushalten. Die Vorteile einer Promotion in einer Graduiertenschule liegen auf der Hand: Sie studieren im universitären Umfeld und genießen dennoch die Vorteile eines Stipendiums, da Sie sich auf ihr persönliches Forschungsprojekt konzentrieren. Gleichzeitig ist die Promotion im Graduiertenkolleg nicht jedermanns Sache: Denn Ihre Freiheit bei der Wahl des Promotionsthemas ist in der Regel eingeschränkt, da Graduiertenschulen und -kollegs unter bestimmten Überschriften stehen.[9] Außerdem müssen Sie in einem strukturierten Studiengang mit zwei Bällen gleichzeitig jonglieren: Den curricularen Elementen und Ihrer Arbeit an der Dissertation.

In unserem Fachbereich fördert die DFG insgesamt 60 Graduiertenkollegs an deutschen Universitäten. Thematisch reichen die Angebote von „Modern Governance" (Universität Potsdam) über „Öffentlichkeit und Geschlechterverhältnis" (Universität Kassel) bis zu „Kontaktzone Mare Balticum: Fremdheit und Integration im Ostseeraum" (Universität Greifswald) (beachten Sie hierzu bitte auch die am Kapitelende folgenden Linktipps, vor allem aber Spalte 3 der Institutsmatrix in Anhang 2). Die Voraussetzungen für eine Bewerbung legt das jeweilige Graduiertenkolleg autonom fest. Die Stipendienhöhe wird ebenfalls von den jeweiligen Graduiertenkollegs bestimmt und beträgt mindestens 1000 Euro und höchstens 1356 Euro im Monat. Zusätzlich erhalten Doktoranden an DFG-Graduiertenkollegs einen monatlichen Sachkostenzuschuss von 103 Euro sowie Reise- und Forschungsmittel. Ebenfalls möglich ist eine Unterstützung, wenn Promovierende ins Ausland fahren, um an einer Konferenz teilzunehmen oder in Archiven zu recherchieren. Hier unterstützt die DFG die Mitglieder ihrer Kollegs mit Auslandszuschlägen.

Ähnlich verläuft die Förderung in den Graduiertenschulen der DFG, die sich dadurch von den Kollegs unterscheiden, dass sie durch Mittel der Exzellenzinitative gefördert werden, in der Regel mehr Studierende aufnehmen und thematisch etwas breiter aufgestellt sind. Für Politikwissenschaftler interessant sind insbesondere die Graduiertenschule „Empirical and Quantitative Methods in the Economic and Social Sciences" an der Universität Mannheim, die „Berlin Graduate School of Social Sciences" und die „Bremen International Graduate School of Social Sciences". Die Finanzierung der Promotion in Graduiertenschulen variiert von Fall zu Fall. In Mannheim bekommt ein Promovend beispielsweise im ersten Jahr ein Stipendium in Höhe von 1100 Euro, danach kann die Finanzierung auch über eine Stelle an der Uni laufen. In Bremen wiederum erhalten Mitglieder der Internationalen Graduiertenschule 1250 Euro über 36 Monate.

Grundsätzlich lässt sich also sagen: Wenn Sie sich für eine strukturierte Promotion begeistern können, dann ist eine Bewerbung bei einer Graduiertenschule oder bei einem Promotionskolleg sicherlich eine bedenkenswerte Option. Sie sollten dabei vor allem darauf achten, dass die thematischen Schwerpunkte Ihres Forschungsprojektes unter das Oberthema der jeweiligen Graduiertenschule passen.

---

[9] Es sei angemerkt, dass man diese thematische Clusterung auch aus forschungspolitischen und wissenschaftsphilosophischen Gründen kritisch beurteilen kann.

A Dog's Life
von Christine Trampusch

Im Jahr 1995, als der erste Castor Behälter Gorleben erreichte, habe ich in Regens-
burg mein Studium der Politikwissenschaft und Volkswirtschaft beendet. An eine Dissertation dachte ich damals noch nicht, denn ich trat zunächst eine Stelle als Wissenschaftliche Mitarbeiterin in der Statistischen Abteilung der Beruflichen Fortbildungs-
zentren der Bayerischen Arbeitgeberverbände in Nürnberg an. Damals, wer glaubt
mir das heute noch, war ich eine Expertin der logistischen Regression und genau diese Qualifikation brauchten die Bayerischen Arbeitgeber. Es dauerte allerdings nicht
lange, da kam mir in den Sinn, eine Promotion zu machen. Dabei verfolgte ich aber
kein weiteres Ziel als mich mal eine gewisse Zeit mit einem Thema intensiv zu befassen. Ich begann daher noch während meiner Zeit in Nürnberg an einem Konzept zu
arbeiten. An den genauen Titel des damaligen Projektes kann ich mich nicht mehr
erinnern. Aber es war ein Thema im Bereich der Wirkungsanalysen zur aktiven Ar-
beitsmarktpolitik. 1997, als Jan Ullrich die Tour de France gewann, kam es, dass das
DFG-Graduiertenkolleg „Die Zukunft des Europäischen Sozialmodells" an der Georg-
August-Universität Göttingen Promotionsstipendien ausschrieb. Da ich schon immer
mal aus Bayern raus wollte, bewarb ich mich nach Niedersachsen. Das Kolleg war
komparativ ausgerichtet und so habe ich auch mein Projekt umorientiert. Ich bewarb
mich mit einem Projekt zum Vergleich der Strukturreformen der Arbeitsverwaltungen
in Deutschland, den Niederlanden und Großbritannien. Die Göttinger fanden meine
Projektidee gut und ich bekam das Stipendium. Sputnik, die bereits 1996 bei den Arbeitgeberverbänden mit ins Boot gestiegen war, durfte auch mit. Das war meine einzige Bedingung. Also habe ich meinen unbefristeten (!) und vollen (!) BATIIa-Vertrag
bei den Bayerischen Arbeitgeberverbänden gekündigt, um für zunächst zwei zugesi-
cherte Stipendienjahre in Göttingen zu promovieren. Es wurden drei Jahre. Im November 2000 – der Rotmilan war damals Vogel des Jahres – habe ich meine Dissertation eingereicht. Ich wurde promoviert und ging dann im Januar 2001 an das Max-
Planck-Institut für Gesellschaftsforschung. Dass ich nach Köln kam, war Zufall. Denn
ein Freund in Göttingen hatte mich auf die Stellenausschreibung aufmerksam gemacht. Ich wollte mich erst nicht bewerben, denn ich konnte mir nicht vorstellen,
dass an einem MPI für Gesellschaftsforschung Labradore mit ins Büro durften. Doch
sie durften, denn Wolfgang Streeck wollte das so. Also trat ich diese Stelle an. Im
Frühjahr 2007, zwei Jahre nachdem „A Dog's Life in Post-Hartz Germany" erschienen
war, ist Sputnik dann nach Bern umgezogen.

*Christine Trampusch ist Assistenzprofessorin für Vergleichende Politikwissenschaft an
der Universität Bern*

Nebenberufliche Promotion

Besonders schwierig sind Promotionen häufig dann, wenn sie nebenberuflich verfolgt werden. Dies zeigen sowohl die Statistiken zur Dauer von Promotionen als auch zu Abbruchquoten. Oft reicht die Motivation oder die Kraft nicht aus, um sich nach einem langen außerakademischen Arbeitstag abends noch an den Schreibtisch zu setzen oder das freie Wochenende für die Forschung am Promotionsthema einzuplanen. Um die Promotion nebenberuflich zu schultern, sind deshalb ganz andere Strategien anzuraten (siehe hierzu auch den Gastbeitrag von Lars Castelucci). Dann kann auch dieser besonders herausfordernde Spagat gelingen. Die Finanzierung über die Stelle beim Unternehmensberater funktioniert jedoch nur dann, wenn man die Promotion als zwar nicht ganz gleichberechtigte, aber doch ernsthafte Nebenbeschäftigung begreift (siehe auch Kapitel 7). Dies heißt im Umkehrschluss: Denken Sie darüber nach, zumindest für eine bestimmte Zeit Ihren Arbeitgeber um eine Arbeitszeitreduzierung zu bitten, damit Sie zumindest einen oder zwei Tage in der Woche konzentriert an Ihrem Promotionsprojekt arbeiten können. Wenn Ihrem Arbeitgeber daran gelegen ist, dass Sie bald den Doktortitel vor dem Namen führen, wird er solchen Plänen grundsätzlich aufgeschlossen gegenüber stehen. Eine andere Lösung besteht darin, sich für einen bestimmten Zeitraum ganz freistellen zu lassen. Fragen Sie Ihren Chef, ob ein Promotions-Sabbatical möglich ist. Dies bietet sich besonders dann an, wenn Sie bereits einen klaren Plan von Ihrem Forschungsprojekt haben und beispielsweise in einem festen Zeitraum eine Auswertung durchziehen können, die dann der Hauptteil Ihrer Dissertation wird.

Ausgewählte wählen nicht aus

Dieses Kapitel hat Ihnen die ganze Vielfalt an Möglichkeiten dargelegt, mit denen Sie Ihr Promotionsvorhaben finanzieren können. Das Angebot ist dabei durchaus größer als die hier erwähnten zentralen Förderwege – es gibt auch spezifische Programme einzelner Städte oder Universitäten, ein Promotionsprogramm der Frankfurter Allgemeinen Zeitung und spezielle Förderprogramme für Frauen in der Wissenschaft. Dieser nahezu unüberschaubaren Vielfalt steht die Realität gegenüber, die häufig ganz anders aussieht: Der angehende Nachwuchswissenschaftler kommt gar nicht in die Verlegenheit auszuwählen, sondern er wird ausgewählt. In der Regel fühlt man sich geehrt, wenn der Betreuer der Magisterarbeit beim Abschlussgespräch andeutet, dass er sich eine Fortsetzung des Betreuungsverhältnisses in der Form einer Promotion vorstellen könnte und dafür auch ein Platz am Lehrstuhl zur Verfügung stünde. Auf solche Vorschläge reagieren die wenigsten ablehnend, und so kommen viele ganz ohne eigene Initiative zur Finanzierung Ihrer Promotionsprojekte.

Sich zu den Ausgewählten zählen zu können, hat einerseits sicherlich viele Vorteile und wir möchten niemandem davon abraten, das Angebot des Professors dankend anzunehmen und auf einer Stelle als wissenschaftlicher Mitarbeiter oder in einem Drittmittelprojekt zu promovieren. Andererseits sei hier aber auch angemerkt: Wenn Sie merken, dass diese Lösung nicht Ihrem Lebensplan entspricht, dann seien Sie so ehrlich zu sich selbst und zu Ihrem Professor und antworten Sie auf dieses Angebot mit einem höflichen aber bestimmten: „Ich fühle mich geehrt, aber ich habe eigentlich einen ganz anderen Berufsweg vor Augen" (oder eine andere Finanzierung meiner Promotion bzw. einen anderen Promotionsort geplant). Nehmen Sie sich die Freiheit, auszuwählen und den Weg einzuschlagen, der für Sie am besten geeignet ist. Niemand zwingt Sie in einem Forschungsprojekt mitzuarbeiten, das überhaupt nicht zu Ihrem Interessensschwerpunkt passt. Und auch eine Stelle als wissenschaftlicher Mitarbeiter müssen Sie nicht annehmen. Ihr Betreuer wird sich bei einer Absage sicher zunächst wundern – erklären Sie ihm Ihre Beweggründe. Wenn Sie jedoch immer auf eine solche Chance gewartet haben, wenn eine Stelle als wissenschaftlicher Mitarbeiter Ihr Traumjob ist oder das Thema des Forschungsprojekts genau zu Ihrem Dissertationsvorhaben passt, bleibt uns nur zu sagen: Herzlichen Glückwunsch – Sie haben die Finanzierung Ihrer Promotion gefunden!

Zum Weitersurfen

Überblick über verschiedene Förderwerke:
   http://www.stipendiumplus.de/index.php
   http://www.gew.de/Foerderwerke_und_Stipendien_2.html
Informationen zur Promotionsförderung im Bundesbericht zur Förderung des Wissenschaftlichen Nachwuchses (BuWiN):
   http://www.buwin.de/index.php?id=51
Auslandsförderung durch den DAAD:
   http://www.daad.de/ausland/foerderungsmoeglichkeiten/stipendiendatenbank/
   00658.de.html
Graduiertenkollegs und Graduiertenschulen der DFG:
   http://www.dfg.de/forschungsfoerderung/koordinierte_programme/graduiertenkollegs/
   index.html
   http://www.dfg.de/forschungsfoerderung/koordinierte_programme/exzellenzinitiative/
   graduiertenschulen/index.html

Zum Weiterlesen

Berning, Ewald/Falk, Susanne (2006): Promovieren an den Universitäten in Bayern. München: Bayerisches Staatsinstitut für Hochschulforschung und Hochschulplanung.

Bornemann, Lutz/Enders, Jürgen (2002): „Was lange währt wird endlich gut: Promotionsdauer an bundesdeutschen Universitäten", in: Beiträge zur Hochschulforschung 24:1, 52-72.

Briede, Ulrike/Gerhardt, Anke/Mues, Christopher (2004): „Die Situation der Doktoranden in Deutschland. Ergebnisse der Befragung.", in: duz (Deutsche Universitätszeitung) special, Beilage zur duz – das unabhängige Hoschulmagazin 3.12.2004, 13-22.

Gerhardt, Anke/Briede, Ulrike/Mues, Christopher (2005): „Zur Situation der Doktoranden in Deutschland – Ergebnisse einer bundesweiten Doktorandenbefragung", in: Bayerisches Staatsinstitut für Hochschulforschung und Hochschulplanung (Hg.): Beiträge zur Hochschulforschung 27. München: Bayerisches Staatsinstitut für Hochschulforschung und Hochschulplanung, 74-95.

Röbbecke, Martina/Simon, Dagmar (2001): Promovieren mit Stipendium. Zweite Evaluation der Förderung des wissenschaftlichen Nachwuchses nach dem Nachwuchsförderungsgesetz (NaFöG). Berlin: Wissenschaftszentrum für Sozialforschung.

6 Die Doktorarbeit konzipieren, oder: die Erstellung eines Exposés

Dem früheren Fünfsternegeneral und US-Präsidenten Dwight Eisenhower wird in diversen Variationen ein Zitat zugeschrieben, wonach Pläne für die Vorbereitung einer Schlacht weitestgehend nutzlos sind, der Prozess des Planens dagegen unverzichtbar. Mancher Ratgeber münzt diese Erfahrung direkt auf die Konzeption einer Doktorarbeit um. Während wir zustimmen, dass auch in unserem Kontext der Planungsprozess bedeutsamer ist als jeder (in der Regel ja immer nur zwischenzeitlich gültige) Plan, schreiben wir Letzterem doch einen größeren Nutzen zu – schon allein, weil auf dem Felde der Politikwissenschaft zwar ebenfalls mancherlei Unwägbarkeiten lauern, aber gewiss doch keine auf Ihre Vernichtung ausgerichteten Feinde. Sie werden Ihr ursprüngliches Konzept kaum eins zu eins in die Tat umsetzen, denn dann würden Sie als Wissenschaftler während der Promotionsphase ja keinerlei Lernprozess durchlaufen, aber ein relativ hoher Anteil der Bestandteile eines wohldurchdachten Plans sollte dann doch realisiert werden.

Der Planungsprozess beginnt in der Regel mit einem Exposé. Dieses Dokument ist gewissermaßen gleichzeitig die Visitenkarte Ihres Vorhabens und die Landkarte für das eigene Vorgehen. Als Visitenkarte benötigen Sie es für diverse Zwecke der Außendarstellung, die von der Gewinnung eines Betreuers über die Einwerbung finanzieller Unterstützung bis zur Selbstdarstellung in der wissenschaftlichen Community reichen können; als Landkarte hilft es bei der Strukturierung des alltäglichen Arbeitsprozesses. Wir stellen im Folgenden deshalb die Konzeption einer Dissertation entlang der Bestandteile eines Exposés vor. Auf mögliche Abweichungen zwischen der Außendarstellung und der Binnenwirklichkeit gehen wir im Anschluss daran ein. Eingestreut in unsere Ausführungen in diesem Kapitel finden Sie Auszüge aus unseren eigenen Dissertations-Konzeptionen[1] sowie (und vor allem) aus den Exposés dreier Kollegen, Frauke Höntzsch,

---

[1] Diese haben wir nicht ausgewählt, weil wir sie für besonders gelungen oder vorbildlich halten, sondern weil wir uns gerade auch ihrer Schwächen bewusst sind und wir daran Adaptionen im Verlauf der Promotionszeit illustrieren wollen.

Sebastian Mahner und Stefan Wurster, die uns diese freundlicherweise zur Verfügung gestellt haben.[2] (Bitten Sie möglichst auch Ihnen vorausgegangene und vorausgehende Doktoranden am selben Lehrstuhl um Einblick in deren Exposés, nicht etwa um diese zu imitieren, sondern um sich zu orientieren.)

Das Abstract / die Kurzbeschreibung

Sie müssen jetzt ganz tapfer sein, denn wir haben eine traurige Wahrheit zu verkünden. Es gibt Menschen, und zwar nicht irgendwelche, sondern für Sie möglicherweise entscheidende Menschen, die weit weniger Zeit und Enthusiasmus für Ihr Vorhaben hegen als Sie selbst. Diesen sollten Sie entgegenkommen, indem Sie ihnen die Möglichkeit geben, innerhalb von 30 Sekunden das Wichtigste über Ihr Forschungsprojekt lesen zu können. Ein solches Abstract (eigentlich unnötiges, aber leider ubiquitäres neudeutsch für Kurzbeschreibung oder -zusammenfassung) im Umfang von maximal ca. 1500 Zeichen[3] sollte so präzise wie möglich über Ihre Fragestellung und die Ziele Ihres Vorhabens sowie Ihr Vorgehen (d.h. die theoretische Orientierung und den methodischen Zugriff, eventuell auch Untersuchungsfälle und -zeitraum) informieren und das Ganze idealerweise auch noch in Bezug zum bisherigen Forschungsstand setzen.

Schreiben sollten Sie die Kurzbeschreibung, obwohl sie ganz am Anfang Ihres Exposés steht, erst ganz zuletzt – oder gleichen Sie zumindest Ihren ursprünglichen Entwurf genau mit dem eventuell später Geschriebenen ab.

---

[2] Stefan Wursters Dissertation mit dem Titel ‚Zukunftsvorsorge in Deutschland' erscheint 2010 im Nomos Verlag, Sebastian Mahners Vorhaben mit dem Arbeitstitel ‚Föderalistische Hochschulpolitik im Reform-Test: Inwiefern beeinflusst die hochschulpolitische Governance der Bundesländer die Einführung von Bachelor und Master an den Hochschulen?' steht kurz vor dem Abschluss. Die Dissertation von Frauke Höntzsch „Individuelle Freiheit zum Wohle Aller" erscheint 2010 im VS Verlag. Aus Gründen der Lesbarkeit und um keine ins Nichts führenden Verweise zu schaffen haben wir die Literaturverweise aus den Auszügen entfernt.

[3] Die formalen Anforderungen der Stellen, an die Sie sich mit Ihrem Exposé typischerweise wenden, variieren innerhalb einer gewissen Bandbreite. Selbstverständlich gelten unsere Angaben lediglich als Daumenregeln zur allgemeinen Orientierung und sollten im jeweiligen Fall zugunsten der spezifischen Regularien missachtet werden.

Beispiel für ein Abstract (aus dem Exposé zu Frieder Wolfs 2006 abgeschlossenem Promotionsvorhaben mit dem Titel ‚Die Bildungsausgaben der Bundesländer im Vergleich' – zwischenzeitliche Fassung):

„Die Bundesländer finanzieren heute etwa zwei Drittel der öffentlichen und etwa die Hälfte der gesamtvolkswirtschaftlichen Bildungsausgaben von rund 125 Milliarden Euro in Deutschland. Die Kulturhoheit der Länder manifestiert sich jedoch nicht nur in diesem hohen Anteil am nach Sozialem und allgemeiner Finanzwirtschaft drittgrößten Ausgabenblock der öffentlichen Haushalte, sondern vor allem auch in der beträchtlichen Variation der Bildungsausgaben zwischen den Ländern und innerhalb der Länder über die Zeit. Eine systematische politikwissenschaftliche Untersuchung dieser Variation und ihrer Ursachen fehlt bislang. Es ist das Ziel der vorliegenden Arbeit, diese Lücke zu schließen. Zu diesem Zweck werden die in der vergleichenden Staatstätigkeitsforschung vor allem zur Analyse der Sozialausgaben entwickelten theoretischen Ansätze auf die Bildungsausgaben der Bundesländer (genauer: auf die Daten dazu für die Jahre von 1992 bis 2002) bezogen. Zur Abschätzung des jeweiligen Erklärungsbeitrages dieser Theorien werden sowohl quantifizierende, die Analyse gepoolter Zeitreihen einschließende als auch qualitativ-analytische Methoden verwendet, um den bildungsausgabenpolitischen Willensbildungs- und Entscheidungsprozess sowie seine in öffentlichen Ausgaben geronnenen Ergebnisse umfassend zu beleuchten. Das Ergebnis dieses intranationalen Vergleichs liefert gleichzeitig auch einen Beitrag zur Erklärung der im internationalen Vergleich mittelmäßigen Höhe der Bildungsausgaben in Deutschland und verbreitert die Wissensgrundlage, auf der künftige Analysen der Ziel-Mittel-Relation im Bildungswesen aufbauen können."

Im Übrigen kann man ein solches Abstract auch nahezu 1:1 als ersten Absatz der Einleitung der Doktorarbeit selbst wiederverwenden, wie beim voranstehenden Beispiel geschehen. Der Verfasser selbst gesteht mit etwas Abstand allerdings ein, dass die Sprache streckenweise doch ziemlich gestelzt wirkt, die Informationsfunktion also zu Lasten der Lesefreude überbetont wurde.

Immer der Reihe nach
von Katharina Holzinger

Fangen Sie von hinten an zu planen

Denken Sie vom Ende her: Was ist Ihr Ziel? Nicht Ihr Ergebnis, dass kennen Sie noch nicht. Aber was wollen Sie herausfinden? Verlieren Sie Ihr Ziel nicht aus den Augen, was auch immer Sie sonst noch zum Thema lesen. Dazu müssen Sie es möglichst früh und möglichst klar formulieren.

Machen Sie einen groben Zeitplan: Wann müssen Sie fertig sein, wann geht das Geld aus? Von dort planen Sie rückwärts jede Etappe. Wenn Sie bereits in der ersten Etappe hinter dem Zeitplan liegen, sollten Sie nervös werden. Anfangs verlorene Zeit werden Sie später nicht wieder aufholen. Aber keine Panik jetzt: einfach das Tempo und die Effizienz erhöhen.

Arbeiten Sie vom Zentrum nach außen

Beginnen Sie mit der Arbeit an Ihrem zentralen Bestandteil, sei es ein theoretisches Modell oder eine empirische Erhebung. Verwenden Sie jetzt keine Zeit auf Rahmen- oder Nebenkapitel. Das wird Ihrer Zeitplanung sehr zu Gute kommen. Arbeiten, die nach 4 Jahren und 350 Seiten zur eigentlichen Frage nicht mehr kommen, sind endgültig aus der Mode, genau wie Exkurse und Fußnoten.

Wenn Sie Ihr Hauptergebnis haben, ist es Zeit, das Material für die Nebenkapitel zu erarbeiten. Die werden dann viel knapper und zielorientierter ausfallen. Einen Überblick über den Forschungsstand verschaffen Sie sich vor der Formulierung des Ziels. Er steht im Exposé, aber Sie sollten ihn noch nicht als Kapitel formulieren. Vielleicht probieren Sie zwischendurch mal eine Einleitung aus. Sonst nichts. Das müssen Sie aushalten.

Schreiben Sie von vorne durch

Wenn Sie die Literatur-, Theorie-, Erhebungs- und Auswertungsarbeit abgeschlossen haben, können Sie schreiben. Von vorne nach hinten in einem Rutsch durch. Nur die Einleitung verschieben Sie ans Ende. So sparen Sie sich überflüssige Neufassungen von dann doch nicht mehr passenden Kapiteln. Und die Sache ist aus einem Guss.

Planen Sie mindestens ein Jahr für die Schreibphase ein. Besser zwei Monate länger. Und planen Sie die Zeit ein, die Ihre Betreuerin für die erstmalige Lektüre braucht. Am besten Sie schieben ihr jedes in der Erstfassung fertige Kapitel – sofort und stolz – auf den Schreibtisch.

Katharina Holzinger ist Professorin für Internationale Politik und Konfliktforschung an der Universität Konstanz

Sobald sie ein Thema für Ihre Promotion gefunden haben (siehe dazu Kapitel 3), gilt es dafür einen (Arbeits-)Titel zu finden und eine Fragestellung zu formulieren. Der Titel sollte zugleich inhaltlich treffend und zumindest für das weitere Fachpublikum ansprechend sein – Finger weg also von allzu kryptischen Metaphern („Der Büchsenöffner der Pandora") ebenso wie von ausufernden Genitivketten („Eine Analyse der Determinanten der Politik der Resilienzförderung armutsgefährdeter Kinder der Bundesländer der Republik Österreich"). Leichter fällt dies zumeist im komplementären Zusammenspiel von Titel und Untertitel.

Aber wichtiger noch: Ein vielversprechendes Thema (und auch ein noch so anregender Titel) ist noch lange keine Fragestellung. Eine Fragestellung sollte diejenigen Aspekte des Themas hervorheben, die Sie besonders interessieren, und ihre Perspektive darauf verdeutlichen, den Blickwinkel aus dem Sie es angehen. Außerdem sollte die Formulierung der Fragestellung zumindest andeuten, welche Art von Ursache-Wirkungs-Beziehungen (bei einer auch empirischen Arbeit) bzw. welche Art von theoretischen Beziehungen (bei einer rein theorieorientierten Arbeit) Sie zu untersuchen gedenken. Möglicherweise hilft es Ihnen auch, zwischen einer Leitfrage und mehreren, eventuell hierarchisch gestuften Unterfragen zu differenzieren.

Beispiel für eine Fragestellung (aus dem Exposé zum 2009 abgeschlossenen Promotionsprojekt von Georg Wenzelburger mit dem Titel ‚Budgetkonsolidierungen und Reformprozesse' – ursprüngliche Formulierung):

„Ziel der Arbeit ist es, insgesamt zwei übergeordnete Forschungsfragen zu beantworten, die sich jeweils in zwei Unterfragen aufteilen lassen:
1. Analyse und Vergleich von Konsolidierungsprofilen: a) Wie haben die OECD-Länder in den 90er Jahren ihre öffentlichen Haushalte saniert und b) wie lassen sich die Konsolidierungsprofile politikwissenschaftlich erklären?
2. Analyse und Vergleich von Konsolidierungsstrategien: a) Mit welcher politischen Strategie haben die Regierungen Budgetsanierungsprozesse durchgesetzt und b) wie lassen sich die Strategien politikwissenschaftlich erklären?"

Diese ursprüngliche Fragestellung hat sich im Laufe des Promotionsprozesses aus unterschiedlichen Gründen gewandelt. Externer Input aus Diskussionen in Doktorandenkolloquien und auf Konferenzen, Gespräche mit den Betreuern sowie der eigene Reifeprozess durch die eingehendere Beschäftigung mit Fragen des Forschungsdesigns und der methodischen Herangehensweise waren die wichtigsten Ursachen. Im Vergleich zur endgültigen Fassung lassen sich drei entscheidende Akzentverschiebungen feststellen: erstens die Ergänzung der Fragestellung um die grundlegende Frage nach den Determinanten von Konsolidierungen („welche Variablen erklären die unterschiedliche Konsolidierungsperformanz der OECD-Länder?"); zweitens der relative Bedeutungsverlust der ursprünglich wichtigen Frage nach den Determinanten von Konsolidierungsprofilen – auch aus Gründen der Datenverfügbarkeit; sowie drittens die Integration der Analyse der Konsolidierungsstrategien in die Frage nach den Determinanten – ausgelöst durch eine eingehendere Befassung mit dem Forschungsdesign der Arbeit (und der methodischen Umsetzung) sowie der Einsicht, dass politische Strategie als Determinante von Reformprozessen aufgefasst werden kann.

Diese kurze Darstellung zeigt exemplarisch, dass einerseits die Weiterentwicklung von Fragestellungen während des Promotionsprozesses völlig normal und vielleicht sogar als Teil des Erkenntnisprozesses zwingend notwendig ist. Andererseits wird deutlich, dass die grundsätzliche Stoßrichtung der Forschungsfrage natürlich nicht (oder nur in Ausnahmefällen) ganz und gar verändert werden sollte.

Der Forschungsstand

Dieser harmlos erscheinende Gliederungspunkt Ihres Exposés könnte sich bei intensiverer Befassung etwas herausfordernder darstellen als zunächst gedacht. Wie im Kapitel ‚Ein Thema finden' ausgeführt sollte Ihre Arbeit an irgendeiner Stelle Neuland betreten oder eine Innovation darstellen. Dies impliziert dann ja eigentlich, dass es zu Ihrem Thema im engeren Sinne (vulgo zu Ihrer Fragestellung) noch gar keinen Forschungsstand gibt. Erweitern Sie andererseits den Fokus, dann dürfte sich sehr schnell das Problem stellen, dass weit mehr Material vorliegt als Sie in der Konzeptionsphase durcharbeiten, geschweige denn auf wenigen Seiten Ihres Exposés zusammenfassen können. Der Trick liegt nun darin, den Adressaten des Exposés (nicht zuletzt also auch sich selbst) deutlich zu machen, in welchem Umfeld Sie sich bewegen und auf wessen Schultern Sie stehen. Dass Sie sich in der Gegend auskennen, ist zwingend erforderlich, aber zum jetzigen Zeitpunkt müssen Sie noch nicht jeden Stein umgedreht haben. Stellen Sie also knapp dar, welche bahnbrechenden Werke das jeweilige Forschungsgebiet in den letzten Jahren voran gebracht haben, und an welchen Stellen Sie Anlass und Möglichkeit sehen, darüber hinaus zu gehen. Hier dürfte es auch nicht schaden, offen darauf zu verweisen, welche weiteren, etwas abseitigeren Teilstränge oder mittelwichtigen Werke der Literatur Sie noch nicht zur Gänze rezipieren konnten und wann und wie Sie dies nachholen möchten (siehe auch die etwas weiter unten folgenden Ausführungen zum Arbeitsplan). Woher aber weiß man, dass man die wichtigsten Titel gefunden und aufgeführt hat? Absolute Sicherheit kann es hierbei nicht geben, zumal die Einschätzung darüber, welche Publikationen dies seien, zwischen den verschiedenen möglichen Adressaten Ihres Exposés vermutlich divergieren. Unerlässlich ist es aber zum einen, die gängigen Handwerkszeuge der Literaturrecherche – wie etwa die Virtuelle Fach-bibliothek Politikwissenschaft, die International Bibliography of the Social Sciences (IBSS), den Katalog der Library of Congress und auch, ganz altmodisch, Lexika und Handwörterbücher der Politikwissenschaft – erschöpfend zur Anwendung gebracht zu haben. (Bedenken Sie an dieser Stelle auch, dass ca. 80 Prozent der politikwissenschaftlichen Literatur in englischer Sprache erscheint. Nicht jedes Thema ist in der englischsprachigen Literatur gleichermaßen vertreten, aber geschaut haben sollten Sie dort auf jeden Fall.) Ergänzend sei hier auch auf Zita-tionsindices wie den Social Science Citation Index (SSCI) verwiesen. Deren Sinn und Unsinn als wissenschaftlichen Leistungsindikator zu diskutieren, würde ein weiteres Buch füllen, aber zumindest können sie Ihnen wertvolle Hinweise dar-auf geben, wie extensiv bestimmte Publikationen in der Literatur aufgegriffen worden sind.

Zum anderen ist hier das Einholen von Ratschlägen bei auf dem jeweiligen Feld etwas erfahreneren Forschern unerlässlich. Scheuen Sie sich nicht, mit besag-tem Anliegen auch dem einen oder anderen Ihnen bislang nicht persönlich be-kannten Granden des Fachs eine E-Mail zu schreiben – überraschend viele ant-worten Ihnen bestimmt schnell und freundlich, und im angelsächsischen Raum wird der Ton vermutlich noch kameradschaftlicher und die Hilfsbereitschaft noch größer sein.

Beispiel für eine Darstellung des Forschungsstandes (aus dem Exposé zu Stefan Wursters Promotionsvorhaben mit dem Titel ‚Zukunftsvorsorge in Deutschland' – Auszug; Litera-turverweise verkürzt wiedergegeben):

„Betrachtet man die in dieser Arbeit untersuchten vier Politikfelder, so zeigt sich, dass es große Unterschiede bei ihrer Verarbeitung durch die Forschung gegeben hat. Im Zuge des so genannten „PISA-Schocks" kam es im Bereich der Bildungs-politik in jüngster Zeit zu einer Inflation von Arbeiten, die sich zumeist sehr problemorientiert und kritisch mit den Zuständen des Bildungssystems in der Bundesrepublik Deutschland befassen. Dabei wird erstmals auch in nennenswer-tem Umfang eine international vergleichende Betrachtung vorgenommen und viele neuere Arbeiten zeichnen sich durch eine fundierte empirische Absicherung ihrer Thesen und Ergebnisse aus (vgl. *Henkes/Kneip*, *Münch* und *Schmidt*). Es kann für dieses Politikfeld insgesamt eine wesentliche Verbesserung des Forschungsstands in jüngster Zeit konstatiert werden. Besonders hervorzuheben sind dabei die Arbeiten von *Baumert*, *Leschinsky*, *Münch* und *Stern*.

Dies trifft für den Bereich der Forschungspolitik nicht zu. Arbeiten zu diesem Politikfeld sind, zumindest wenn schwerpunktmäßig die nationale Forschungspolitik in Deutschland in den Blick genommen wird, meist älteren Datums. (Zu erwähnen sind hier insbesondere die Arbeiten von *Stucke* und *Grande/Häusler*.) Auch dominieren wirtschaftswissenschaftliche Abhandlungen, während politikwissenschaftliche Politikfeldanalysen fast vollständig fehlen. Zumeist wird lediglich eine dichte Beschreibung der Forschungslandschaft vorgelegt und nur selten auf politikwissenschaftliche Erklärungsfaktoren eingegangen. Systematisch-zusammenfassende Analysen sind selten, da häufig auf Einzelfallstudien zurückgegriffen wird. Als Schwerpunkt der jüngeren Forschung hat sich die Betrachtung der europäischen Wissenschafts- und Forschungsebene herauskristallisiert (vgl. *Vogel*). Dies spiegelt zwar die gestiegene Bedeutung der internationalen Kooperation auch für die nationale Forschung wider, hilft aber wenig, die Lücken in der nationalen Politikfeldbetrachtung zu schließen. Es mangelt schließlich für dieses Politikfeld auch an problemorientierten Untersuchungen.

Im Gegensatz dazu kann im Bereich der Umweltpolitik auf eine unüberschaubare Zahl an Werken zurückgegriffen werden (vgl. exemplarisch *Jänike Mönch/Binder*, *Jänike/Reiche/Volkery*, *Jörgens* und *Kern/Koenen/Löffelsend*). Zahlreiche Studien haben nicht nur die nationalen Ergebnisse im internationalen Vergleich beleuchtet, sondern auch Erklärungsansätze für das Abschneiden angeboten. Für viele Politikfeldanalysen hat die Umweltpolitik als Untersuchungsobjekt gedient, was dazu geführt hat, dass zahlreiche systematisch-strukturierte Arbeiten vorliegen (vgl. zur mittlerweile guten Forschungslage *Kern/Bratzel*). Anders als im Bereich der Forschungspolitik stellt sich für die wissenschaftliche Bearbeitung des Umweltsektors vor allem ein Selektionsproblem, wobei hier darauf geachtet werden soll, möglichst politikwissenschaftliche Studien einfließen zu lassen.

Für den Bereich der Energiepolitik kann Ähnliches wie für den Bereich Forschung festgehalten werden. Die Literaturlage ist äußerst schwierig und vorhandene Arbeiten sind zumeist älteren Datums, hauptsächlich deskriptiv oder schwerpunktmäßig auf einen gesamteuropäischen Fokus ausgerichtet (vgl. *Welfens*). Mit dem eingeleiteten Atomausstieg der Regierung Schröder wurde allerdings dieser Problemkomplex auch in zunehmendem Maße einer wissenschaftlichen Betrachtung unterzogen. Für die geplante Doktorarbeit wird darauf zu achten sein, eine klare Abgrenzung zum Untersuchungsbereich der Umweltpolitik vorzunehmen. (Zur Vermischung dieser beiden Politikbereiche siehe exemplarisch *Mez.*)"

An dieser Darstellung des Forschungsstandes überzeugt uns neben ihrer Kompaktheit[4] vor allem die differenzierte Einschätzung des in den verschiedenen Literatursträngen Erreichten. Gutachter dürften dies als Reife der Urteilskraft positiv vermerkt haben.

Der theoretische Unterbau

Theorien sind mehr oder weniger elaborierte Systeme aus Grundannahmen und Wenn-Dann-Aussagen. Ihre Funktion in empirisch orientierten Arbeiten ist es, unsere Versuche des Erklärens oder Verstehens, was in der Welt vor sich geht, zu strukturieren und anzuleiten. Dazu können zum einem aus den Theorien konkrete Hypothesen abgeleitet und dann getestet werden (siehe zu Thesen und Hypothesen auch den auf diesen Abschnitt folgenden Einschub), zum anderen aber korrespondiert der theoretische Unterbau in der Regel auch mit dem weiteren Referenzrahmen der Forschungstätigkeit. Präzise Darlegungen desselben sind daher gerade auch in auf Verstehen statt Erklären ausgerichteten Arbeiten erforderlich, die ja keinen rigiden Hypothesentest enthalten können.

Erklärende Forschungsdesigns können x- oder y-zentriert sein (vgl. Ganghof 2005). Dies bedeutet, dass sie entweder auf die Eruierung der Erklärungskraft einer einzelnen Theorie (bzw. eines einzelnen, aus einer Theorie folgenden Erklärungsfaktors – des in Frage stehenden x) in verschiedenen Kontexten abzielen oder die Variation einer abhängigen Variable (des y) durch die Kombination verschiedener Theorien bzw. Erklärungsfaktoren möglichst umfassend zu erklären suchen. X-zentrierte Forscher sollten besondere Sorgfalt auf die Kontrolle für weitere denkbare Einflussfaktoren verwenden, um die Erklärungskraft ihres x nicht zu überschätzen, y-zentrierte dagegen sollten besonders intensiv über den Modus der Verknüpfung der (additiven oder konkurrierenden) Erklärungsfaktoren nachdenken.[5]

---

[4] In der Dissertation selbst muss der Forschungsstand natürlich weit ausführlicher gewürdigt werden als im an dieser Stelle interessierenden Exposé.

[5] Daraus folgt auch, dass die Zentrierung auf ein x oder ein y nicht bedeutet, dass man die restlichen Teile der Gleichung vernachlässigen dürfte. (Anm.: Diese Gleichung muss hier keine Regres-

Auf theoretischer Ebene innovative Elemente ansonsten vorwiegend empirisch orientierter Arbeiten können dabei jeweils in neuartigen Kombinationen theoretischer Ansätze bestehen oder in der Übertragung schon länger existierender Theorien auf Sachbereiche, mit denen sie bislang noch nicht konfrontiert worden waren.

In folgendem Beispiel werden für unseren Geschmack verschiedene Theorieangebote so dicht wie präzise dargestellt, intelligent verknüpft und auf einen neuen Sachbereich übertragen, wenngleich dieser theoretische Unterbau eine anspruchsvolle Aufgabe der Hypothesenformulierung und -verknüpfung mit sich bringen dürfte.

Beispiel für einen Theorie-Abschnitt eines Exposés (aus dem Exposé von Sebastian Mahner mit dem Arbeitstitel ‚Föderalistische Hochschulpolitik im Reform-Test: Inwiefern beeinflusst die hochschulpolitische Governance der Bundesländer die Einführung von Bachelor und Master an den Hochschulen?' – Auszug[6]):

„Policy-Forschung II: Advocacy-Coalition-Ansatz
Ebenfalls der Policy-Forschung zuzurechnen ist der Advocacy-Coalition-Ansatz von Paul Sabatier. Zwar ist er aufgrund des hohen Aufwands im Rahmen der Dissertation nicht zum Vergleich von 16 Bundesländern geeignet. Doch für die Analyse des Zusammenspiels zwischen europäischer, nationaler und landespolitischer Ebene bei der rechtlichen Einführung von Bachelor und Master verspricht er interessante Erkenntnisse – auch weil es zu dieser Zeit noch am ehesten klar abgrenzbare Koalitionen gab, die den Ansatz kennzeichnen. Nach Sabatier ringen verschiedene Koalitionen, gebildet von jeweils allen Akteuren mit gleichen Überzeugungen, im „policy subsystem" um das beste Konzept – beeinflusst von ihren Zwängen, Ressourcen und externen Parametern, Ereignissen und vermittelnden Policy-Brokern. Die Überzeugungen der Akteure haben dabei drei Ebenen: „deep core beliefs" (Grundüberzeugungen), „policy core beliefs" (Problembewertung bezogen auf einzelne Policies) und „secondary beliefs" (Ansichten zu Problemen der Implementierung). Ein Lernen, das über die „secondary beliefs" hinaus geht, ist nur durch äußere Einflüsse wahrscheinlich – hier kommen Europäisierungs-

---

sionsgleichung sein, sondern kann als Formalisierung jedes Kausalzusammenhangs gedacht werden, in dem eine oder mehrere Größen eine andere Größe beeinflussen.)
[6] Im ersten Teil seines Theorieabschnitts adaptiert der Kommilitone Mahner die Theorien der vergleichenden Staatstätigkeitsforschung nach Manfred G. Schmidt. Auf den Abdruck dieser Passagen verzichten wir, um nicht über Gebühr Eulen aus Heidelberg zu exportieren.

ansätze, die kognitive Einflüsse einbeziehen, ins Spiel (siehe den nächsten Abschnitt).

Europäisierungsforschung

Wie im Abschnitt zum Forschungsstand erwähnt, kann der Bologna-Prozess als eine Form der Europäisierung verstanden werden. Knill und Lehmkuhl nennen in ihrem Modell – das an die vergleichende Policy-Forschung anknüpft – drei Wege, wie die Implementierung europäischer Policies auf nationale Strukturen wirken kann: Vorgabe institutioneller Modelle, Veränderung der nationalen Gelegenheitsstrukturen und Framing. Aufgrund seiner rechtlichen Unverbindlichkeit dürfte der Bologna-Prozess über Framing auf die Akteure in Deutschland gewirkt haben. Hier lässt sich beim Advocacy-Coalition-Ansatz anknüpfen, in dem Policy-Lernen ein Weg zum Policy-Wandel ist.

Organisationsforschung

Da die Hochschulen trotz politischer Druckmittel wie die Verknüpfung der Mittelvergabe mit der Studienstrukturreform prinzipiell selbst über die Einführung gestufter Studiengänge entscheiden, lassen sich auch aus Organisationstheorien eine Reihe von Hypothesen generieren. Besonders der organisationssoziologische Neoinstitutionalismus von DiMaggio und Powell, in dem die Umweltwahrnehmung von Organisationen im Mittelpunkt steht, erscheint interessant. Er geht davon aus, dass es in organisationalen Feldern zu Strukturangleichungen – „institutioneller Isomorphie" – kommt. Das organisationale Feld einer Hochschule besteht primär aus anderen Hochschulen, der Hochschulpolitik, Dachorganisationen wie der HRK oder Akkreditierungsagenturen. Drei Mechanismen führen zur Isomorphie: Zwang (zum Beispiel Gesetze), normativer Druck (etwa durch Beratungsorganisationen wie das Centrum für Hochschulentwicklung) und Mimese (Orientierung an anderen Hochschulen). Davon ausgehend lassen sich verschiedene Hypothesen ableiten. So dürften direkte, an Zwang grenzende, finanzielle Anreize für die Einführung von Bachelor und Master seitens des Wissenschaftsministeriums die Hochschulen zur Anpassung bewegen. Andererseits könnte sie auch Wettbewerb motivieren. Zwar ist die Wettbewerbsorientierung deutscher Hochschulen nach den wenigen bisherigen Erkenntnissen diesbezüglich nur bedingt ausgeprägt, doch könnten im Zuge von Studiengebühren und der zunehmenden Präsenz von Rankings statusniedrigere Hochschulen (vor allem Fachhochschulen) die neuen Studiengänge als Chance sehen aufzuholen. Andererseits könnte auch Kooperation zu Mimese und der Hypothese führen:

Hochschulen mit vielen Partnerhochschulen aus dem zweistufig geprägten Ausland stellen zur Verbesserung der Studentenmobilität schneller um.

Theorien, die sich auf das organisationsinterne Geschehen konzentrieren, lassen weitere Hypothesen zu. *Strukturelle Ansätze*, die als Organisationsziel die ökonomisch motivierte Koordination von Ressourcen sehen, legen zum Beispiel nahe, dass Hochschulen in Bundesländern, welche die Einführung gestufter Studiengänge an finanzielle Konsequenzen knüpfen, ihre Studiengänge schneller reformieren. *Kulturell-symbolische Ansätze*, die Organisationen das Ziel der Entwicklung von Symbolen und geteilten Werten zuschreiben, lassen unter anderem die Hypothese zu, dass bestimmte Fächer langsamer umstellen, da die disziplineigene Kultur dem stark entgegensteht. Ansätze, die *Organisationen als politische Arenen* betrachten, führen hingegen zur Hypothese, dass forschungsorientierte Wissenschaftler gegen die Einführung neuer Studiengänge agieren, weil der Betreuungsaufwand steigt. *Human-Ressourcen-Ansätze* erinnern dagegen daran, dass die Einführung neuer Studiengänge auch davon abhängt, wie gut es einer Fakultät gelingt, die Mitarbeiter einzubinden. Hypothesen dieser Art werden in der Dissertation nur mit qualitativen Methoden erfasst."

In ausschließlich theorieorientierten Arbeiten hingegen geht es um die Neu- oder Weiterentwicklung bzw. -interpretation von Theorien, die wiederum künftige eigene oder fremde empirische Arbeiten befruchten sollten. Hier kann keine ausgefeilte Technik der empirischen Analyse Schwächen der theoretischen Argumentation verdecken oder kompensieren. Besonders sorgfältiges (Zer-)Gliedern der Gedankengänge ist deshalb ebenso unerlässlich wie der geschickte Einsatz rhetorischer Überzeugungstechniken. Auch dürften die psychosoziale Konstruktion von Realität sowie die (Problem-)Perzeptionen von Akteuren eine größere Rolle spielen als in empirischen Arbeiten; auch dort können diese jedoch Beachtung finden.[7]

---

[7] Ulrich Thiele verdanken wir die folgenden weiteren Ratschläge an Doktoranden im Bereich Politische Theorie und Ideengeschichte: Verwenden Sie klare Begriffe und achten Sie auf eine knappe, transparente, präzise Argumentation. Gute Dissertationen unterscheiden sich von schlechteren meist auch dadurch, dass sie keine überflüssigen Teile aufweisen und auf Begriffshuberei oder -verunklärung verzichten. Bedacht werden sollte auch, dass Begriffe nicht für sich alleine geklärt werden können, sondern immer nur in diskursiven Netzen oder „patterns" mit anderen Begriffen zusammen (vgl. hierzu Skinner 2009: Einleitung). Besonders wichtig ist des Weiteren die Redlichkeit beim Interpretieren klassischer Texte. (Hat beispielsweise Kant wirklich von friedlicheren Demokratien oder nicht doch von Republiken gesprochen?). Es ist dagegen nicht notwendig, im Methodenkapitel die Hermeneutik neu zu erfinden. Entscheidend ist viel-

Beispiel für die Beschreibung der Vorgehensweise einer rein theorieorientierten Arbeit (aus dem Exposé des 2009 abgeschlossenen Promotionsprojekts von Frauke Höntzsch mit dem Titel: ‚Individuelle Freiheit zum Wohle Aller? Die soziale Dimension des Freiheitsbegriffs im Werk des John Stuart Mill'):[8]

„Die gesellschaftliche Dimension des Millschen Freiheitsbegriffs lässt sich an drei Punkten festmachen: an Funktion, Konzeption und politischer Möglichkeit der individuellen Freiheit. Es bietet sich an, die Dissertation nach diesen drei Bereichen zu gliedern. Der Schwerpunkt der Untersuchung liegt dabei auf der gesellschaftlichen Konzeption des Freiheitsbegriffs. Die Behandlung der utilitaristischen Ethik sowie der repräsentativen Demokratie beschränkt sich auf die für die Fragestellung relevanten Aspekte und soll die These einer gesellschaftlichen Konzeption stützen: Erstere, insofern sie der individuellen Freiheit eine gesellschaftliche Funktion zuschreibt, Letztere, insofern sie die politische Entfaltung der gesellschaftlichen Dimension der Freiheit ermöglicht."

In diesem Auszug wird unserer Meinung nach sehr deutlich, dass gerade bei rein theoretischen Arbeiten ein strukturiertes Vorgehen wichtig ist. Das Zergliedern der Gedankengänge bzw. der Analyse (hier: Funktion, Konzeption und politische Möglichkeit) dient als analytisches Raster, anhand dessen die Neuinterpretation der Theorie erfolgt.

---

mehr der kreative, ja spielerische (vgl. Gadamer 1990: 107ff.) Gebrauch einer begrenzten Anzahl von Regeln. Auch spielen neben logischen Regeln auch ästhetische Aspekte hier wohl eine wichtigere Rolle als bei empirischen Arbeiten. Das innovative Element einer Theorie-Dissertation kann beispielsweise darin bestehen, große Meister bzw. ihre Ideen miteinander in Dialog zu bringen (Inwiefern ist etwa eine prozedurale Demokratie im Habermas'schen Sinne mit materialen Gerechtigkeitsprinzipien à la John Rawls vereinbar?) Vielversprechend und originell kann es auch sein, sich abseits der Trampelpfade der Disziplin mit den „Verlierern" von Debatten zu beschäftigen, denen womöglich teils intellektuelles Unrecht getan wurde. (War z.B. Robert Filmer doch mehr als nur John Lockes Watschenmann? Und waren nicht z.B. Hans Kelsens Überlegungen zur Vereinbarkeit von parlamentarischer und plebiszitärer Demokratie in den 1920er und 1930er Jahren Carl Schmitts Plädoyer zugunsten einer pseudo-demokratisch legitimierten Diktatur um Einiges überlegen? Und hat nicht selbst Hobbes, der – wie Rousseau – regelmäßig zu den Ahnherren des Totalitarismus gezählt wird, in seinem „Leviathan" Elemente einer rechtsstaatlichen Zähmung des Souveräns eingebaut?). Es kann sich also durchaus lohnen, selten oder nie begangene Pfade der ideengeschichtlichen Rekonstruktionsarbeit zu betreten, wobei man sich allerdings davor hüten sollte, ganz und gar abwegiges Terrain zu betreten. Das zu beurteilen bleibt allerdings der intellektuellen Sensibilität des Promovenden überlassen.

[8] Diese grundsätzliche Gliederung des hierarchischen Unterbaus der Arbeit hat sich in Frauke Höntzsch's Arbeit bis zum Schluss gehalten – wenn auch inhaltlich etwas anders ausformuliert.

Grundsätzlich gilt: In beiden Fällen, bei empirisch wie theoretisch orientierten Arbeiten, sind wir in aller Regel Zwerge auf den Schultern von Riesen[9] (die wiederum auf weiteren Schultern stehen). Daraus folgt mindestens Dreierlei: Erstens ist die Kenntnis der (wichtigsten Teile der) bestehenden Literatur unerlässlich und schützt auch hier vor vorschnellen Innovationsansprüchen. Zweitens ist ein realistisches Aspirationsniveau im Hinblick auf den Stellenwert der eigenen theoretischen Ausarbeitungen anzustreben. (Damit soll kein Höhenflugkandidat demotiviert werden, aber die Zahl der wirklich großen Würfe in einer Generation dürfte begrenzt sein, und wissenschaftlicher Fortschritt insgesamt besteht auch aus vielen kleineren und mittleren Schritten.) Drittens darf man sein Zwergenwerk in heiterer Gelassenheit vollbringen und sich dabei ein „Just whistle while you work" pfeifen.[10]

Eng aufeinander abgestimmt sein sollten der Theorie- und der Methodenteil Ihres Exposés. Was für Letzteren in puncto Vorläufigkeit gilt (siehe unten), trifft in allerdings etwas abgeschwächtem Maße auch auf Ersteren zu, d.h. Ihre theoretische Ausrichtung muss zum Zeitpunkt der Exposéerstellung nicht schon abgeschlossen sein, Ihr Orientierungswissen aber etwas fortgeschrittener als im Hinblick auf die anzuwendenden Methoden.

Einschub: Von Thesen und Hypothesen

Empirisch arbeitende Politikwissenschaftler leiten in der Regel aus theoretischen Argumentationslinien überprüfbare Hypothesen ab, an deren empirischem Test die weitere Forschungsarbeit am jeweiligen Vorhaben ausgerichtet wird. Selbstverständlich sollte dabei natürlich auch für Doktoranden sein, dass man diese Hypothesenprüfung unvoreingenommen vornimmt. Sollten Sie, wenn Sie ganz ehrlich mit sich selbst sind, aus welchen Gründen auch immer insgeheim eine Lieblingshypothese bzw. ein präferiertes Ergebnis eines Hypothesentests haben, dann sei es hier explizit gesagt, dass dies weder an Ihrem Vorgehen noch an der Interpretation Ihrer Ergebnisse irgendetwas ändern darf – höchstens sollten Sie erwägen, in diesem Fall mit noch größerer Sorgfalt und Wucht die Hypothese Gegenargumenten und vor allem ihr ggf. widersprechender Evidenz auszusetzen. Ob Sie im Exposé bereits konkrete Hypothesen nennen oder lediglich die

---

[9] Dass diese Riesen wie Riesen auf uns wirken, mag zugegebenermaßen zum Teil an Mythenbildung und zu einem anderen Teil schlicht daran liegen, dass in einer so jungen Disziplin wie der Politikwissenschaft vor einigen Dekaden weite Bereiche noch unbearbeitet waren.

[10] vgl. www.youtube.com/ watch?v=oY3aljAO7qU (okay, stimmt, den Song singt Schneewittchen, die Zwerge dagegen „Hei-ho, hei-ho, wir sind vergnügt und froh", das geht natürlich auch – siehe http://www.youtube.com/watch?v=aURThUaRjCc).

Theorien, aus denen Sie diese abzuleiten gedenken, sollten Sie anhand Ihres Themas, des Standes der bisherigen wissenschaftlichen Debatte dazu und insbesondere Ihrer Vorarbeiten entscheiden und ggf. mit Ihrem eventuell ja schon feststehenden Betreuer abklären.

An manchen Instituten ist es indes jahrzehntelang eingespielte Praxis, der Doktorarbeit eine oder mehrere Thesen (nicht Hypothesen) voranzustellen, die dann im Weiteren verfochten wird bzw. werden. Als Doktorand können Sie sich einem solchen Schema sicher in vielen Kontexten kaum widersetzen und wir würden Ihnen das auch nicht grundsätzlich anraten. Bei der Art und Weise, wie Sie dieses Schema ausfüllen, sollten Sie jedoch viel daran setzen, größtmögliche Unvoreingenommenheit zu beweisen, gerade auch mit dem Gedanken daran, wie Ihre Arbeit andernorts wahrgenommen wird.

Etwas anders sieht es bei reinen Theorie-Arbeiten (egal ob im Bereich der Ideengeschichte oder zeitgenössischer politischer Theorien) aus. Diese dürften oft in Thesen kulminieren, die im Grunde fundierte Vorschläge sind, wie bestimmte Themen künftig zu verstehen bzw. analytisch zu behandeln sind. Solche Arbeiten tragen naturgemäß ein stärkeres Element des eigenen nicht-empirischen Abwägens oder auch leidenschaftlichen Argumentierens in sich.

Methodische Ausrichtung

„Die Gebildeten wissen es – vor allem aber wissen es die Ungebildeten zu ihrem Unglück nicht – dass Bildung in erster Linie eine Sache der *Orientierung* ist." (Bayard 2007: 29)

Was hat dieses vielleicht einzige ernstgemeinte Zitat aus dem ansonsten eher humoristischen (wie langatmigen) Essay des französischen Literaturwissenschaftlers Pierre Bayard mit dem Titel ‚Wie man über Bücher spricht, die man nicht gelesen hat' mit dem Methodenkapitel des Exposés zu Ihrer Doktorarbeit zu tun? Nun, an keiner Stelle geht es so sehr um Ihr Orientierungswissen (im Gegensatz zu gefestigten Fähigkeiten und Kenntnissen). Die Promotionsphase ist für fast alle Doktoranden insbesondere im Hinblick auf Methodenfragen eine Zeit der Weiterqualifikation. Und wie das bei Lernprozessen so ist, weiß man an deren Anfang noch nicht so ganz genau, wohin sie einen führen. In Ihrem Exposé kann es deshalb nicht darum gehen, die methodischen Fundamente und die darauf aufbauenden einzelnen Methoden-Bausteine Ihrer Doktorarbeit schon bis ins letzte Detail anzugeben. Vielmehr sollten Sie demonstrieren, dass Sie sich methodologisch hinreichend orientiert haben, um die Reise anzutreten. Dies beinhaltet Angaben zweierlei Art auf je zwei Ebenen: Methodologie meint ja zum einen schlicht die Inventarliste des (politik-)wissenschaftlichen Werkzeugkastens. Im Exposé sollten Sie darstellen, welcher Werkzeuge Sie sich hieraus bedienen möchten und wie versiert Sie im Umgang damit bislang sind. Sie sollten aber auch angeben, wo sie sich weiterbilden möchten (siehe hierzu auch Kapitel 9) und welche weiteren Werkzeuge Sie eventuell zusätzlich einsetzen könnten. (Ihrem Orientierungswissen zu dieser Dimension auf die Sprünge helfen können Sie z.B. mit Hilfe von Überblicksdarstellungen zur Verfügung stehender Methoden bspw. bei Behnke et al. 2006, Box-Steffensmeier/Brady/Collier 2008 oder Westle 2009.)

Ein Gespräch mit Bernhard Kittel

Was sollten Doktoranden bei der methodologischen und methodischen Konzeption ihrer Arbeit beachten?
Als Erstes sollten sie sich vor Augen führen, dass Methoden immer eine dienende Funktion gegenüber der Fragestellung haben. Methoden sollten nie die Forschungsfrage determinieren. Idealerweise beginnt die Arbeit mit einem Puzzle oder mit dem Interesse an einem bestimmten Phänomen. Meist lässt sich dieses aus verschiedenen analytischen Perspektiven betrachten, und jede Perspektive impliziert ein anderes Verfahren. Die genaue Formulierung der Frage entscheidet darüber, welche Methode am geeignetsten sein wird. In den seltensten Fällen sind dies einfache, vorgefertigte Module, es ist eigentlich immer eine kreative Verknüpfung nötig. Darin liegt ja auch das Innovationspotenzial von Dissertationen.

So sieht die Realität Deines Erachtens aber nicht aus?
Nein. Meist erfolgt die Methodenwahl als eine Kombination aus der persönlichen Neigung, den bisher erlernten Naheverhältnissen zu bestimmten Arbeitsweisen, und dem, was Betreuer für richtig halten.

Muss die Ausrichtung nicht auch immer wieder angepasst werden?
Immer wieder kommt im Zuge der Bearbeitung ein neuer Aspekt dazu, der eine neue Perspektive eröffnet, die auf eine neue Weise angegangen werden kann. Das gefährlichste Vorgehen ist es, einen erlernten Baukasten einfach zu nutzen, weil man dann die Fragen auf die Methoden ausrichtet und nicht die Methoden auf die Fragen, oder man forscht an der eigentlichen Frage vorbei.

Könnte das auch an der weitverbreiteten methodologischen Unsicherheit der Politikwissenschaft liegen?

Ja, und an der mangelhaften bzw. oft einseitigen Methodenausbildung im Studium. Diese führt zu einem sich Klammern an Vorbilder, Empfehlungen und Kochrezepte. Das ist natürlich auch eine Frage der Betreuung. Der am stärksten vernachlässigte Bereich ist leider oft gerade hier, wo es am heikelsten ist. Dabei müssten Betreuer zunächst Möglichkeiten aufzeigen und zulassen, dann kritischer Sparringspartner sein und den Doktoranden bei dem unterstützen, was dieser mit seiner Arbeit will.

Die geringe Innovationsneigung ist auch ein Problem, das aus den Mechanismen der Forschungsfinanzierung erwächst: Nur ein sehr kleiner Prozentsatz der Doktoranden bearbeitet ja ein eigenes Projekt. In der Regel werben etablierte Professoren ja Mittel für Doktorandenstellen ein und müssen in ihren Anträgen noch etabliertere Professoren überzeugen. Zudem werden diese Stellen dann häufig nach inhaltlicher Nähe der Vorkenntnisse zum Thema statt nach der Fähigkeit zum eigenständigen Forschen besetzt. Zusammen ergibt das einen kräftigen Bias zum Bekannten, ein ziemlich wirksames Innovationshemmnis.

Wird dieses Problem nicht dann relativiert, wenn man die Promotionsphase als zeitlich eng begrenzte ansieht, in der die Fähigkeit zum eigenständigen Forschen erworben und nachgewiesen wird, und dann bei denjenigen, die tatsächlich eine akademische Karriere anstreben, auf eine längere und selbständigere Postdoc-Phase setzt?

Ich halte die Promotionsphase für unheimlich prägend für das Danach. Nicht umsonst basieren die meisten naturwissenschaftlichen Nobelpreise auf Forschungen in der Promotionsphase. Sie ist auch nicht nur die Eintrittskarte in die akademische Welt, sie ist überdies eine Weichenstellung, gegen die man hinterher kaum noch ankommt, gerade auch weil sie die Erwartungen und Einschätzungen anderer an den jeweiligen Wissenschaftler formt. Ich selbst habe ja zweimal den Forschungsschwerpunkt gewechselt (von der politischen Theorie, in der ich meine Dissertation verfasst habe, zunächst zur makroquantitativ vergleichenden und nun zur experimentellen Politikwissenschaft), und das war mit ganz erheblichen Kosten verbunden.

Die Empfehlung, sehr gründlich darüber nachzudenken, was man eigentlich will, wäre allerdings auch wieder falsch, denn die Gelegenheit dazu stellt sich aufgrund der institutionellen Bedingungen oft gar nicht. Wünschenswert wäre hier die Schaffung von Freiräumen wie etwa an Einrichtungen wie amerikanischen Institutes for Advanced Studies[11], wo man in einem hochkompetitiven, aber zur interdisziplinären Zusammenarbeit anregenden Umfeld vergleichsweise lange, mit großzügiger Ressourcenausstattung und sehr frei an zunächst verrückt erscheinenden Ideen forschen kann.

---

[11] Siehe dazu: Kandel, Eric (2009). *Auf der Suche nach dem Gedächtnis: Die Entstehung einer neuen Wissenschaft des Geistes*, München: Goldmann.

Was würdest Du den Lesern unseres Ratgebers also abschließend mit auf den Weg geben wollen?

Mit Max Weber muss man sich bei der Wahl von Wissenschaft als Beruf bewusst machen, dass man ein größeres Maß an Denkfreiheit gegen ein begrenztes Einkommen tauscht. Und man muss sich auf lange Durststrecken einstellen. Wenn man sich einmal dafür entschieden hat, sollte man sich möglichst nicht davon abhalten lassen, spannend erscheinenden Fragen nachzugehen und sich auch mit Grundlagen ausgiebig zu befassen. Obwohl das leichter gesagt als getan ist, macht mich nichts trauriger, als wenn Studierende zur ECPR Summer School kommen und dort einzig und allein eine ganz bestimmte Technik erlernen wollen.

Grundsätzlich nehmen wir uns in der Politikwissenschaft oft zu große Fragen vor, geben dann am Ende aber nur unbefriedigende Antworten. Es brächte die Disziplin mindestens so sehr voran, auf kleinere Fragen besser fundierte Antworten zu geben. Das verbreitete Imitationsverhalten tötet dagegen Innovationen.

Bernhard Kittel ist Professor für Methoden der Sozialwissenschaften an der Carl-von-Ossietzky-Universität Oldenburg und Academic Convenor der ECPR Summer School in Methods and Techniques in Ljubljana

Methodologie in der zweiten, gewissermaßen höhergelegenen Wortbedeutung ist die Lehre von den Methoden (und den Einsatzbereichen, für die sie geeignet sind). Sie steht in engem Zusammenhang mit Fragen der Ontologie (Was ist?) und der Epistemologie (Wie und inwieweit können wir über das, was ist, Wissen erlangen?). Viele Doktoranden haben sich während ihres Studiums darüber kaum den Kopf zerbrochen. Spätestens in der Promotionszeit sollten Sie aber auch in diesen Fragen Ihren persönlichen Standpunkt, um nicht zu sagen: Ihr Credo, entwickeln. (Ein Buch, das Ihnen dabei helfen sollte, ist Moses/Knutsen 2007.) Auch die Aussagen darüber können zum Zeitpunkt der Abfassung des Exposés nur vorläufig sein, und auch hier ist neben der Demonstration von Orientierungswissen die richtige Mischung aus der Beschreibung Ihres gegenwärtigen Standpunkts und einer Skizze möglicher Weiterentwicklungen entscheidend.

Weil die methodische Ausrichtung zum Zeitpunkt der Exposéabfassung erst vorläufig sein kann, sollte hier auch Ihre Offenheit für Anregungen von Lesern Ihres Exposés besonders groß sein. Die *MS Promotion* ist ein Schiff, das während der Reise um- und ausgebaut wird. Manchem mag sie zu Beginn auch eher wie ein rasch zusammengezimmertes Floß erscheinen. Die Kunst wird mit der Zeit sein, eigenes Weiterdenken mit den Inputs und Anforderungen der wichtigsten Akteure im Umfeld (Betreuer, Gutachter, stipendienvergebende Organisationen etc.) zu harmonisieren beziehungsweise evtl. entstehende Widersprüche und Konflikte nicht in Blockaden enden zu lassen, sondern produktiv zu nutzen.

Die Weiterentwicklung des ursprünglichen Methodenarsenals kann dabei grundsätzlich (wie bereits in Kapitel 4 anhand der methodischen Ausrichtung des Betreuers ausgeführt) in zwei Richtungen erfolgen: Im Sinne einer Verfeinerung (‚refinement') des State of the art (Hat jemand einen neuen Schätzer entwickelt? Können Sie ein komplexeres Modell aus einer Nachbardisziplin adaptieren?), oder als Ergänzung um weitere Werkzeuge und Perspektiven (Stichwort Triangulation), die die Erkenntnisse aus den Analysen mit den bisher verwendeten korroborieren, komplementieren oder auch konterkarieren können. Letzteres stellt im Übrigen aus unserer Sicht ebenfalls einen Erkenntnisfortschritt dar und sollte gelassen und selbstbewusst kommuniziert werden.

Im Folgenden dokumentieren wir als Beispiel für einen triangulativen Weiterentwicklungsprozess, wie sich der methodische Zugriff auf das Forschungsproblem einer Doktorarbeit ursprünglich darstellte und wie er nach Einwänden von Gutachtern eines Promotionskollegs und eigenständiger Weiterentwicklung schließlich aussah.

Beispiel für eine erste Darstellung des ursprünglich geplanten methodischen Vorgehens (aus dem bereits zitierten Exposé von Georg Wenzelburger):

„Für die Erstellung der Konsolidierungsprofile ist – wie oben ausgeführt – ein Methodenmix unerlässlich. Die Auswertung der Konsolidierungsmaßnahmen in den verschiedenen Politikbereichen erfolgt zunächst quantitativ über Ausgabequoten, die in den Datenbanken internationaler Organisationen vorliegen (OECD, Eurostat). Wenn nötig wird auf einzelne Länderhaushalte bzw. Rechnungsabschlüsse zurückgegriffen. Diese Auswertung mündet in ein Konsolidierungsprofil. Daneben vervollständigt eine qualitative Analyse der Entwicklung wichtiger ausgabewirksamer Programme die Einschätzung der Konsolidierungen. Hier stellt sich freilich die Frage einer vergleichbaren Messung. Nur wenn an alle Länder transparente Kriterien angelegt werden, macht die Messung der Konsolidierungsmaßnahmen überhaupt Sinn. Ein erster Ansatz, der eine solche Vergleichbarkeit leisten könnte, ist ein Punktesystem. So könnten für jeden Rückbauschritt während einer Konsolidierungsphase in einem bestimmten Ausgabebereich -1 bis -3 Punkte vergeben werden. -3 Punkte zeigen einen starken Rückbau an, -1 Punkt steht für einen schwachen Rückbau, ein positiver Wert (+3) bedeutet den Ausbau eines bestimmten ausgabewirksamen Programms. Um die spätere Synthese mit den Ergebnissen der quantitativen Analyse zu ermöglichen, orientiert sich die Kategorisierung an der quantitativen Analyse. Ausgabenseitig sollte die qualitative Analyse also ermöglichen, den Rückbau bzw. den Ausbau bestimmter Programme in spezifischen Ausgabefeldern (Soziales, Bildung, Gesundheit, etc.) durch Punktezuweisung zu messen. [...]

Zweiter Schwerpunkt des deskriptiv-analytischen Teils ist die Untersuchung der Konsolidierungsstrategien. Die politischen Strategien, mit denen Budgetsanierungen und die damit verbundenen Reformprozesse durchgesetzt wurden, ergeben sich, wenn man die politischen Prozesse freilegt, die hinter den Entscheidungen stehen. So war es in der österreichischen Konsolidierung bspw. entscheidend, die Sozialpartner zumindest pro forma und sehr frühzeitig in den Konsolidierungsprozess einzubeziehen. Die politischen Strategien sollen durch die Methode des process tracing herausgearbeitet werden. [...]

Eine entscheidende Frage in der international vergleichenden Policy-Forschung ist das Problem der Fallauswahl. Dieses Problem kann für das Dissertationsvorhaben hier noch nicht abschließend beantwortet werden, da die Fallauswahl von der gewählten Definition einer Konsolidierungsphase abhängt. Grundsätzlich gilt aber: Bei der Untersuchung der Konsolidierungsprofile sollte eine angemessen große Zahl von Ländern untersucht werden, damit zumindest tendenziell Verallgemeinerungen möglich sind. Eine ebenso umfassende Analyse der Konsolidierungsstrategien ist hingegen aus forschungspraktischen Gründen nicht für eine große Fallzahl zu leisten. Hier sollte sich die Analyse auf wenige, aufgrund theoretischer Überlegungen ausgewählte Fälle beschränken."

Wie oben bereits erwähnt hat sich die genannte Dissertation sowohl von der Fragestellung als auch vom methodischen Zugriff her während des Promotionsprozesses weiterentwickelt. So wanderte die eingangs entwickelte Idee einer qualitativen Analyse der ausgabenwirksamen Programme (und deren Messung mithilfe eines Indikators) durch die Schwerpunktverschiebung zu Ungunsten der Analyse der Konsolidierungsprofile in den Papierkorb. Die Analyse der Konsolidierungsstrategien wurde hingegen ausgebaut, im Forschungsdesign verankert und methodisch vertieft. Das Endergebnis zeigt folgender Auszug:

„Diese Arbeit reagiert mit einem spezifischen Forschungsdesign auf die lebhafte Diskussion über die Vor- und Nachteile statistischer Analysen von Makrodaten. Sie setzt sich zum Ziel, eine möglichst stabile Basis zu schaffen, um Aussagen über Schub- und Bremskräfte von Haushaltskonsolidierungen treffen zu können. Zur Klärung der ersten Forschungsfrage nach den Determinanten von Haushaltskonsolidierungen wendet die Untersuchung ein Design an, das sich in drei

Ebenen gliedern lässt. Auf der obersten Ebene zielt die Arbeit darauf ab, durch quantitativ-statistische Auswertungen Hinweise zu erhalten, welche Faktoren Budgetkonsolidierungen beeinflussen. Ziel ist eine Mustererkennung.

Die zweite Ebene fokussiert auf den politischen Prozess der Haushaltskonsolidierung in vier ausgewählten Ländern (Schweden, Belgien, Kanada, Frankreich). Dabei werden die Ergebnisse, die durch eine statistische Auswertung von Aggregatdaten herausgearbeitet wurden (Analyseebene 1), durch ein genaues qualitatives Nachvollziehen der politischen Prozesse in diesen Ländern geprüft (Triangulation). [...] Die Strategieanalyse bildet die dritte Ebene im Forschungsdesign dieser Arbeit. [...]

Neben der Wahl eines spezifischen Forschungsdesigns reagiert die vorliegende Arbeit auch innerhalb der quantitativ-statistischen Analyse auf die Kritikpunkte an der traditionellen Herangehensweise der makroquantitativen Policy-Forschung. So werden die Determinanten von Budgetkonsolidierungen in den OECD-Staaten nicht nur über eine statistische Auswertung im gepoolten Zeitreihen-Design erforscht. Stattdessen folgt die Arbeit dem Hinweis von Shalev auf andere multivariate Testverfahren. So ist die multiple lineare Regressionsanalyse (sowohl im Querschnitt also auch in gepoolten Zeitreihen) nur eines von mehreren multivariaten Auswertungsverfahren. Darüber hinaus komplettieren andere Methoden, wie etwa die Diskriminanzanalyse oder die logistische Regression, den „statistischen Werkzeugkasten" der Arbeit. Insgesamt werden die Determinanten der Konsolidierungsperformanz in vier verschiedenen Spezifikationen untersucht (Querschnitt: Diskriminanzanalyse und lineare Querschnittsregression; Panel: Logistische Panelregression und gepoolte Zeitreihenanalyse). Die Gesamtschau der Resultate bildet somit ein solides Fundament für die Erkennung von statistischen Zusammenhängen."

Der Gliederungsentwurf

Des Weiteren sollte Ihr Exposé eine vorläufige Gliederung der zu verfassenden Doktorarbeit enthalten. Neben der anzustrebenden logischen Stringenz dieses Entwurfs, die mithelfen sollte, Leser Ihres Exposés von Ihrer konzeptionellen Kompetenz zu überzeugen, sollten Sie sich an mindestens drei weiteren Zielen orientieren: Erstens hilft eine Untergliederung in nicht zu große, aber auch nicht zu kleine Untereinheiten (von in der Regel wohl zwischen 5 und 20 Seiten) sehr dabei, den Schreibprozess zu strukturieren, sodass man sich nicht verzettelt, aber immer wieder kleine Erfolgserlebnisse in der Form zumindest im ersten Entwurf abgeschlossener Textteile hat. Zweitens lohnt es sich, bereits bei der Grundanlage Module einzuplanen, die sich ohne großen Umarbeitungsaufwand zur Veröffentlichung als Zeitschriftenartikel, Arbeitspapier oder Sammelbandbeitrag eignen (siehe hierzu auch Kapitel 11). Drittens schließlich ist es ratsam, zumindest in der inoffiziellen Fassung des Exposés für den Eigengebrauch (s.u.) (Unter-)Kapitel der Arbeit zu identifizieren, die sich im Notfall späterer großer Zeitnot auch streichen ließen, ohne damit einen Dominoeffekt auszulösen, der die Arbeit als Ganze gefährdet. Unter Umständen können Sie diese Teile natürlich auch schon im Exposé als optional bzw. auch als Ausblick oder als von exkursorischem Charakter kennzeichnen; es könnte allerdings sein, dass nicht alle Gutachter und Betreuer das in gleicher Weise goutieren.

Beispiel für eine Gliederung (aus dem bereits zitierten Exposé von Sebastian Mahner):

1   Einleitung
1.1   Problemstellung und Forschungsfragen
1.2   Die Grenzen der abhängigen Variable
1.3   Aufbau der Arbeit

2   Forschungsstand

3   Theoretischer Rahmen und Hypothesenableitung
3.1   Policy-Forschung I: Theorien der vergleichenden Policy-Forschung
3.1.1 Parteiendifferenztheorie
3.1.2 Theorie der Pfadabhängigkeit
3.1.3 Institutionalistische Ansätze
3.1.4 Machtressourcenansätze
3.1.5 Theorien internationaler Einflüsse
3.1.6 Theorie der sozioökonomischen Determination
3.2   Policy-Forschung II: Der Advocacy-Coalition-Ansatz
3.3   Europäisierungsforschung
3.4   Organisationstheorien
3.4.1 Organisationssoziologischer Neoinstitutionalismus
3.4.2 Strukturelle Ansätze
3.4.3 Human-Ressourcen-Ansätze
3.4.4 Kulturell-symbolische Ansätze
3.4.5 Organisation als Politik
3.5   Übersicht der theoriegeleiteten Hypothesen

Im Forschungs- und Schreibprozess selbst hat sich der Kommilitone Mahner zwischenzeitlich entschieden, das Kapitel 9 wegfallen und die wichtigsten Erkenntnisse aus den bereits erfolgten Analysen dazu in Kapitel 5 einfließen zu lassen – ein schönes Beispiel für eine flexible Umsetzung des anfangs gefassten Plans.

Des Weiteren können Sie sicher bei Doktoranden Ihrer Fakultät Einblicke in Gliederungen thematisch vielleicht näher liegender Dissertationen erhalten oder in einer Bibliothek zahlreiche Doktorarbeiten (unterschiedlicher Überzeugungskraft bzw. Vorbildfunktion) finden, deren Aufbau Sie unter die Lupe nehmen können.

Stand der Vorarbeiten

Bei diesem Baustein eines Exposés gibt es vielleicht die größte Variationsbreite zwischen verschiedenen Doktoranden. Mancher hat schon seine Diplom- oder Magisterarbeit zum Thema geschrieben oder sitzt schon ein halbes Jahr an seinem Thema, bevor er sich um eine Stelle oder ein Stipendium bewirbt oder zuweilen auch erst einen Betreuer sucht. Andere Kandidaten sehen sich durch exogen bestimmte Fristen gezwungen, in wenigen Wochen ein Exposé zu einem Bereich auszuarbeiten, der weitestgehend Neuland für sie ist. Für alle ist es von Bedeutung, hier keine falschen Tatsachen vorzuspiegeln, sondern auf ehrliche und belegbare Weise den erreichten Stand ins rechte Licht zu rücken. Setzen Sie die Leser Ihres Exposés darüber in Kenntnis, welche Quellen Sie bereits gelesen, welche Daten Sie bereits gesichtet, welche Passagen Sie bereits vorformuliert und ggf. welche Planungsschritte Sie bereits unternommen haben.

Bei einem vergleichsweise weit fortgeschrittenen Projekt steht vor allem die Differenzierung zwischen abgeschlossenen, in einem ersten Entwurf vorliegenden und noch zu erstellenden Textteilen im Vordergrund (und bei Letzteren tritt natürlich die Information über den Stand der Vorbereitungen hierfür hinzu). Sofern Sie auf frühere Arbeiten verweisen, sollten Sie auch spezifizieren, welche grundsätzlich zu übernehmenden Teile derselben an welchen Stellen bzw. in welchen Aspekten aus Ihrer Sicht einer Erweiterung und Vertiefung bedürfen. Sind Sie erst sehr kurz mit Ihrem Promotionsvorhaben zu Gange, stehen Sie womöglich eher vor der Frage, in welcher Hinsicht Sie überhaupt beanspruchen können, schon Vorarbeiten geleistet zu haben. Zwei Dinge sollten Sie dann vielleicht bedenken: Zum einen ist es grundsätzlich keine Schande, schon in einem frühen Stadium ein Exposé vorzulegen, und die Adressaten können in der Regel Ihre Vorbereitungszeit auch in Relation zu dem setzen, was sie an diesem Punkt erwarten können. Erwägenswert ist es beispielsweise vor der Einreichung eines Antrages, Betreuer oder Gutachter offen zu fragen, ob es dafür in deren Augen doch noch etwas zu früh ist bzw. ob die Erfolgschancen am nächsten Stichtag mit dann intensiverer Vorbereitung signifikant höher wären. Falls es für Ihre Selbstsicherheit besonders wichtig ist, schon etwas in der Hand zu haben, dann sollten sich aus den übrigen Teilen Ihres Exposés vielleicht am schnellsten erste Entwürfe zu Textbausteinen der Dissertation selbst generieren lassen, zum Beispiel indem Sie die Darstellung der theoretischen Grundlagen, der anzuwendenden Methoden oder des Forschungsstandes ausführlicher gestalten. Das kann zunächst durchaus geschehen, ohne substanziell Zusätzliches einzubauen, einfach durch weniger zugespitzte, dafür detailliertere Formulierungen, längere Zitate etc.

Andererseits hat es auch keinen Sinn, sich erst mit einer beinahe fertigen Dissertation aus dem Schneckenhaus zu wagen. Die Funktion eines Exposés, man kann es nicht oft genug betonen, ist es ja, ein Vorhaben zu skizzieren und keinen großteils schon vergangenen Prozess. Dass dieses Vorhaben kaum je exakt so umgesetzt werden kann und auch sollte wie ursprünglich gedacht, ergibt sich schon aus dem Weiterqualifikationscharakter der Promotionsphase.

Wie Sie in den kommenden zwei bis drei Jahren – oder, je nach Finanzierungs-
perspektiven und persönlichem Planungshorizont, auch einem etwas längeren
Zeitraum – das in den bisher angesprochenen Gliederungspunkten des Exposés
skizzierte Vorhaben umsetzen möchten, sollte aus dem Arbeitsplan hervorgehen.
Dazu empfiehlt es sich, Etappen von einem bis maximal drei Monaten den größeren und mittelgroßen Teilschritten auf Ihrem Weg zuzuordnen. Eine schöne graphische Darstellung findet sich im auf der nächsten Seite folgenden Beispiel.
Allerdings sei aus Sicht der Autoren angemerkt, dass die meisten Promovierenden es vermutlich nicht schaffen, (fast) immer so diszipliniert an je nur einem
Arbeitsschritt zu sitzen. Etwas häufigere und größere Überlappungen (etwa von
Lektüre- und Dateneingabephasen) dürften in Ihrem Plan also durchaus enthalten sein, zumal die Gesamtproduktivität bei der Ermöglichung eines Wechsels
zwischen Arbeitsformen bei vielen Doktoranden steigt (siehe hierzu auch Kapitel
7). Planen Sie nicht ohne Ambition, aber auch nicht realitätsfern, und lassen Sie
immer wieder den einen oder anderen Monat als Puffer einfließen. Und vergessen Sie den wohlverdienten und zur Rekreation Ihrer Arbeitskraft unerlässlichen
Jahresurlaub nicht![12] Urlaub systematisch verfallen zu lassen ist weder besonders
gesund noch besonders professionell.[13]

---

[12] Hier steht unser Ratschlag in diametralem Gegensatz zu demjenigen, den Manfred G. Schmidt
in seinem etwas weiter unten folgenden Gastbeitrag gibt. So sich Ihre Kondition und intellektuelle
Kraftausdauer eher mit seiner messen kann als unsere, hören Sie natürlich besser auf ihn.

[13] Stipendiaten orientieren sich einfach am Jahresurlaub wissenschaftlicher Angestellter ihrer
Altersgruppe, also an 26 bis 29 Tagen.

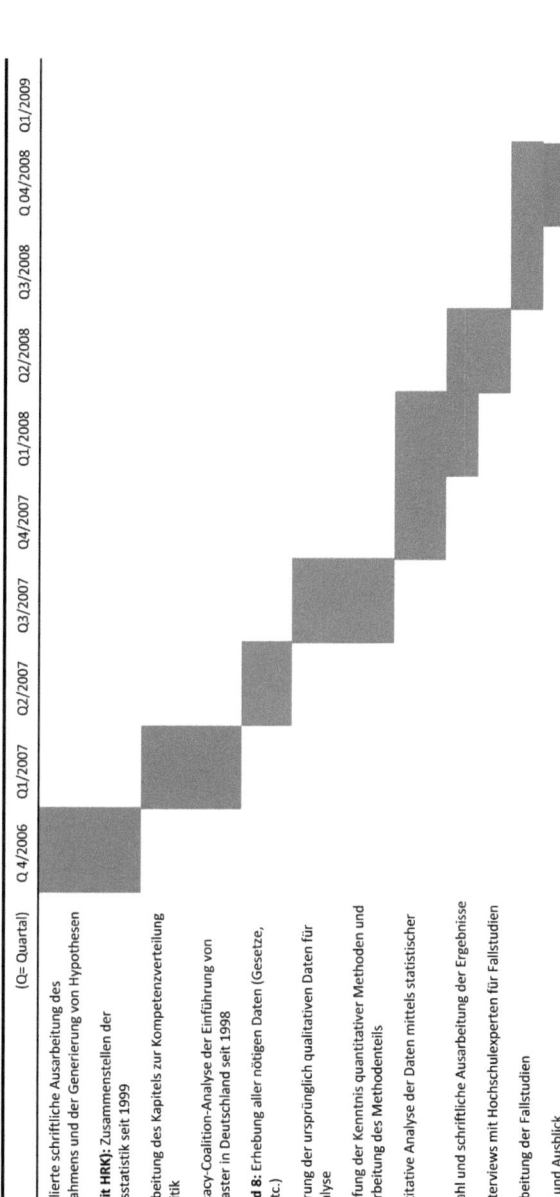

Programm	(Q= Quartal)	Q 4/2006	Q1/2007	Q2/2007	Q3/2007	Q4/2007	Q1/2008	Q2/2008	Q3/2008	Q 04/2008	Q1/2009
Kapitel 3: Detaillierte schriftliche Ausarbeitung des theoretischen Rahmens und der Generierung von Hypothesen		█									
Für **Kapitel 8 (mit HRK):** Zusammenstellen der Studienangebotsstatistik seit 1999			█								
Kapitel 5: Ausarbeitung des Kapitels zur Kompetenzverteilung in Hochschulpolitik				█							
Kapitel 6: Advocacy-Coalition-Analyse der Einführung von Bachelor und Master in Deutschland seit 1998				█							
Für **Kapitel 7 und 8:** Erhebung aller nötigen Daten (Gesetze, Finanzstatistik etc.)					█						
Kapitel 7: Kodierung der ursprünglich qualitativen Daten für quantitative Analyse						█					
Kapitel 4: Vertiefung der Kenntnis quantitativer Methoden und endgültige Ausarbeitung des Methodenteils							█				
Kapitel 8: Quantitative Analyse der Daten mittels statistischer Verfahren								█			
Kapitel 8: Auswahl und schriftliche Ausarbeitung der Ergebnisse									█		
Für **Kapitel 9:** Interviews mit Hochschulexperten für Fallstudien										█	
Kapitel 9: Ausarbeitung der Fallstudien										█	
Kapitel 10: Fazit und Ausblick										█	
Endkorrektur der Arbeit											█

Beispiel für die graphische Darstellung des Arbeitsplans (aus dem bereits zitierten Exposé von Sebastian Mahner)

Ein Kollege, der derzeit in Indonesien Interviews mit lokalen Militärkommandeuren führt, wies uns nach Lektüre dieses Abschnitts völlig zu Recht darauf hin, dass Doktoranden, die Feldforschung betreiben wollen, diese tunlichst sehr früh und gründlich vorbereiten sollten. Auch ist dabei für eine halbwegs realistische Einschätzung des Zeitaufwands die Einholung von spezifischen Ratschlägen bei Experten für die jeweilige Region und Methode unabdingbar. Verbleibende Unsicherheiten etwa hinsichtlich der Ergiebigkeit, Dauer oder Finanzierung sowie die intendierten Strategien zum Umgang damit sollten idealerweise bereits im Exposé angesprochen werden.

Wir müssen außerdem gestehen, bislang vielleicht etwas zu sehr von der Situation des hauptberuflich wissenschaftlich tätigen bzw. mit einem Stipendium ausgestatteten Doktoranden ausgegangen zu sein. Spätestens an dieser Stelle, an der es um die zeitliche Planung des Arbeitsprozesses geht, sind deshalb nochmals einige Sätze zur Lage derjenigen angezeigt, die ihre Dissertation zumindest zeitweise oder gar zur Gänze neben einer anderen Berufstätigkeit oder einer Familienarbeitsphase her schreiben. Hier ist zunächst eine realistische Einschätzung der Arbeitslast grundlegend, die dauerhaft (es geht hier um einen Marathon, nicht um einen Sprint) zu verkraften ist. Sodann sollten Sie Ihr naturgemäß auf einen längeren Bearbeitungszeitraum angelegtes Vorhaben nach Möglichkeit vor den Gefahren des Veraltens von Bestandteilen schützen[14] und den ineffizienten Bedarf für wiederholtes Einarbeiten in dieselben Teilthemenbereiche minimieren. Beides geht am besten, indem Sie den zu schreibenden Text in handhabbar kleine Untereinheiten aufteilen und sich darum bemühen, zwar kleinschrittig, aber dafür beständig solche Texthappen zu produzieren, die dann auch weitestgehend so stehen bleiben können. Für die nochmalige Überarbeitung des gesamten Textes am Ende sollten Sie trotzdem etwas mehr Zeit einplanen[15], sich aber von vornehrein vornehmen, mit gewissen (vielleicht nur von Ihnen als solchen empfundenen) Unzulänglichkeiten oder Ungleichzeitigkeiten auch zu leben. So Sie die Wahl haben, könnte für Sie auch eine kumulative Dissertation vorzuziehen sein. Doch auch diese Alternative ist nicht ohne Tücken, erfordern gut zu platzierende Einzelpa-

---

[14] Hier ist auch an geschickte Themenwahl zu denken. Vollkommen gelingen wird Ihnen das Verhindern des Veraltens von Textpassagen allerdings unter Umständen nie. Womöglich muss hier dann schlicht der eigene Anspruch etwas heruntergeschraubt und offensiv kommuniziert werden, etwa indem Sie beim Forschungsstand oder den analysierten Daten einen Stichtag setzen und explizit die Entwicklung danach als in Ihrer Arbeit nicht mehr beachtbar benennen.
[15] Wer mit seinem Arbeitgeber dafür eine Freistellung oder ein Sabbatical von einigen Wochen heraushandeln kann, wird sich damit sicher leichter tun. Fragen Sie doch zumindest frühzeitig einmal danach!

piere doch zumindest streckenweise durchaus recht intensives Arbeiten, intensiveres vielleicht als das beständige Stricken an einer Monographie.

Tipps für Promovierende und solche, die es werden wollen
von Manfred G. Schmidt

Wie bei allen großen Investitionen sollten bei der Planung und der Anfertigung einer Promotionsschrift der wahrscheinliche Aufwand und Ertrag möglichst umfassend und sorgfältig bedacht werden.

Aus der Vielzahl der Kalkulationen, die dabei in Frage kommen, scheinen mir die folgenden Erwägungen besonders wichtig zu sein. Der Kürze halber konzentriere ich mich nicht auf die Phase des Schreibens einer Dissertation, sondern auf die Planungs-, Konzeptions- und erste Einarbeitungsphase. Und der Einprägsamkeit halber kleide ich, angeregt durch Peter Halls nach wie vor vorzüglichen Ratgeber für das Schreiben von Dissertationen (Hall 1990)[16], meine Überlegungen in einige Empfehlungen.[17]

1. Streben Sie eine Dissertation nur dann an, wenn Sie in fachlicher Hinsicht mit sehr guten Noten aufwarten können. Eine „Eins" ist eine vorzügliche Startvoraussetzung, „Eins bis Zwei" eine sehr gute, schlechter als „Zwei plus" oder im Grenzfall „Zwei" sollte die Note nicht sein.
2. Wenn Prüfstein 1 gegeben ist: Nehmen Sie das Dissertationsvorhaben nur dann in Angriff, wenn Sie sich ein solches Großprojekt in zeitlicher, sachlicher und sozialer Hinsicht leisten können – und wenn Sie dafür die erforderlichen materiellen Mittel (Stipendium oder Äquivalente) haben.
3. Wählen Sie ein Thema, das Sie brennend interessiert.
4. Achten Sie bei der Themenwahl und der Konzeption darauf, dass das Vorhaben eine solide erfahrungswissenschaftliche *und* eine solide theorieorientierte Grundlage hat – Näheres zu den diesbezüglichen „do's" und „don't's" bei Hall (1990).
5. Lesen Sie so viel wie nur irgend möglich zum Thema und vergessen Sie über die Lektüre der Fachliteratur nicht die möglichst breite Berücksichtigung gedruckter und gegebenenfalls ungedruckter Quellen.
6. Lesen Sie zudem möglichst weit über den engeren Rand Ihres Themas hinaus – oftmals kommen entscheidende Anregungen aus benachbarten, manchmal weiter entfernt gelegenen Forschungsfeldern.

---

[16] Anm. der Autoren des Ratgebers: Literaturverweis siehe Kapitel („zum guten Schluss").

[17] Thematisch gelten die Anregungen vor allem für Dissertationen in der Innenpolitikforschung und der vergleichenden Analyse politischer Systeme, in Maßen passen sie auch auf Dissertationen in der Europaforschung und in den Internationalen Beziehungen. Promotionsschriften in der Theorie und der Ideengeschichte werden von meinen Empfehlungen nur bedingt profitieren können.

7. Berichten Sie mündlich und schriftlich möglichst oft über Plan, Stand und weitere Entwicklung Ihres Vorhabens – und schulen Sie sich insbesondere in der kurzgefassten und allgemeinverständlichen Präsentation Ihres Vorhabens und seiner Ergebnisse oder Zwischenresultate.
8. Achten Sie wie bei einem Langstreckenlauf auf die Zwischenzeiten, vergleichen Sie diese mit Ihrem (hoffentlich realistischen) Arbeitsplan und korrigieren Sie gegebenenfalls das Tempo.
9. Verlieren Sie nie das Ziel aus den Augen: Das Werk muss geschrieben werden, möglichst in nicht mehr als zwei Jahren, und zwar so, dass die Mühen mit einer Buchveröffentlichung und zwei Zeitschriftenaufsätzen honoriert werden.
10. Nutzen Sie bei der Planung und der Abfassung der Dissertation jede freie Minute. Fußnoten und Literaturverzeichnisse kann man auch während der Halbzeitpause eines Fußballweltmeisterschaftsspiels weiterschreiben. Urlaub ist natürlich wichtig – am besten sollte er nach Abfassung der Dissertation kommen. Dann hätten Sie – bei einer Laufzeit von 2 Jahren und gemessen am tariflichen Jahresurlaub eines Wissenschaftlichen Mitarbeiters – allein 60 zusätzliche Arbeitstage zur Verfügung, und einschließlich des Samstages weitere 12 Tage.

Manfred G. Schmidt ist Professor für Politische Wissenschaft an der Universität Heidelberg

Offene Fragen und Unwägbarkeiten

Aus unserer Sicht ist es ein Qualitätsmerkmal eines Exposés, wenn darin gerade auch zum jeweiligen Zeitpunkt noch offene Fragen und potenzielle Unwägbarkeiten sowie Ihre beabsichtigten Strategien zum Umgang damit zur Sprache kommen. (Es sei ehrlicherweise aber auch angemerkt, dass nicht notwendigerweise alle Adressaten Ihres Exposés dies genauso sehen. Im Detail ist der Inhalt dieses Gliederungspunktes daher eine Frage der persönlichen Risikoeinschätzung und -präferenz.)

Offene Fragen können etwa Methoden betreffen, die sie möglicherweise ergänzend zum Einsatz bringen möchten, Feinjustierungen der Fallauswahl oder den Zeitbedarf für bestimmte Analyseformen. Unwägbarkeiten können beispielsweise beim Zugang zu Daten- und Archivmaterial oder Interviewpartnern für Expertengespräche bestehen.[18] Deuten Sie hier am besten verschiedene Szena-

---

[18] Alemann (2001: S. 12 der im Internet verfügbaren Datei) ist einer der ganz wenigen Ratgeber, die Fragen des Zugangs zum Forschungsmaterial in ihrer Bedeutung erfassen und ausführlich thematisieren.

rien (in der Reihenfolge Ihrer Präferenzen dafür) an, ohne sich zu sehr auf ein Vorgehen festzulegen, das sie am Ende möglicherweise nicht realisieren können.

Angaben zur Person

Viele Adressaten für Exposés (sowohl stipendienvergebende Organisationen als auch potenzielle Betreuer) geben vor, welche persönlichen Angaben sie gerne von Ihnen hätten, und dann sollten Sie sich natürlich nach diesen Vorgaben richten. In allen anderen Fällen sollten Sie diejenigen Angaben machen, welche untermauern, dass gerade Sie für die Durchführung des fraglichen Promotionsvorhabens besonders geeignet sind. Die Liste dieser Gesichtspunkte beginnt mit akademischen Qualifikationen im engeren Sinne (also Abschlüssen und Noten), setzt sich mit akademischen Qualifikationen im weiteren Sinne fort (also etwa Methodenkenntnissen, Softwareschulungen, Tätigkeiten als Telefoninterviewer, Arbeitserfahrung als wissenschaftliche Hilfskraft u.ä.) und führt über generellere Schlüsselqualifikationen (wie Sprachkenntnisse – besonders wichtig bei geplanten Fallstudien zu den betreffenden Ländern – oder Präsentations- und Schreibtechniken) ggf. bis hin zu (bitte eher dezent formulierten) Hinweisen auf für den Erfolg des Vorhabens förderliche Charaktereigenschaften (alles, was belegt, dass Sie Dinge zügig und gründlich zu Ende bringen).[19] Ob Sie darüber hinaus mitteilen möchten, dass Sie lieber ins Kino gehen als Romane zu lesen oder lieber Tischtennis als Squash spielen, und ob Sie ein Foto beifügen oder nicht, ist zu allererst eine Frage des persönlichen Geschmacks. Sie dürfen aber davon ausgehen, dass viele (oder zumindest politisch korrekte) Leser des Exposés sich dafür eher nicht interessieren.

---

[19] Letztere Angaben sind allerdings nicht unproblematisch. Schon die Verfasser des vorliegenden Bandes konnten sich nicht darüber verständigen, ob sie nun in ein Exposé hineingehören oder nicht. Einer der beiden hat in seiner Tätigkeit in den Auswahlkommissionen verschiedener Stiftungen ganz unterschiedliche Erfahrungen gemacht, wie so etwas von anderen Gutachtern aufgenommen wurde. Manche sagen „Toll, der ist den Berlin-Marathon gelaufen, der schafft bestimmt auch zügig und systematisch eine Promotion", andere empfinden dieselbe Information als unangemessenes sich Brüsten mit sachfremden und schwer nachprüfbaren Erfolgen. Hier gibt es keine einheitlichen Erwartungen und Maßstäbe, und Sie sollten deshalb dabei so vorgehen, dass Sie sich selbst mit den Unterlagen am wohlsten fühlen.

Womöglich doch zwei Paar Stiefel? Das Exposé für andere und die
Agenda für mich

Der Umgang mit ungeklärten Fragen und (un-)absehbaren Komplikationen ist auch der Hauptgrund dafür, warum es sich bei aller Gemeinsamkeit zwischen den Textsorten dann am Ende doch lohnen könnte, zwei getrennte Dateien namens ‚Exposé' (für Außendarstellungszwecke) und ‚Konzeption' (als interne Agenda) anzulegen. In Letzterer können die oben genannten Problembereiche ausführlicher und ggf. ehrlicher dargestellt werden und die eigene relative Unsicherheit in Bezug auf die Lösungsstrategien klarer zum Ausdruck kommen. Außerdem kann hier schon vorab deutlicher die Priorität zwischen verschiedenen Gliederungsteilen der Dissertation festgelegt werden (à la „das exkursorische Kapitel 8 zu den Auswirkungen der Bildungsausgaben auf die PISA-Ergebnisse wirklich nur schreiben, wenn der sonstige Zeitplan bis März 2005 genau aufgeht").

Warnung: Zwei Dinge sollten allerdings nicht passieren – nämlich erstens dass man eine wachsende Diskrepanz zwischen der weiteren Außendarstellung z.B. in Zwischenberichten und Kolloquiumsvorträgen und dem tatsächlichen Stand des Vorhabens zulässt, die einen zwangsläufig irgendwann einholt, und zweitens dass man sich selbst durch die etwas optimistischere Variante belügt.[20]

Zum Weitersurfen

Forschungsdatenbank SOFIS:[21]
 http://www.gesis.org/dienstleistungen/fachinformationen/datenbanken-
 informationssysteme/forschungsdatenbank-sofis/
Der wichtigste Zitationsindex für die Politikwissenschaft:[22]

---

[20] Eine andere, von einem der Autoren selbst praktizierte Form der Arbeit mit unterschiedlichen Agenden besteht darin, den eigenen Zeitplan etwas ambitionierter zu formulieren als die nach außen kommunizierte Agenda. Wer sich in diesem Fall lange an den eigenen Zeitplan hält, ist in der komfortablen Lage, auch nach einer weniger erfolgreichen Woche noch komfortabel im extern gültigen Soll zu liegen.

[21] SOFIS ist eine Datenbank, die ausführliche Beschreibungen von mehreren tausend laufenden und jüngst abgeschlossenen sozialwissenschaftlichen Forschungsprojekten enthält. (Zugang zur Datenbank selbst z.B. über Universitätsbibliotheken.) Ein äußerst nützliches Instrument zur Orientierung und zur Einordnung des eigenen Vorhabens in die Forschungslandschaft.

[22] Zugang ebenfalls über gut aufgestellte Instituts- oder Universitätsbibliotheken.

140

http://thomsonreuters.com/products_services/science/science_products/a-z/social_sciences_citation_index

Zum Weiterlesen

Alemann, Ulrich von (2001): Das Exposé. Ja, mach nur einen Plan…, in: In: Brenner, Sabine (Hg.): Promotionsratgeber für die Doktorandinnen und Doktoranden der Philosophischen Fakultät, Düsseldorf: Grupello Verlag, 24-40. [online abrufbar unter: http://www.phil-fak.uni-duesseldorf.de/fileadmin/Redaktion/Institute/Sozialwissen schaften/Politikwissenschaft/Dokumente/Alemann/01_expose2001.pdf]

Bayard, Pierre (2007): Wie man über Bücher spricht, die man nicht gelesen hat, München: Kunstmann.

Behnke, Joachim/Gschwend, Thomas/Schindler, Delia/Schnapp, Kai-Uwe (Hg.) (2006): Methoden der Politikwissenschaft. Neuere quantitative und qualitative Analyseverfahren, Baden-Baden: Nomos.

Box-Steffensmeier, Janet M./Brady, Henry E./Collier, David (Hg.) (2008): The Oxford Handbook of Political Methodology, Oxford: Oxford University Press.

Gadamer, Hans-Georg (1990) [1960]: Wahrheit und Methode. Grundzüge einer philosophischen Hermeneutik, Band 1 der Gesammelten Werke, Tübingen: Mohr.

Ganghof, Steffen (2005): „Kausale Perspektiven in der vergleichenden Politikwissenschaft: X-zentrierte und Y-zentrierte Forschungsdesigns", in: Kropp, Sabine/Minkenberg, Michael (Hg.) 2005: Vergleichen in der Politikwissenschaft, Wiesbaden: VS Verlag für Sozialwissenschaften, 76-93.

Karmasin, Matthias/Ribing, Rainer (2009[4]): Die Gestaltung wissenschaftlicher Arbeiten: Ein Leitfaden für Seminararbeiten, Bachelor-, Master- und Magisterarbeiten, Diplomarbeiten und Dissertationen. Stuttgart: utb.

Moses, Jonathon W./Knutsen, Torbjörn L. (2007): Ways of Knowing. Competing Methodologies in Social and Political Research, Basingstoke: Palgrave Macmillan.

Skinner, Quentin (2009): Visionen des Politischen, Frankfurt/M.: Suhrkamp.

7 Produktive und unproduktive Phasen

„Heute bin ich mit der Dissertation mal wieder gar nicht voran gekommen." Es gibt sie, diese Tage, an deren Ende man als Doktorand das Gefühl hat, sich dem großen Ziel keinen einzigen Millimeter angenähert zu haben. An anderen Tagen läuft es dagegen wie von selbst, die guten Gedanken sprudeln und die Finger flitzen über die Tastatur. Wie sind diese Unterschiede zu erklären? Wie lange dürfen unproduktive Phasen dauern und wann sind Pausen nötig? Welche Wege gibt es, um langanhaltende Stagnation zu vermeiden? Wie organisiert man den Arbeitsprozess am besten? Mit diesen Fragen beschäftigt sich dieses Kapitel. Ein (beruhigendes) Ergebnis vorneweg: Unproduktive Phasen sind ganz normal. Denn genauso wie ein Mittelstreckenläufer im Intervalltraining seinem Körper zwischen den Belastungen regelmäßige Pausen gönnen muss, um einen Trainingseffekt zu erreichen, benötigt auch das Hirn eines Promovenden immer wieder Auszeiten, um danach auf geniale Ideen zu kommen.

Produktivität bei Doktoranden: Eine definitorische Annäherung

Der Begriff der Produktivität entstammt der Volkswirtschaftslehre und meint ganz allgemein das Verhältnis aus dem Ergebnis eines Produktionsprozesses (Output, z.B. Zahl der gefertigten Metallteile) zu den eingesetzten Produktionsfaktoren (Inputs, z.B. Arbeitszeit (Faktor Arbeit), Maschine (Faktor Kapital). Wendet man dieses Konzept auf die Promotion an, ergeben sich indes einige Interpretationsschwierigkeiten.

Denn Promotionsstudenten denken, wenn sie von „unproduktiven Phasen" sprechen, in der Regel weniger an die mangelnde Leistungsfähigkeit ihres Computers (Faktor Kapital) als vielmehr an ihre eigene Leistungsfähigkeit (Faktor Arbeit). Für eine erste definitorische Annäherung an die Produktivität von politikwissenschaftlichen Doktoranden ist es also sinnvoll, sich zunächst auf die Arbeitsproduktivität des Promovenden zu beschränken – am besten noch standardisiert auf die Zeit (zum Beispiel pro Stunde) und den Faktor Kapital außen vor zu lassen.[1] Unproduktive Phasen sind danach jene Stunden, in denen man eigentlich an der Dissertation arbeiten will, aber nicht richtig vorankommt, im Internet surft, E-Mails beantwortet, dann wieder ein paar Zeilen Literatur liest und am Ende des Tages unbefriedigt nur einen Alibi-Absatz geschrieben hat, bei dem man sich bereits am Abend sicher ist, ihn am nächsten Morgen bei der Überarbeitung wieder zu löschen. Doch auch mit dieser Eingrenzung steht man bei der Bestimmung der Produktivität von politikwissenschaftlichen Doktoranden vor Schwierigkeiten. Denn der Output von Promovenden, die an ihrem Dissertationsthema forschen, lässt sich nur schwer quantifizieren. Misst man beispielsweise die Zahl der pro Tag geschriebenen Seiten, so wären solche Phasen völlig unproduktiv, in denen man auf unzähligen Din-A-4-Blättern mit Bleistiftskizzen ein wundervolles Modell zur Erklärung von Wahlverhalten konzipiert. Zudem stellen sich allzu häufig Überlegungen im Nachhinein als sehr wertvoll heraus, die an (auf den ersten Blick) völlig unproduktiven Tagen entstanden sind.

Diese kurze Diskussion zeigt: Produktivität von Doktoranden ist, im Gegensatz zur Produktivität im metallverarbeitenden Gewerbe, nur schwer greifbar zu machen. Produktiv kann mein Tag deshalb sein, weil ich mir ein neues Modell überlege, weil ich Literatur lese, weil ich 20 Seiten schreibe, weil ich Zahlen in eine Matrix eintippe oder weil ich in einer Diskussion mit dem Kollegen vom Nebenbüro eine gute Idee für meine Auswertung bekommen habe – oder im Grunde auch schon allein deshalb, weil ich nach einigen Schleifen im hermeneutischen Zirkel auf höherem Niveau ratlos bin. Daher basiert die folgende Diskussion von produktiven und unproduktiven Phasen auf einem subjektiven Produktivitätsverständnis. Damit sei fürs Erste schlicht das eingangs beschriebene Gefühl von Doktoranden gemeint, an manchen Tagen „mit der Dissertation überhaupt nicht vorangekommen" zu sein. So eingegrenzt lassen sich einige Strategien identifizieren, mit denen Sie Ihre Produktivität in der Promotionsphase steigern können. Diese Strategien beziehen sich zum einen auf die Arbeitsorganisation, zum zweiten auf den Forschungsprozess im Speziellen und zum dritten auf Ihre Work-Life-Balance. In dieser Reihenfolge werden die Aspekte der Produktivität in den folgenden Abschnitten diskutiert.

---

[1] In manchen Naturwissenschaften, in denen in der Forschung Großgeräte eine wichtige Rolle spielen, mag dies freilich völlig anders sein.

Zeit- und Strukturpläne

Um im Forschungsprozess gut voran zu kommen, ist eine effiziente Arbeitsorganisation entscheidend. Im Endeffekt sind Sie ein Projektmanager – und können sich deshalb zweier Instrumente bedienen, die in der Wirtschaft zur erfolgreichen Projektplanung eingesetzt werden: einem Projektstrukturplan und einem Projektablaufplan (vgl. hierzu und zum Folgenden Litke 2007: 89-92). Der Projektstrukturplan hat die Aufgabe, das Gesamtprojekt in Teilbereiche, und die Teilbereiche in einzelne Arbeitspakete zu unterteilen. Er basiert auf der Konzeption der Arbeit (siehe Kapitel 6). Bei einer Doktorarbeit lässt sich zum Beispiel die Arbeit ausgehend vom Thema (etwa „Determinanten der Sozialausgaben in südamerikanischen Ländern") in einzelne Unterpunkte unterteilen, die dann bearbeitet werden können (Forschungsstand anlesen, statistische Methoden erlernen, Daten sammeln, quantitative Auswertung durchführen, Ergebnisse sammeln und interpretieren, etc.). Diese Untergliederung eines Promotionsvorhabens kann man dann beispielsweise in einem Baumdiagramm abtragen, um sich ein Bild von der Struktur des Projektes zu machen.

Für das oben erwähnte Beispiel könnte der – noch nicht vollständige – Projektstrukturplan etwa wie folgt aussehen:

Abbildung 5:   Beispiel eines Projektstrukturplans

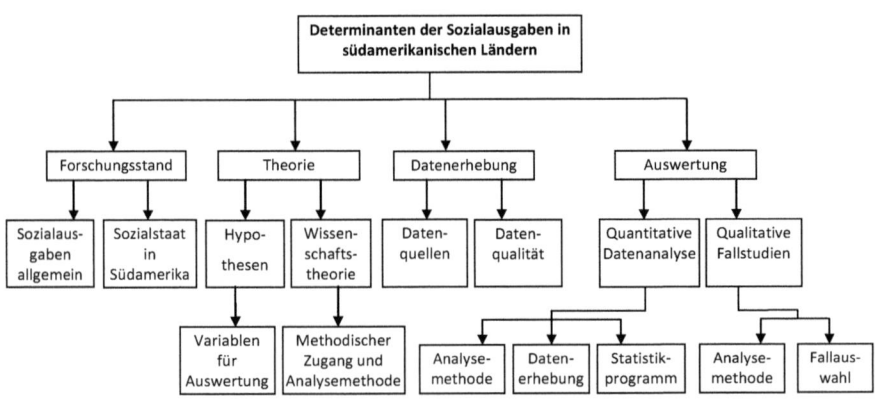

Dass sich einzelne Arbeitspakete des Projektstrukturplans doppeln oder teilweise überschneiden, liegt in der Natur der Sache. So werden Sie sich als Promovend nicht nur einmal im Laufe der Promotionsphase Gedanken darüber machen, welche Analysemethode Sie anwenden. In der Grafik taucht dieser Punkt daher dreimal auf: Zunächst, wenn man sich im Zusammenhang mit wissenschaftstheoretischen Fragen einen grundsätzlichen methodischen Zugang zur Forschungsfrage überlegt; dann, wenn man im Rahmen der quantitativen Auswertung eine Analysemethode wählt, methodisch bis ins Detail durchdringt und anwendet; und schließlich im Zusammenhang mit der qualitativen Analyse der Fallstudien, die ebenfalls mit der Wahl einer passenden Auswertungsmethode einhergehen.

Bringt man die einzelnen Arbeitspakete, die man durch den Strukturplan gewonnen hat, noch in eine zeitliche Reihenfolge, ergibt sich ein Projektablaufplan. Wichtig dabei: Man sollte die einzelnen Arbeitspakete logisch ordnen. So ergibt es im erwähnten Beispiel zum Beispiel keinen Sinn, bereits mit der quantitativen Auswertung der Daten zu beginnen, bevor man sich intensiv mit dem Forschungsstand beschäftigt und die zu testenden Variablen theoretisch hergeleitet hat. In einem Projektablaufplan kann man sich zudem wichtige Zielmarken definieren. Anhand dieser Meilensteine legt man für sich fest, wann welche Arbeiten erledigt sein sollten. Einige Arbeitspakete werden auch doppelt im Ablaufplan auftauchen – allein schon deshalb, weil sie an mehreren Stellen im Forschungsprozess eine Rolle spielen (Dieser Ablaufplan kann dann in einen Arbeitsplan für das Exposé münden).

Nun denken Sie sich vielleicht: Was für ein Quatsch, so durchorganisiert kann eine Promotion ja gar nicht laufen! Unsere Antwort: Ja und Nein. Natürlich stimmt Ihr Einwand in gewisser Weise. Es geht in einem Forschungsprozess nicht nur linear nach vorne, sondern auch immer wieder rückwärts und in Kreisbewegungen. Und, wie bereits mehrmals erwähnt, gibt es auch keinen Königsweg zum Doktortitel. Dennoch ist es durchaus sinnvoll, sich den eigenen Forschungsprozess als Projekt in einem linearen Ablauf vorzustellen. So zwingen Sie sich, konkret zu werden, die einzelnen Teilbereiche des Forschungsprojekts zu durchdenken, einzelne Schritte zu definieren und zumindest einen groben Zeitplan aufzustellen.

Wie detailliert Zielmarken und Zeitpläne ausfallen, hängt stark von persönlichen Vorlieben und den Charaktereigenschaften des Doktoranden ab. So kann es für Promovenden, die einen Hang zum Hinausschieben unangenehmer Aufgaben haben (Stichwort Prokrastination; für eine nicht vollständig empfehlenswerte Verherrlichung derselben vgl. Passig/Lobo 2008), sehr sinnvoll sein, sich sogar Tagespläne mit konkreten Aufgaben und Zielen zu erstellen. Wer sich selbst als disziplinierten Arbeiter kennt, der kann sich mehr Flexibilität leisten und in längeren Zeiträumen planen: bis zum nächsten Wochenende oder bis zum nächsten Urlaub. Wenn Sie nicht recht wissen, wie Sie sich selbst einschätzen würden, dann denken Sie einfach an die Entstehung Ihrer Haus- oder Abschlussarbeiten zurück. Ein Beispiel: Waren Sie ein Typ, der in den Tagen vor dem Abgabedatum bis nachts um 2 Uhr gearbeitet hat, dann empfiehlt sich für die Promotionsphase in jedem Fall, mit Tages- oder zumindest Wochenplänen zu arbeiten.

Klar ist auch, dass Sie bei der Erstellung Ihres Zeitplans zu Beginn der Promotion noch nicht wissen können, welche konkreten Aufgaben nach zwei Jahren, drei Monaten und zwölf Tagen anstehen werden. Daher sollten Sie zunächst eine grobe Struktur festlegen und diese dann Zug um Zug verfeinern (siehe hierzu auch Kapitel 6). Überlegen Sie zunächst, wie viele Jahre Sie für Ihre gesamte Promotionsphase ansetzen würden und wie sich die einzelnen Arbeitsschritte auf die Jahre verteilen. Brechen Sie diese Schritte dann auf Monate herunter und, zumindest für die kommenden Monate, auch in Wochen. Wichtig in dieser Phase ist eine gnadenlose Ehrlichkeit mit sich selbst. Die redaktionelle Überarbeitung der Rohfassung Ihrer Doktorarbeit dauert gewiss nicht nur eine Woche. Den Forschungsstand zum Thema Sozialstaat in Südamerika durchdringen sie auch nicht in nur 14 Tagen. Und wenn Sie neben der Promotion noch als wissenschaftliche Hilfskraft am Lehrstuhl arbeiten oder einen anderen Nebenjob haben: Planen Sie auch hier realistisch! Haben Sie abends nach einem harten Arbeitstag als Aushilfskraft in der Buchhaltung eines Großunternehmens wirklich noch die Energie, den interessanten Artikel aus der PVS zu lesen? Besonders kritisch sind Zeitpläne, wenn man auf andere Personen angewiesen ist. Sind Sie für die qualitative Analyse der Sozialpolitik in Kolumbien – um beim Thema zu bleiben – auf Interviews mit kolumbianischen Politikern angewiesen, dann planen Sie am besten noch großzügiger. Nur so kommen Sie bei einer Absage eines Experten oder bei Terminverschiebungen nicht unter Druck. Ohnehin ist es ratsam, auch Pausen, freie Tage, Wochenenden und Urlaubstage einzubeziehen. Planen Sie den Freitagnachmittag doch grundsätzlich als Freizeit ein. Er dient dann als Puffer, wenn Sie weniger schnell als gewünscht vorankommen oder für ein Thema länger brauchen. Zusätzlich sollten Sie auch am Ende einen großen Puffer einbauen. Wer in drei Jahren fertig sein will und seine Deadlines erfahrungsgemäß nicht immer einhält, sollte vielleicht besser mit zweieinhalb Jahren planen.

Ein Zeitplan, der zu Beginn einer Promotionsphase entsteht, ändert sich in der Regel mehrmals während des Forschungsprozesses. Da findet man plötzlich noch einen interessanten Seitenaspekt, der dringend aufgenommen werden muss und flugs ist eine Woche vergangen. Aber fragen Sie sich in solchen Situationen doch zunächst einmal, ob der Seitenaspekt wirklich so wichtig ist, und wenn ja, ob nicht ein anderer Teil der Arbeit dafür etwas kürzer ausfallen kann. Zwar ist der Zeitplan nicht heilig, aber je länger es Ihnen gelingt, zumindest die großen Linien Ihres Plans einzuhalten, umso stärker wird sein Gewicht für Ihr eigenes Arbeiten, umso eher werden Sie versuchen, die selbstgesteckten Vorgaben einzuhalten.

Wenn Sie nach dem Meilenstein-Prinzip arbeiten, dann sollten Sie sich belohnen, wenn Sie ein Ziel erreicht haben. Einer der Autoren dieses Werkes hat zum Beispiel seinen eigenen Zeitplan sehr gerne an Urlauben oder verlängerten Wochenenden ausgerichtet: „Diese Auswertung mache ich noch vor dem Skifahren fertig, mit dem Kapitel will ich unbedingt bis zum Sommerurlaub durch sein" – solche Zielvereinbarungen mit sich selbst können sehr gut funktionieren und steigern zuweilen die Produktivität ganz erheblich.

Eine andere Möglichkeit, sich selbst zur Einhaltung des Zeitplans zu zwingen[2], besteht darin, gewisse Zielmarken im Zeitplan mit Termindruck zu verknüpfen. Ein Beispiel: Planen Sie doch in jedem Semester nicht nur einen Vortrag im Doktorandenkolloquium ihres Betreuers ein, sondern noch einen zusätzlichen Vortrag in einem anderen Kolloquium oder auf einer Konferenz. Versuchen Sie dann, in den einzelnen Veranstaltungen gewisse Teilaspekte ihrer Arbeit zu präsentieren, die sie kurz zuvor fertiggestellt haben. Dieses Vorgehen hat zwei Vorteile: Zum einen sind die Ergebnisse noch frisch – Sie können gute Anregungen also noch wunderbar in ihre Doktorarbeit einbauen. Und zum anderen disziplinieren Sie sich dadurch selbst, weil Sie der Kolloquiumstermin dazu verpflichtet, etwas Präsentables vorweisen zu können. Ähnlich wie Kolloquien können auch Konferenzen wirken. Scheuen Sie sich nicht, einen Teil Ihrer Dissertation auf einer ECPR-Tagung oder auf dem DVPW-Kongress vorzustellen (siehe auch Kapitel 8). In der Regel motivieren solche Termine nicht nur, sondern Sie setzen sich dadurch selbst unter Druck, bis zum Tag X einen bestimmten Abschnitt fertiggestellt zu haben.

Natürlich werden Sie während Ihrer Promotionsphase den selbstgesteckten Zeitplan nicht immer komplett einhalten können (s.o.). Und weniger produktive

---

[2] Zugegebenermaßen ist die Fähigkeit dazu, sich selbst zu etwas zu zwingen, auch in der sozialen Gruppe der Doktoranden ungleich verteilt. Manchem Naturell mag es näher liegen und ohne Langzeiteinbußen an Produktivität gelingen, Feng-Shui-inspiriert mit dem Fluss der Dinge zu gehen, also an einem Tag sieben Tassen grünen Tee mit Kollegen in der Cafeteria zu trinken und dafür in einer schlaflosen Vollmondnacht elf Seiten zu schreiben. Auch hier gibt es nicht den einen Leisten, über den wir Sie alle scheren wollen. Vielmehr sollten Sie Ihre eigene ideale Arbeitsweise immer besser kennen lernen und gezielt anwenden, Gelegenheiten sich selbst zu belügen dagegen bewusst ausschlagen.

Phasen sind auch durchaus normal und völlig in Ordnung – unter einer Voraussetzung: Sie sollten nicht zum Dauerzustand werden. Die Promotionsphase ist ein Auf und Ab, auch bei der Produktivität. Wenn es also zwischendurch richtig gut vorangeht, können Sie sich an einer anderen Stelle im Arbeitsprozess auch eine geringere Produktivität leisten.

Arbeitsorganisation bei Doppelbelastung

Für Promovenden, die gleichzeitig Mitarbeiter an einem Lehrstuhl sind, gestaltet sich die Arbeitsorganisation natürlich schwieriger. Denn als Wissenschaftlicher Mitarbeiter ist die Wahrscheinlichkeit deutlich höher, vom Vorgesetzten mit unvorhersehbaren Aufgaben eingedeckt zu werden: Von der Korrektur von Magisterarbeiten über die Erstellung einer Power-Point-Präsentation bis zur Mitarbeit an einem Paper zu einem promotionsfremden Thema. Wenn Sie zu dieser Kategorie von Doktoranden gehören, sollten Sie noch größere Puffer in Ihrem Zeitplan einbauen. Gleichzeitig lohnt es sich auch, beim Doktorvater ein Problembewusstsein für die schwierige Situation aufzubauen. Weihen Sie den Lehrstuhlinhaber, der in der Regel gleichzeitig Ihr Betreuer ist, wenn möglich in Ihre eigene Zeitplanung ein. Erklären Sie ihm, wann Sie etwas mehr Luft für Lehrstuhlangelegenheiten haben, und wann Sie sich ganz ihrer Promotion widmen möchten. Vielleicht ist es auch ratsam, sich zwei Tage in der Woche ganz von Lehr- und Verwaltungsaufgaben zu befreien und dann – entweder im Uni-Büro oder von zu Hause – ausschließlich an der Dissertation zu arbeiten. Machen Sie diese Tage als sakrosankt unter den Kollegen (und, so akzeptiert, Ihrem Chef) bekannt und antworten Sie nur in größten Notfällen auf Mails, die nichts mit der Promotion zu tun haben. Dann wird sich am Institut und bei den Studenten schnell herumsprechen, dass Sie an diesen Wochentagen abtauchen.

Gleichzeitig haben Sie als Wissenschaftlicher Mitarbeiter aber auch Vorteile. Einfache Arbeiten wie das Kopieren von Literatur oder die Übertragung von Auswertungsergebnissen in eine Tabelle können Sie unter Umständen an Hilfskräfte delegieren. Wenn Sie mit einem Textabschnitt nicht zufrieden sind und eine Hilfskraft im Nebenfach Germanistik studiert, haben Sie ggf. schon einen ersten Korrekturleser. Solche Vorteile sollten Sie zum Ausgleich für Mehrbelastungen an anderer Stelle nutzen – dann sparen Sie sich Zeit und Nerven.

Besonders diffizil ist die Arbeitsorganisation bei Doktoranden, die nebenher einem anderen Job nachgehen. Doch auch für solche Promotionsstudenten gelten dieselben allgemeinen Hinweise: Machen Sie sich einen Zeitplan, überlegen Sie, wann Sie welche Aufgaben erledigen können und seien Sie ehrlich zu sich selbst. Sicherlich sinnvoll ist es, mit dem Arbeitgeber zumindest für die Abschlussphase der Promotion eine spezielle Regelung zur Arbeitszeitverkürzung vereinbaren: Vier Tage Arbeit im Beruf und einen Tag an der Promotion, so könnte eine Lösung aussehen, die Ihnen mehr Zeit für die Forschung oder zumindest die Niederschrift der Ergebnisse lässt. Viele Arbeitgeber lassen sich auf flexible Regelungen ein – zumindest wenn sie an der Weiterqualifikation ihres Mitarbeiters interessiert sind, und daran, Sie baldmöglichst wieder mit ganzer Energie im Betrieb zu haben. Ein Versuch ist die Anfrage in der Personalabteilung oder beim Chef auf jeden Fall wert (siehe auch Kapitel 6).

Promovieren „nebenher": Worauf es ankommt
von Lars Castellucci

„Nebenher" promovieren. Ja, es geht. Vielleicht gar nicht so viel schwerer als bei Mitarbeitern an einem Lehrstuhl oder in einem Drittmittelprojekt, die sich mit einer halben Stelle herumschlagen und doch viel mehr zu tun haben. Das Besondere ist gar nicht in erster Linie der Faktor Zeit. Denn Zeit hat heutzutage ohnehin niemand mehr, außer der, die er oder sie sich eben nimmt. Das Besondere, wenn man nicht gerade in einem wissenschaftlichen Institut oder einer vergleichbaren Einrichtung beschäftigt ist, das ist in erster Linie der außeruniversitäre Lebensmittelpunkt. Und damit das Fehlen einer Umgebung, die von Denken, Hören, Lesen, Diskutieren, Neudenken geprägt ist. Daneben die Abhängigkeiten von Arbeitgeber, Kunden, Kollegen, Projekten, die sich wie die anderen Beziehungen im Leben normalerweise nicht verlässlich über Jahre planen lassen und Flexibilität erfordern, die den modernen Menschen auszeichnen soll und vielleicht auch ein wenig krank macht. Wenn Flexibilität dann immer zulasten der Promotion geht, kriegt man sie nicht hin. „Nebenher" promovieren heißt nicht, dass die Promotion irgendwie mitläuft (außer in dem seltenen und mir persönlich unbekannten Fall, dass der Abschlussbericht eines Projektes gleichzeitig als eigenes Forschungsvorhaben eingereicht werden kann). Promovieren erfordert eine:

Prioritätensetzung
Promovieren erfordert eine Prioritätensetzung, zu Beginn und im Zeitverlauf. Es muss einem zu Beginn eines Promotionsvorhabens nicht klar sein, was alles auf einen zukommt. Es kann nämlich auch gar nicht. Aber es muss zu Beginn klar sein, dass die Promotion in die anderen lebensbestimmenden Bereiche eingeordnet werden muss und dass aus dieser Einordnung dann auch Konsequenzen gezogen werden müssen. Einordnen sollte in etwa heißen: Im Beruf und im Privatleben sollte nichts anbrennen, aber unter den sonstigen Dingen, die man im Leben vorhaben kann (die Welt kennen lernen, Hobbys frönen, Gewicht halten usw.) verlangt die Promotion den ersten Rang. Promovieren geht nur mit Prio A. Schiebt sich, bewusst oder schleichend, ein halbes Jahr lang etwas anderes in den Vordergrund, so ist bei nächster Gelegenheit gegenzu-

steuern. Das Gegensteuern verweist auf die Konsequenzen. Konsequenzen können sein, dass man auf einen (schnelleren) beruflichen Karriereschritt verzichtet, ein Ehrenamt nicht so ausfüllen kann, wie es erforderlich wäre oder bei der Abendgestaltung mit Freunden berücksichtigt, dass man am nächsten Morgen Konzentration und Sitzfleisch aufbringen können muss. Die entscheidende Konsequenz heißt:

Disziplin

Werde ich gefragt „Worin haben Sie denn promoviert?", antworte ich in der Regel „In Disziplin". Disziplin ist entscheidend. Für Promovieren im Allgemeinen und für promovieren „nebenher" im Besonderen. Denn: Zunächst kommt es, wie immer im Leben, auf einen selbst an. Widrige Umstände zählen nicht. Oder besser: Sie zählen als Faktoren, die in die Entscheidungsfindung bzw. den Prozess kontinuierlichen Entscheidens einfließen. Aber die Entscheidung für oder gegen und damit sicher auch immer für und gegen andere Dinge nimmt einem niemand ab. Disziplin hieß bei mir konkret: Ich hatte meine Arbeitszeit um x Prozent reduziert (der Wert hat sich in den Jahren mehrfach geändert, man braucht also einen Arbeitgeber, der das Vorhaben mitträgt). Die restlichen Prozent bis zu den vollen 100 standen für die Promotion zur Verfügung. Und darüber hatte ich einen gedanklichen Vertrag mit mir geschlossen. Die Arbeitsleistung war zu bestimmten Tagen und Uhrzeiten zu erbringen und entsprechend im Kalender vorgesehen, und zwar jede Woche außer im Urlaub, ansonsten weiß man schnell nicht mehr, wo man letztes Mal aufgehört hat. Zu diesem Zweck hatte ich ein Arbeitskonto in Excel angelegt. Das hat mich vor zwei Dingen nicht bewahrt: Zum einen vor wiederholtem Selbstbetrug, wenn ich zum Beispiel in dieser Zeit an einer Fachhochschule in einem Lehrauftrag einen Lektürekurs angeboten hatte, der zwar Themen meiner Promotion gestreift, aber tatsächlich wenig zum tatsächlichen Projektfortschritt beigetragen hat. Zum anderen hatte ich etwa nach der Halbzeit 400 Minusstunden aufgebaut. 400 Minusstunden bedeuten 50 Arbeitstage á acht Stunden, also im Prinzip fast ein Jahr Rückstand. Aber immerhin wusste ich es – und konnte gegensteuern. Das hieß: Statt zwölf eben 16 Wochenstunden für die Promotion und eine Gesamtarbeitszeit von dann 110 Prozent, um das Konto irgendwann auszugleichen (was am Ende tatsächlich auch gelang). Dabei blieben die Sonntage übrigens frei. Wer das nicht ohnehin als Christ so hält, der halte es aus anderen Gründen so: Der Mensch, auch der Promovierende, braucht echte Freizeit ohne schlechtes Gewissen.

Schließlich gilt es, die möglichen Risiken oder Schwächen, die sich aus dem fehlenden universitären Lebensmittelpunkt und Umfeld ergeben, zu beachten und gegebenenfalls auszugleichen, aber auch die möglichen Chancen und Stärken für das Promotionsvorhaben fruchtbar zu machen, die sich aus einem breiteren Praxisbezug und eigenen Einsichten in andere Lebensbereiche ergeben. Dazu gehört, einen Betreuer zu finden, der um die Besonderheit einer berufsbegleitenden Promotion weiß. Da hilft es nämlich weniger, in der Sprechstunde fünf weitere Bücher genannt zu bekommen, die unbedingt gelesen sein wollen, bevor das eigene Denken beginnen kann, sondern vielmehr der rechtzeitige Fingerzeig, wenn die Nebenstrecke, die man gerade befährt, zu weit vom eigentlichen Ziel wegführt. Dazu gehört andererseits aber auch der Mut zum eigenen Gedanken, für den man noch keinen Beleg in der Literatur vorweisen kann. Dafür hilft es eher, einmal um den Block zu gehen, als den nächsten Artikel zur Hand zu nehmen, in dem man nur wieder auf das bereits identifizierte Zitierkartell stößt. Und: Reden Sie über Ihre Arbeit! Mit Experten für bestimmte Fragen, die sie selbst nicht beherrschen, oder egal mit wem: Manches löst sich im Dialog einfach auf, was vorher undurchdringlich oder ganz verborgen geblieben war. In Erinnerung ist mir ein Kollege, selbst promoviert, der eines Tages aus dem Nachbarzimmer fragte: „Wie viele Seiten hast Du?" Da war ich bei 200 oder etwas drüber und er meinte: „Hör auf, Du bist fertig." War ich natürlich nicht. Mit dem empirischen Teil hatte ich noch nicht einmal begonnen. Aber nach diesem Hinweis habe ich immerhin überprüft, welches Unterkapitel nun wirklich sein muss und welches auch nicht. Das ist das Thema „Loslassen". Manchen fällt es so schwer, dass sie für die letzten Meter die meiste Zeit benötigen – ohne dass dies nennenswerten Einfluss auf Bewertung oder Qualität hätte. Vilfredo Pareto würde das nicht erstaunen, die 80:20-Regel sagt ungefähr genau dies. Mir fiel es übrigens am Ende leicht und dafür gab es in der Disputation dann auch Kritik am schlampigen Schluss. Also lasst den Professoren doch auch etwas zu kritisieren!

Vieles ist „nebenher" auch gleich: Auf eine gesunde Selbsteinschätzung, den familiären Rückhalt oder die Betreuung kommt es in allen Fällen an. Und Manches ist „nebenher" auch leichter: Vielleicht die Zugänge zum empirischen Feld. Vielleicht dass Kategorien aus dem Berufsleben wie Effizienz und Effektivität auch für das Promotionsvorhaben dienlich sind. Oder vielleicht gerade, dass „nebenher" promovieren immer auch bedeutet, „nebenher" andere Dinge mit Gewicht zu tun. Das nämlich erfordert und hilft gleichzeitig, zur Promotion immer wieder *freiwillig* ja zu sagen und damit die eigene Motivation zu klären, die für jedes Promotionsvorhaben unerlässlich ist.

Lars Castellucci ist Projektleiter am Institut für Organisationskommunikation (IFOK) in Bensheim und stellvertretender Landesvorsitzender der SPD Baden-Württemberg

Produktivität im eigentlichen Forschungsprozess

Wenn Sie eine klare Struktur Ihrer Dissertation im Kopf (oder besser noch auf Papier) haben und ein Zeitplan feststeht, sind die Voraussetzungen für eine hohe Produktivität bestens. Doch auch die inhaltliche Arbeit, der Forschungsprozess an sich, lässt sich so organisieren, dass man möglichst gut voran kommt.

Den eigenen Arbeitsrhythmus finden

Dass Menschen einen unterschiedlichen Biorhythmus haben, ist wissenschaftlich erwiesen. Die Schlafforschung unterscheidet zwischen Lerchen – also Menschen, die morgens ihr Leistungshoch haben – und Eulen – Menschen, die abends und nachts in Topform sind, morgens dagegen nur schwer in die Gänge kommen (Meier-Knoll 1995). Im Gegensatz zu Schichtarbeitern in der Fabrik haben Sie als Doktorand in der Regel das Privileg, ihre Arbeitszeit relativ flexibel zu gestalten. Wenn Sie diesen Vorteil ausnutzen, steigern Sie Ihre eigene Produktivität. Ein Beispiel aus dem Bereich der quantitativen Politikforschung und dem Erfahrungsschatz eines der Autoren: Wenn Sie aus den Regressionstabellen Ihres Stata-Outputs nur stupide Zahlenreihen in Word-Tabellen übertragen müssen, so wäre diese Arbeit wie geschaffen für Ihr persönliches kreatives Tief. Die Interpretation Ihrer Ergebnisse sollten Sie, wenn Sie ein Lerchen-Typ sind, stattdessen lieber gleich morgens zwischen 8 und 10 Uhr angehen, weil Sie dann ihr höchstes Leistungsniveau erreichen. Dies bedeutet im Umkehrschluss aber auch, dass Sie in Ihrem Zeitplan nicht nur eine Tätigkeit für einen Tag reservieren sollten. Vorsätze wie „Heute schreibe ich nur am Theoriekapitel" lassen sich meist nur schwer erfüllen. Nehmen Sie stattdessen in Ihre Zeitpläne auch Arbeiten auf, die Sie in ihre persönlichen Tief-Phasen stecken können.

Natürlich kann nicht jeder Doktorand völlig frei über seine Arbeitszeit verfügen. Viele sind fest an einen Lehrstuhl angegliedert und haben ein eigenes Büro am Institut für Politische Wissenschaft. Doch auch in diesen Fällen gibt es Wege, auf seinen eigenen Biorhythmus zu achten. Niemand hat etwas dagegen, wenn Sie nach dem Mittagessen das Büro von innen abschließen, sich für 20 Minuten auf den Boden legen und einen Mittagsschlaf einlegen. Klar, Sie sollten das vorher mit ihrem Doktorvater und den Kollegen abklären. Vielleicht ernten Sie auch ein müdes Lächeln von dem Kollegen, der morgens um sieben kommt und abends um 22 Uhr das Licht seiner Schreibtischlampe ausknipst. Sehen Sie großzügig darüber weg – am Ende einer Promotion zählt immer noch die Qualität der Doktorarbeit und nicht die Zahl der Arbeitsstunden. Oder verweisen Sie auf (den späten) Immanuel Kant – dessen Produktivität sicher auch bei Ihrem arbeitsamen Kollegen unangezweifelt sein dürfte. Über den Philosophen ist folgender Bericht überliefert: „Er ging jeden Nachmittag hin, fand Green in einem Lehnstuhle schlafen, setzte sich neben ihn, hing seinen Gedanken nach und schlief auch ein. Dann kam Bankdirektor Rufmann und tat ein gleiches, bis endlich Motherby zu einer bestimmten Zeit in das Zimmer trat und die Gesellschaft weckte, die sich dann bis 7 Uhr mit den gespanntesten Gesprächen unterhielt" (Jachmann 1804: 162).

Produktive Pausen

„From a medical point of view, for the majority a midday break of 45-60 minutes is sufficient for recovery from fatigue, provided that breaks of 10-15 minutes exist in the morning and afternoon for rest and light refreshments" (Grandjean 1969: 82). Mediziner und Arbeitswissenschaftler wissen seit vielen Jahren, dass Pausen für ein gesundes und produktives Arbeiten unverzichtbar sind. In einer aktuellen Analyse kommt Tucker zum Schluss, dass insbesondere über die gesamte Arbeitszeit verteilte kurze Pausen wichtig sind, um die Konzentrationsfähigkeit wieder zu steigern (Tucker 2003). Einige Studien aus der Arbeitswissenschaft berichten sogar, dass die Gesamtproduktion eines Arbeiters steigt, wenn er mehr Pausen macht: In einer kürzeren Arbeitszeit produziert er mehr (Ong 1990).

Fazit: Pause machen ist keine Schande!

Die arbeitswissenschaftlichen Untersuchungen zeigen zudem, wie und wann Pausen am erholsamsten wirken. Demnach ist der Erholungseffekt dann am besten, wenn der Betroffene selbst entscheidet, wann er eine Pause einlegt. Voraussetzung: Er muss seine Müdigkeit selbst richtig einschätzen können (Tucker 2003). Wenn Ihnen also nach dem dritten Fachartikel über die Geschäftsordnungsvorschriften des belgischen Senats der Kopf brummt, zögern Sie nicht, sich den Kopf bei einem kleinen Spaziergang zum nächsten Bäcker auszulüften, oder die bestellten Bücher von der Bibliothek abzuholen. Dabei wird Ihnen sicher vieles klarer. Und: Aktive Pausen (also: Bewegung) steigern bei geistiger Arbeit den Erholungswert einer Pause ebenfalls – vorausgesetzt Sie finden danach zügig den Weg zurück an Ihren Schreibtisch (Allmer 1996).[3]

Konzentration und Ablenkung

Das Internet hat das Forscherleben gründlich verändert. Musste man früher noch wochenlang auf einen Zeitschriftenartikel warten, den man per Fernleihe aus Kiel zugeschickt bekam, so klickt man sich heute durch die Elektronische Zeitschriftenbibliothek und lädt sich das Dokument als PDF auf den Rechner. Gleichzeitig birgt das Internet aber auch Gefahren. Spiegel Online oder Sueddeutsche.de bieten immer interessante Informationen, und nichts ist (bzw. vielleicht war) schöner als am Live-Ticker bei der Tour de France mitzufiebern. Wer sich jedoch leicht Ablenken lässt, für den kann der dauernde Zugang zum weltweiten Netz zum Problem werden. Erwischen Sie sich dabei, jede fünf Minuten die Neuigkei-

---

[3] Dass Pausen auch aus medizinischer Sicht bei Bildschirmarbeit ungemein wichtig sind, sei an dieser Stelle nur am Rande erwähnt. Sie führen zu signifikant geringeren Nacken-, Rücken-, und Augenbeschwerden (Galinsky et al 2000).

ten von Spiegel Online anzuklicken oder täglich zwölf Diskussionsbeiträge auf einem Ringer-Forum zu schreiben, dann sollten Sie sich eine Strategie gegen die eigene Neugier bzw. Ablenkbarkeit überlegen. Sonst unterbrechen Sie sich immer wieder selbst bei der Arbeit, verlieren die Konzentration und werden unproduktiv. Eine Lösungsmöglichkeit ist es, sich morgens oder nach der Mittagspause eine halbe Stunde Privatsurfen zu erlauben und danach den Firefox nur noch zu wissenschaftlichen Zwecken zu verwenden. Wenn Sie das nicht schaffen: Ziehen Sie einfach das Lan-Kabel aus dem Computer, wenn Sie gerade keine Literatur recherchieren müssen.[4] Und wenn die Tour-Etappe auf den Aubisque ansteht, dann ist es für manchen radsportbegeisterten Doktoranden wahrscheinlich am produktivsten, einen freien Tag einzuplanen, auszuschlafen, die gesamte Etappe zu Hause am Bildschirm zu verfolgen und die Dissertation einfach mal Dissertation sein zu lassen. Am nächsten Tag starten Sie dann mit neuen Kräften und ausgeschlafen in den Tag.

Schreiben

Ob das weiße Blatt Papier oder das jungfräuliche Word-Dokument – während einer Promotionsphase steht man immer wieder vor der Herausforderung ein neues Kapitel, Unterkapitel oder einen neuen Abschnitt zu beginnen. Für manche Doktoranden ist das alles kein Problem. Sie schreiben gern und viel und legen einfach los. Andere rätseln hingegen minutenlang über das passende Wort, den besten Satzbeginn oder die richtige Formulierung. Andere Autoren haben über die Techniken des wissenschaftlichen Schreibens und den Umgang mit Schreibblockaden bereits umfangreiche Ratgeber verfasst (z.B. Plümper 2003, Keseling 2004, Esselborn-Krumbiegel 2008, Kornmeier 2009). Daher beschränken wir uns an dieser Stelle auf einige Tipps und Lehren, die wir aus unserer eigenen Promotionszeit mitgenommen oder in unserem Umfeld erlebt haben.

Unerlässlich ist es sicherlich, sich vor Beginn des Schreibprozesses Gedanken darüber zu machen, welche Überlegungen in den zu schreibenden Text einfließen sollen. Manchen Wissenschaftlern helfen umfangreiche Mindmaps dabei, ihre Gedanken zu strukturieren. Dabei schreibt man das Hauptthema eines Kapitels ins Zentrum und die verbundenen Themen darum herum. In einem zweiten Schritt kann man dann aus dem (meist chaotischen) Mindmap eine hierarchische Gliederung des Kapitels ableiten. Andere Forscher schreiben die wichtigsten

---

[4] Es gibt sogar Fälle, in denen Doktoranden darum bitten, keinen Internetzugang im Büro zu haben. Für die Recherche und zum Mailen müssen diese dann zwar in den PC-Pool oder die UB, aber dafür ist die Internetsucht am Arbeitsplatz im Zaum gehalten.

Punkte, die in einem Kapitel angesprochen werden sollen, stichwortartig unter-einander und strukturieren den Text entsprechend. Literaturverweise können dann ebenfalls in diese Grobstruktur einfließen. Für welchen Weg Sie sich auch entscheiden – die Strukturierung erleichtert Ihnen das Schreiben und stellt sicher, dass Sie keinen wichtigen Aspekt vergessen.

Wenn die Grobstruktur einmal steht, ist es wichtig, mit dem Schreiben zu beginnen. Im Schreibprozess selbst gibt es verschiedene Wege zum Glück. Man-cher schnelle Schreiber hat keine Mühe drauflos zu formulieren, tut sich aber enorm schwer dabei, einmal Hingeschriebenes zu kürzen oder zu verdichten. Für diese Schreibtypen lauern Probleme nicht in der Textproduktion selbst, sondern in der Selbstbeschränkung, bei aller Freude am Formulieren noch das große Gan-ze im Blick zu behalten: die Fragestellung des spezifischen Abschnitts und dessen Rolle im Gesamtkonzept der Arbeit. Wenn Sie sich als solchen Schnellschreiber kennen – und diese Selbsterfahrung haben Sie in der Regel spätestens bei der Erstellung Ihrer Abschlussarbeit gemacht – dann sollten Sie sich dazu zwingen, nicht nur um des Schreibens Willen Seiten zu produzieren, sondern diese auch in eine sinnfällige Ordnung einzufügen. Nur wenig ist schlimmer, als sich in einen Seitenaspekt zu verrennen, dazu Dutzende Seiten zu schreiben und dabei die Fragestellung aus den Augen zu verlieren. Die notwendige Kürzungsarbeit bei der Überarbeitung ist nicht nur aufwändig, sondern auch schmerzhaft – schließ-lich hatte man ja Zeit und Muße in diesen Abschnitt investiert. Fragen Sie sich also immer wieder: Weshalb schreibe ich diesen Abschnitt? Auf welche Frage antworte ich damit? Welche Rolle spielt der gerade produzierte Text im Gesamt-konzept der Arbeit? Und wenn Sie einen ersten Rohentwurf haben, lassen Sie den Text am besten eine Nacht liegen und gehen am nächsten Tag mit frischem Geist und klarem Überblick über Ihre Ziele an die Überarbeitung.

Der Gegenentwurf zum Schnellschreiber ist der Übervorsichtige. Wenn Sie vor jedem Begriff darüber nachdenken, ob er in dieser Situation angemessen ist, und mit jedem mühsam formulierten Satz gleich wieder unglücklich sind, gehö-ren Sie wohl zu diesem Typus. Für Sie gibt es in diesem Fall nur einen Rat: Augen zu und durch! Der erste Satz kann krumm und schief sein – egal! Hauptsache ist, Sie legen los. Natürlich sollten Sie nicht völlig blind losschreiben. Versuchen Sie stattdessen als Einstieg z.B. dem Leser die logische Reihenfolge der einzelnen Gliederungspunkte deutlich zu machen. Sie führen Ihre Leser dadurch und spin-nen für den eigenen Schreibprozess einen roten Faden. Dann reiht sich Gedanke an Gedanke und Sie legen Ihre Abschnitte nach einem wohlüberlegten Bauplan an. Wenn Sie so vorgehen, kommen Sie in einen Schreibprozess, der viel produktiver ist, als stundenlang vor dem weißen Blatt Papier auf die geniale Formulierung für den ersten Satz zu warten.

Manche Übervorsichtige neigen auch (wie manche Schnellschreiber) dazu, einmal formulierte Sätze nur ungern wieder umzubauen oder Begriffe zu ersetzen. Wenn Sie die Überarbeitung einer Seite mehr als eine halbe Stunde brauchen – verschieben Sie den ganzen Feinschliff ans Ende Ihrer Promotionsphase. Am besten Sie geben dann einzelne Teile auch Ihren Kollegen zum Korrekturlesen – am besten solchen, die weniger zimperlich mit Ihren Formulierungen umgehen, als Sie selbst. Klar ist aber auch: Wenn Sie diesen Weg wählen, sollten Sie mindestens drei Monate für die verschiedenen Überarbeitungsrunden am Ende der Promotionszeit einplanen.

Ein weiterer Hinweis aus unserer persönlichen Erfahrung: Verschieben Sie Layout und Formatierung Ihrer Arbeit auf das Ende des Schreibprozesses.[5] Gerade bei quantitativen Arbeiten, bei denen mit Abbildungen und Tabellen gearbeitet wird, ist es nicht sinnvoll, sich mit Formatierungsarbeiten aufzuhalten. Nutzen Sie doch einfach eine Ihrer persönlichen Tief-Phasen im Forschungsprozess dafür, in ihrem Textverarbeitungsprogramm eine einfache Vorlage für Ihre Tabellen zu erstellen. Mit wenigen Klicks haben Sie dann in der Regel die Tabellen zumindest halbwegs sauber formatiert – der Feinschliff kommt später, spätestens wenn der Verlag Ihnen seine Präferenzen für die Layoutgestaltung übermittelt. Im Schreibprozess halten solche Kleinigkeiten nur auf und Sie verlieren den guten Gedanken oder die gute Formulierung, die Sie gerade im Kopf haben.

Die Work-Life-Balance

Jeder Doktorand hat wie jeder Mensch seinen eigenen, persönlichen Lebensentwurf. Deshalb ist es sehr schwierig, in einem Promotionsratgeber allgemeine Tipps für angehende Politikwissenschaftler zu einer optimalen Work-Life-Balance zu formulieren. Sicher ist nur: Eine Promotionsphase, in der das Privatleben zu kurz kommt und die Dissertation zum einzigen Lebensinhalt wird, führt früher oder später zu Problemen (siehe auch Kapitel 10). Nicht nur der (aktuelle oder potenzielle) Lebenspartner braucht Zuwendung und Zeit, sondern auch die Freunde, die Eltern und nicht zuletzt der eigene Körper und Geist.

---

[5] Für ein Zitierprogramm (z.B. Endnote, Citavi, JabREf) sollten Sie sich aus Effizienzgründen allerdings früh entscheiden und es dann konsequent nutzen.

Natürlich könnte eine Doktorarbeit immer noch ein wenig ausführlicher, noch detailreicher, noch pointierter und besser formuliert sein. Die tägliche Arbeit geht nie automatisch zu Ende. Doch sie darf nicht zur dauerhaften Belastung auch außerhalb der Arbeitszeit werden – denn dann leidet nicht zuletzt auch die Produktivität. Wenn Sie eines Morgens ihren Computer anschalten und keinerlei Lust in sich spüren, das Kapitel zum Forschungsstand im Hinblick auf die Sozialpolitik in Südamerika weiterzuschreiben – machen Sie sich keinen Kopf, das ist normal und kommt immer wieder vor. Wird dieses Gefühl jedoch zum Dauerzustand, bahnt sich ein ernsthaftes Problem an. Dann sollten Sie sich überlegen, ob Sie ausreichend Ausgleich zu Ihrer wissenschaftlichen Tätigkeit haben oder ob die Promotion immer mehr von Ihrer Lebenszeit und -energie auffrisst. Wann waren Sie das letzte Mal einkaufen? Warum steht die Gitarre nur in der Ecke? Wie wäre es mit einem Besuch im Schwimmbad mit Sauna und Massage? Ein Wochenende mit ihrer besseren Hälfte in Weimar? Gönnen Sie sich diese Auszeiten! Sie sind notwendig, damit Sie auftanken können – geistig wie körperlich. Und wenn Sie Gefahr laufen, nur noch für die Arbeit zu leben, dann müssen Sie sich zu diesen Erholungsphasen zwingen. Das geht ganz einfach: Kaufen Sie sich ein Saison-Abonnement fürs Theater oder, wenn Ihnen das näher liegt, für die Spiele Ihres Fußballklubs. Schließen Sie sich einem Sportverein mit festen Trainingszeiten an. Gehen Sie ins Uni-Orchester oder in den Uni-Chor. Diese Ausgleichszeiten zur Arbeit sind immens wichtig, um den eigenen Geist und den Körper im Gleichgewicht zu halten. Außerdem steigern sie, ähnlich wie Pausen während der Arbeitszeit, die Produktivität (s.o.).

Zwei mehr oder weniger frei erfundene Extrembeispiele zur Illustration: Doktorand A sitzt eine Woche lang von 7 bis 22 Uhr im Büro und schreibt an seiner Dissertation Am Montag kommt er noch gut voran, geht aber erst spät, weil er den guten Flow nutzen möchte. Am Dienstag läuft nichts zusammen, er bläst den geplanten abendlichen Kinobesuch ab und versucht sich stattdessen auf den Text zu konzentrieren. Mit mäßigem Erfolg. Dabei denkt er eigentlich die ganze Zeit darüber nach, dass er mit der Absage seine gute Freundin enttäuscht hat. Am Mittwoch und Donnerstag sinkt die Produktivität weiter, Übermüdung und schlechte Laune stellen sich ein: „Ich sitze jeden Abend bis 10 am Rechner und komme trotzdem nicht voran." Und am Freitag ist unser Doktorand unglücklich, weil die gute Freundin auf seine SMS wegen des geplanten Kneipenbesuchs am Samstag schnippisch zurückgesmst hat, sie habe ja am Dienstag Zeit gehabt, jetzt aber am Samstag schon etwas anderes vor. Also verbringt er auch den Samstag im Büro, lässt sich aber von den Spieltagsanalysen auf kicker-online ablenken und versucht das wiederum zu kompensieren, indem er am Sonntagnachmittag erneut ins Büro geht. Dort trifft er die zwei oder drei Mitarbeiter mit dem selben Problem, und weil ja Sonntag ist, holt man erstmal Kaffee und Kuchen. Von der am Wochenende im Büro verbrachten Zeit (nicht aber von der Verbummelung derselben) erzählt er dann lautstark in der Mittagspause am folgenden Montag, damit auch alle wissen, wie fleißig er ist.

Nun zur Alternative, dem Doktoranden B: Er macht abends in der Regel um 18 Uhr Schluss. Zwar lief es am Dienstagvormittag mit der Dissertation nicht blendend, aber der Kinobesuch am Dienstag mit anschließendem Bier bringt ihn auf andere Gedanken und ist ein voller Erfolg (vielleicht wird aus ihm und seiner guten Freundin ja doch noch ein Paar). Am Mittwoch läuft es vor lauter Euphorie mit der Dissertation so gut wie lange nicht mehr. Am Donnerstag bricht unser Doktorand zwar mit seiner eisernen Regel, legt einen längeren Arbeitsabend ein und liest noch einen Text um 20 Uhr auf dem Sofa. Denn morgens hatte ihn ein Artikel aus dem aktuellen Rolling Stone lange von der Dissertation abgehalten. „Okay, eine Ausnahme", sagt er sich. Und am Freitag freut sich Doktorand B auf das Wochenende, setzt sich selbst unter Zeitdruck, weil er das Kapitel noch fertig schreiben will, gerät in eine Schreibwut und klappt um 17 Uhr zufrieden seinen Laptop zu. Klar, der Text muss nochmal überarbeitet werden, aber nun steht er erstmal da. Ein gutes Gefühl.

Für welchen Weg würden Sie sich entscheiden? Und wer ist mit der Dissertation früher fertig? Eben.

Zum Weitersurfen

Schreibtrainer der Uni Duisburg:
  http://www.uni-due.de/schreibwerkstatt/trainer/
„Dissertation Calculator" zur Erstellung eines Zeitplans für die Promotionsphase:
  http://www.lib.umn.edu/help/disscalc/
Online-Mindmapping-Tool zum Brainstormen und Strukturieren:
  http://www.bubbl.us/

Zum Weiterlesen

Allmer, Henning (1996): Erholung und Gesundheit. Göttingen u.a.: Hogrefe.
Esselborn-Krumbiegel, Helga (2008): Von der Idee zum Text. Stuttgart: Schöningh.

Galinsky, Traci/Swanson, Naomi/Sauter, Steven/Hurrell, Joseph/Schleifer, Lawrence (2000): „A field study of supplementary rest breaks for data-entry operators", in: Ergonomics 43:5, 622-638.

Grandjean, Etienne (1969): Fitting the Task to the Man: An Ergonomic Approach. London: Taylor & Francis.

Jachmann, Reinhold Bernhard (1968): Immanuel Kant geschildert in Briefen an einen Freund. Anastat. Nachdr. d. Ausgabe Königsberg 1804. Brüssel: Culture et Civilsation.

Keseling, Gisbert (2004): Die Einsamkeit des Schreibers. Wiesbaden: VS.

Kornmeier, Martin (2009): Wissenschaftliches Schreiben leicht gemacht. Bern u.a.: Haupt.

Litke, Hans-Dieter (2007): Projektmanagement. München: Hanser.

Meier-Knoll, Alfred (1995): Zeitstrukturen des Lebens. München: C.H. Beck.

Ong, Choon Nam (1990): „Ergonomic intervention for better health and productivity: two case studies", in: Sauter, Steven/Dainoff, Marvin/Smith, Michael (Hg.): Promoting Health and Productivity in the Computerized Office. London: Taylor&Francis, 17-27.

Passig, Kathrin/Lobo, Stefan (2008): Dinge geregelt kriegen – ohne einen Funken Selbstdisziplin, Berlin: Rowohlt.

Patzak, Gerold/Rattay, Günter (2008): Projektmanagement. Wien: Linde.

Plümper, Thomas (2003): Effizient Schreiben. München/Wien: Oldenbourg.

Tucker, Philip (2003): „The impact of rest breaks upon accident risk, fatigue and performance: a review", in: Work & Stress 17:2, 123-137.

8   Feedback einholen

Raus aus dem stillen Kämmerlein!
von Stefanie Walter

Häufig wird mit einer Promotion die Vorstellung von jahrelanger Arbeit im stillen Kämmerlein verbunden. Das Gegenteil war bei mir der Fall und aufgrund meiner positiven Erfahrungen würde ich allen Doktorierenden raten, ebenfalls aus ihrem Kämmerlein hervorzukommen. Eine gute Dissertation entsteht durch laufende Interaktion mit dem Doktorvater bzw. -mutter, mit anderen Doktorierenden und mit der wissenschaftlichen Fachwelt. Das bedeutet: Rausgehen, sich und die eigene Arbeit exponieren und lernen, mit Kritik umzugehen – und zwar von Anfang an.

Wer bereits bei der Themensuche und im Frühstadium der Arbeit das Gespräch mit anderen Doktorierenden oder Wissenschaftlern sucht, zwingt sich einerseits, seine Fragestellung und das Thema zu konkretisieren und bekommt andererseits die Möglichkeit, frühzeitig Anregungen aufzunehmen und mögliche Klippen zu umschiffen. Sobald die Arbeit erste Formen angenommen hat, kann diese in einem etwas größeren Rahmen vorgestellt werden. Um dem Ganzen den Schrecken zu nehmen, bietet es sich an, die ersten Präsentationen in institutseigenen Kolloquien oder auf einer Graduiertenkonferenz zu halten. Ziel ist es dabei, möglichst frühzeitig Feedback zur eigenen Arbeit zu bekommen. Wer beizeiten die kritischen Punkte und Stolpersteine sieht, kann diese meist problemlos aus dem Weg räumen, während fundamentale Kritikpunkte an einer fast fertigen Arbeit ein ebenso fundamentales Problem für den Doktoranden darstellen.

Für mich hatte es mehrere positive Effekte, dass ich meine Arbeit seit Ihrer Entstehung immer wieder in unterschiedlichen Foren und vor unterschiedlichem Publikum vorstellen konnte. Zum Ersten konnte ich die Arbeit in einigen Punkten entscheidend verbessern. Zum Zweiten bekam ich neben der Sichtweise meines Betreuers neue Sichtweisen zu meiner Arbeit zu hören. Und schließlich habe ich gelernt, mit Kritik an meiner Arbeit umzugehen – eine unerlässliche Fähigkeit im Wissenschaftsbetrieb. Dazu gehört erstens, Kritik ernst zu nehmen und dazu zu verwenden, die Arbeit zu verbessern, zweitens, die Kritik nicht persönlich zu nehmen, und drittens, ungerechtfertigte Kritik auch unaufgeregt und charmant zurückweisen zu können. Wer dies in einem geschützten Rahmen lernen kann, dem wird es später viel leichter fallen, auch auf einer großen Konferenz die öffentliche Diskussion über die eigene Forschung nicht zu scheuen. Denn dies ist der nächste Schritt: Sobald die Arbeit soweit fortgeschritten ist, dass man darüber ein Konferenzpapier schreiben kann, ist es an der Zeit, Feedback vom (internationalen) Fachpublikum einzuholen. Wenigstens einmal während der Promotionszeit sollte die Arbeit auf einer großen Fachkonferenz vorgestellt werden. Neben einem Test wie gut die eigene Arbeit im internationalen Vergleich „da steht," bieten solche Konferenzen Einblicke in den Wissenschaftsbetrieb und die Möglichkeit zum Netzwerken. Um das Kontaktknüpfen zu erleichtern, hilft es dabei, sich bereits vorher einen Satz zurecht zu legen, der die Fragestellung der Dissertation kurz, knapp und in einer allgemein verständlichen Sprache zusammenfasst.

All dies bedeutet natürlich nicht, dass man die Interaktion mit dem Betreuer vernachlässigen sollte. Im Gegenteil, scheuen Sie sich nicht, Ihren Betreuer um Feedback zu Ihrem Konzept oder zu Teilen der Arbeit zu bitten. Was aber tun, wenn der eigene Betreuer nur Experte für Teile der Doktorarbeit ist, bei anderen Teilen aber wenig weiterhelfen kann? In meinem Fall beispielsweise konnte mein Doktorvater mir viele wertvolle Tipps geben, war aber kein Experte auf dem speziellen Gebiet der Währungspolitik, über die ich promovierte. Ich suchte daher in Absprache mit ihm einen Zweitgutachter, einen amerikanischen Ökonomen, der genau dieses Gebiet abdecken konnte und meine Arbeit durch gezielte Fragen und Kritik sehr viel weiter brachte, als ich es alleine gekonnt hätte. Er ermöglichte es mir auch, mehrere Monate als *visiting scholar* an seiner Universität in Kalifornien zu arbeiten, so dass ich viele neue Impulse aufnehmen und neue Kontakte knüpfen konnte. Auch hier hat sich das „Rausgehen" für mich sehr gelohnt.

Während eine Promotion natürlich immer einsame Phasen beinhaltet, in denen man einfach am Schreibtisch sitzen und sich durch Probleme durchbeißen muss, muss (und sollte) die Promotion an sich also keine einsame Sache sein. Konferenzen geben die Möglichkeit, mit anderen Wissenschaftlern, die sich ebenfalls mit dem verwandten Themen beschäftigen, in Kontakt zu treten. Zudem gibt es an jedem Institut viele Nachwuchswissenschaftler, die in einer ganz ähnlichen Situation stecken und die daher viele wertvolle Tipps geben können – oder zumindest als „Leidensgenossen" die schwierigeren Phasen der Promotion versüßen. Wenn ich auf meine Promotionszeit zurückschaue, sehe ich eine anstrengende, lernintensive, interaktive, manchmal frustrierende, aber insgesamt schöne und befriedigende Zeit. Genau das wünsche ich jedem Doktoranden.

Stefanie Walter ist Juniorprofessorin für Internationale und Vergleichende Politische Ökonomie an der Universität Heidelberg

Wir haben dieses Kapitel unorthodoxerweise direkt mit einem Gastbeitrag begonnen, weil Stefanie Walter darin eine besonders wichtige Botschaft so klar formuliert: Es ist während einer Promotionsphase unerlässlich (oder zumindest können wir uns keine Doktorarbeit vorstellen, die dadurch nicht besser würde), sich von einem sehr frühen Stadium an kontinuierlich und systematisch Feedback einzuholen. Andere nehmen Ihre Arbeit schlicht aus anderen Blickwinkeln oder mit anders (oft einfach besser) geschultem Auge wahr als Sie selbst. Diese Fremdwahrnehmung Ihres Vorhabens brauchen Sie sich selbstverständlich nie zur Gänze zu eigen zu machen, aber sine ira et studio betrachtet dürften die meisten Rückmeldungen wertvolle Anregungen enthalten.

Worum es uns in diesem Kapitel hauptsächlich geht, sind institutionalisierte Formen des Austausches. Darüber hinaus bietet es sich natürlich an, weitere individuelle und informelle Feedback-Mechanismen zu nutzen: Warum nicht am Nachbarlehrstuhl oder an der Nachbaruni fragen, ob man einen Kolloquiumsvortrag halten darf? Warum nicht jungen (oder auch älteren) Wissenschaftlern, die man aus der Literatur zum Thema kennt, einzelne Kapitel mit der Bitte um Kommentierung zusenden? Warum nicht mit anderen Doktoranden ein mehr oder weniger festes Austauschforum über festgefahrene Lehrstuhl- oder Fachbereichsgrenzen hinweg etablieren? Was Ihren Schreibstil und die Klarheit von Argumentationssträngen angeht, sind gerade auch fachfremde Leser geeignete Adressaten für zwischenzeitliche Fassungen Ihrer Arbeit. Ihrer Kreativität sollten auch hier keine Schranken gesetzt sein.[1]

Ein klassischer institutionalisierter Weg, seine Arbeit dem Fachpublikum vorzustellen (und sich nebenbei über aktuelle Entwicklungen in einem spezifischen Themenfeld zu informieren), besteht darin, eine wissenschaftliche Konferenz zu besuchen. Dazu bieten sich insbesondere die Tagungen der Deutschen Vereinigung für Politische Wissenschaft (DVPW) und des European Consortium of Political Research (ECPR) an. Grundsätzlich und etwas vereinfachend lassen sich zwei Arten von Tagungen unterscheiden: Kongresse und Konferenzen (wie z.B. der DVPW-Kongress und die ECPR General Conference) sind in Panels zu unterschiedlichen Themen gegliedert.[2] Im Rahmen eines solchen zwei bis drei Stunden dauernden Panels zu einem bestimmten Oberthema werden in der Regel drei bis fünf Papiere vorgestellt und diskutiert. Arbeitstagungen wie die „Joint Sessions of Workshops" der ECPR sind hingegen anders strukturiert: Hier gibt es mehrere Tage dauernde Workshops zu bestimmten Themenbereichen, in denen alle Teilnehmer reihum eigene Forschungsergebnisse vorstellen. Ohne Paper ist

---

[1] Nebenbei bemerkt ist neben dem Annehmen bzw. Verarbeiten von Feedback auch das Geben von präzisen und möglichst konstruktiven Rückmeldungen etwas, das man während der Promotionsphase (besser) lernen kann.

[2] Mehrere thematisch verwandte Panels werden oft zudem zu einer sogenannten Sektion zusammengefasst.

hier im Gegensatz zu den oben genannten Konferenzen keine Teilnahme möglich. Bei den vorgestellten Papieren handelt es sich meist um Work in Progress – höchst selten um die Präsentation abgeschlossener Forschungsprojekte. Deshalb passen gerade halb- bis dreiviertelfertige Teile Ihrer Dissertation dort besonders gut hin. Und das intensive Miteinander im Workshop garantiert nützliche und fundierte Rückmeldungen – zumal von allen Teilnehmern erwartet wird, die diskutierten Papiere vorab gelesen zu haben. Wichtig: Informieren Sie sich ca. ein Jahr im Voraus über die Workshopliste des jeweiligen Jahres und die Zulassungsmodalitäten zur Joint Session, die in der Regel im Frühjahr stattfindet. Denn damit die Workshop-Leiter aus der Liste von Bewerbern für die begrenzten Plätze in den Workshops auswählen können, muss man sich meistens bereits bis zum 1.12. mit einer Skizze für das eigene Paper um einen Platz bewerben, das die Rolle eines „Abstracts" für Ihr späteres Paper spielen soll (siehe hierzu auch Kapitel 6). Die Komposition dieser Skizze muss indes nicht eins zu eins mit dem Paper übereinstimmen, das Sie später vorstellen – zumindest sind Abweichungen fast häufiger als genaue Entsprechungen. Wenn Sie einen Teil Ihrer Dissertation vorstellen wollen, haben Sie in der Regel die besten Voraussetzungen, um für die Workshops zugelassen zu werden. (Wenn man aus Zeit- oder Ressourcengründen zwischen den beiden Veranstaltungsformen der ECPR wählen muss, so ist für Promovenden sicher insbesondere die Joint Session of Workshops zu empfehlen. Denn in den Kleingruppen eines Workshops kommt es erfahrungsgemäß zu gehaltvolleren Diskussionen als in den Panel-Sessions bei einer General Conference.)

Noch internationaler geht es auf den Konferenzen der American Political Science Association (APSA) zu. Auf dem jährlichen Annual Meeting treffen sich viele renommierte Politologen aus den USA und der übrigen Welt. Die Meetings stehen in der Regel unter einer bestimmten Überschrift – 2010 etwa: „The Politics of Hard Times: Citizens, Nations, and the International System under Economic Stress." Die einzelnen Divisions der APSA (zum Beispiel: Political Economy, Normative Political Theory oder Politics and History) bieten dann Panels in ihrem Fachgebiet an, die sich im engeren oder weiteren Sinne mit dem Oberthema der Konferenz beschäftigen. Daneben gibt es noch eine Vielzahl von weiteren Panels von sogenannten „Related Groups", die sich mit spezielleren Themen (etwa politische Systeme Asiens) beschäftigen und ebenfalls der APSA angegliedert sind. Wichtig, falls Sie mit dem Gedanken spielen, am Annual Meeting teilzunehmen: Melden Sie sich frühzeitig an und kümmern Sie sich rechtzeitig um die Finanzierung (siehe hierzu Kapitel 5). Für das Jahrestreffen im September

2010 lief die Frist, bis zu der Sie Ihr Abstract auf den APSA-Server hochladen konnten, zum Beispiel schon Mitte Dezember 2009 ab.[3]

Zurück nach Deutschland: Die wichtigste Fachmesse der deutschen Politikwissenschaft ist ohne Zweifel der DVPW-Kongress. Er findet alle drei Jahre statt und ist das große Rendez-vous (fast) aller deutschen Politikwissenschaftler. Zwar steht er jeweils unter einem mehr oder weniger breiten thematischen Leitmotiv, de facto sind dort aber Vorträge aus allen Bereichen der Politikwissenschaft zu hören. Eine Teilnahme am DVPW-Kongress ist aus mindestens drei Gründen dringend zu empfehlen: Erstens kann man dort wie auf allen Konferenzen Rückmeldungen zur vorgestellten eigenen Forschungsarbeit bekommen. Bedeutender aber sind die weiteren beiden Gründe: Zweitens nämlich ist der DVPW-Kongress die ideale Gelegenheit, Namen, die man aus der Literatur oft schon lange kennt, mit Gesichtern in Verbindung zu bringen. Und drittens kann man kaum an einem anderen Ort die eigene Arbeit so umfassend in Bezug zu der anderer Politikwissenschaftler setzen: „Wow, so würde ich auch gerne vortragen können", „Na, der kocht aber auch nur mit Wasser..." oder „Das hätte ich aber besser gekonnt" sind typische, je nach Temperament offen geäußerte oder nur innerlich empfundene Reaktionen, aus denen man sich ein Mosaik der politikwissenschaftlichen Landschaft zusammensetzen kann.

Zwischen den Kongressen veranstalten die DVPW bzw. ihre Sektionen und Arbeitskreise diverse themenspezifische Tagungen, die ebenfalls sehr zu empfehlen und in Bezug auf die Qualität und Tiefe von Diskussion und Feedback vermutlich höher einzuordnen sind als der DVPW-Kongress selbst.

Vertrauen Sie auf Ihr Bauchgefühl!
von Sigrid Leitner

Als ich im Herbst 1993 mein Dissertationsthema „Männer und Frauen im Wohlfahrtsstaat" wählte, stand dahinter die Beobachtung, dass offensichtlich unterschiedliche Wohlfahrtsstaaten zu unterschiedlichen Ergebnissen hinsichtlich der Gleichstellung der Geschlechter kommen. Die international vergleichende feministische Wohlfahrtsstaatsforschung befand sich zu dieser Zeit noch in ihren Anfängen und arbeitete sich an der 1990 publizierten Wohlfahrtsstaatstypologie von Gøsta Esping-Andersen ab, in der die Kategorie Geschlecht praktisch keine Rolle spielte. An meiner *alma mater*, der

---

[3] Internationaler, exotischer, wenn auch meist teurer und nicht ganz so renommiert sind die Konferenzen des Weltpolitologenverbandes International Political Science Association (IPSA). Auch auf deren Ankündigungen und Ausschreibungen lohnt ein regelmäßiger Blick.

Universität Wien, war die feministische Politikwissenschaft gerade erst im Aufbau und keine Expertise zum Thema greifbar. Gleichwohl ermunterte mich mein Doktorvater, Prof. Emmerich Tálos, dankenswerter Weise zu meiner Themenwahl.

Für mich stellte sich die Frage, woher die unterschiedlichen geschlechtsspezifischen Wirkungen von Sozialpolitik rühren und wie sie analytisch zu fassen wären. Ich stieg zunächst in die Diskussion um die Konstruktion der Kategorie Geschlecht ein und es gelang mir lange Zeit nicht, diese theoretische Auseinandersetzung auf die Sozialpolitikanalyse herunterzubrechen. Ein Gefühl der Ohnmacht überfiel mich in Forschungskolloquien, wenn ich die Konzeption meines Promotionsvorhabens erläutern sollte. Ich wusste tief in meinem Inneren, dass ich an einer interessanten Forschungsfrage arbeitete, aber ich konnte dieses „Bauchwissen" meiner Umwelt nicht vermitteln. Eine schreckliche Sprachlosigkeit und damit einhergehend eine starke Verunsicherung waren die Folgen.

Durch Zufall kam ich etwa ein Jahr später in Kontakt mit dem AK Politik und Geschlecht in der DVPW und hatte so ein erstes Netzwerk des Austauschs gefunden. Dies ermöglichte mir letztendlich die Entwicklung meiner Sprache in Bezug auf mein Dissertationsprojekt und gab mir mein Selbstvertrauen zurück.

Was ich den heutigen Promovierenden mit auf den Weg geben möchte: Vertrauen Sie auf Ihr Bauchgefühl und suchen Sie sich frühzeitig ein thematisches Netzwerk!

Sigrid Leitner ist Professorin für Sozialpolitik an der Fachhochschule Köln

Nun fragen Sie sich sicher, ob das denn wirklich so sinnvoll ist, als kleiner Promovend an einem politikwissenschaftlichen Institut in Deutschland in die weite Welt zu ziehen und sich den gierigen Löwen unter den Top-Wissenschaftlern zum Fraß vorzuwerfen. Unsere Meinung dazu ist ganz eindeutig: Ja, trauen Sie sich! Erstens hat jeder Verständnis dafür, dass Sie als Nachwuchswissenschaftler noch nicht alle Tücken des Faches kennen. Zweitens sind die meisten großen und mittelgroßen Namen der Politikwissenschaft keine hinterhältigen Bösewichte, die nichts lieber tun als Ihr mit viel Liebe gezimmertes Paper in der Luft zu zerreißen. Im Gegenteil: Professoren freuen sich in der Regel über neue Gesichter und sind häufig bereit, sich mit Ihnen auch nach dem Workshop nochmals zusammen zu setzen und Ihre Forschungsideen zu besprechen. Und wenn Sie dann bei der Diskussion Ihres Artikels doch richtig contra kriegen sollten: Nehmen Sie es als Training! Schließlich wartet noch eine Abschlussprüfung auf Sie – sei es Rigorosum, Disputation oder eine Mischung aus beidem – bei der es ebenfalls streckenweise hoch her gehen kann und Sie in der Lage sein sollten, professionelle Gelassenheit im Umgang mit heftigeren Infragestellungen zu demonstrieren (siehe das abschließende Kapitel). Und: Nehmen Sie es als Auszeichnung! Kritik zeigt immer auch, dass Sie und Ihre Forschungen in der wissenschaftlichen Community ernst genommen werden.

Neben den Konferenzklassikern gibt es zahlreiche Tagungen und Netzwerke speziell für Nachwuchswissenschaftler, die für den Einstieg besonders gut geeignet sind (und ggf. auch schon mit früheren Abschlussarbeiten genutzt werden können). Eine vollständige Abdeckung dieser überaus nützlichen Foren kann hier nicht geleistet werden, aber beispielhaft verwiesen sei auf die Nachwuchsgruppe der Sektion Internationale Politik in der DVPW, das Forum Junge Staatswissenschaft, die ECPR Graduate Conference und den jährlichen Nachwuchsworkshop der AG Sozialpolitik der Schweizerischen Vereinigung für Politische Wissenschaft (SVPW).

Ein Bereich, der an vielen Universitäten in den vergangenen Jahren im Rahmen der Curricularisierung der Promotionsstudiengänge ausgebaut wurde, betrifft die Zusammenarbeit zwischen Fachbereichen, Fakultäten und Instituten. Interdisziplinäre Workshops werden mittlerweile häufig angeboten – sei es als Zusatzangebot oder im normalen Vorlesungs- und Seminarumfeld. Auch wenn es ohne Zweifel einer gewissen mentalen Umstellung bedarf, um mit Juristen über politikwissenschaftliche Probleme zu diskutieren – der Blick auf das eigene Forschungsproblem aus einer ganz anderen Warte ist durch nichts zu ersetzen. Mehr noch: Auf diese Weise entstehen häufig Innovationen und neue Forschungszugänge. Warum sollte man in der Vergleichenden Policy-Analyse eigentlich keine Variable für die Art des Rechtssystems (code civil versus common law) in die Regressionsanalyse aufnehmen? Warum sollte man Wahlverhalten nicht mithilfe physikalischer Modelle zur Analyse von Beziehungen zwischen Atomen untersuchen? Auf solche Ideen kommen Politologen nur selten, wenn Sie in ihrem eigenen Saft schmoren. In interdisziplinären Seminaren wird man jedoch systemtisch mit solchen Fragen konfrontiert. Auf den ersten Blick scheinen sie meist absurd. Auf den zweiten Blick dann jedoch häufig überlegenswert. Und auf den dritten Blick machen sie zuweilen die besondere Innovation einer Doktorarbeit aus.

Schließlich gibt es natürlich noch die Möglichkeit, Teile der Dissertation während des Schreibprozesses zu einem Zeitschriftenartikel umzubauen und bei einem begutachteten wissenschaftlichen Journal einzureichen (siehe hierzu auch Kapitel 11). Feedback erhalten Sie, nach Aufnahme in das Begutachtungsverfahren, durch das Peer-Review-Verfahren – Ihr Manuskript geht also, nach Entscheidung der Redaktion über die grundsätzliche Annahme, anonymisiert an zwei Gutachter. Aus den Gutachten der Reviewer können Sie dann in der Regel wertvolle Hinweise für die eigene Arbeit ableiten. Natürlich gibt es im Hinblick auf die Qualität der Gutachten erhebliche Unterschiede: Mancher macht sich die Mühe, selbst Fußnoten genau zu inspizieren; ein anderer gibt nur allgemeine Kommentare zur Ausrichtung des Papers; und schließlich muss man auch mit ungerechtfertigter Kritik rechnen – etwa, wenn der Gutachter einen bestimmten Winkelzug Ihrer Argumentation nur unvollständig gelesen hat oder eine ausgefeilte statistische Methode schlicht versteht. Dennoch: Aus jedem Gutachten lassen sich wichtige Informationen für Ihre Arbeit ziehen. Gehen Sie die Gutachten Punkt für Punkt durch und prüfen Sie, ob ein Einwand so weit geht, dass er auch auf Ihre Dissertation durchschlägt. Wenn Sie solche Kritikpunkte finden, sollten Sie die entsprechenden Stellen in Ihrer Doktorarbeit überarbeiten. Je fundamentaler die Einwände, umso mehr Umbauten sind notwendig. Wenn die Überarbeitung der Dissertation jedoch nicht mehr oder nur mit unverhältnismäßigem Aufwand möglich ist, können Sie sich unter Umständen auch dafür entscheiden, an der neuralgischen Stelle nur darauf hinzuweisen, dass man auch anderer Meinung sein kann. Sie sollten aber in diesem Fall damit rechnen, dass der Kritikpunkt der Gutachter auch in der Disputation zur Sprache kommen wird. Zumindest sind Sie aber dann darauf vorbereitet.

Zum Weitersurfen

Homepage der ECPR:
  http://www.ecprnet.eu
American Political Science Association:
  http://www.apsanet.org/index.cfm
IB Nachwuchsgruppe:
  http://www.ib-nachwuchsgruppe.de/

Zum Weiterlesen

Fengler, Jörg (2009): Feedback geben: Strategien und Übungen, Weinheim: Beltz.

9 Weiterbildung und Methodenschulung

Ob Sommerkurse, Methodenschulungen oder Konferenzen – die Promotionsphase bietet mannigfaltige Möglichkeiten für Doktoranden, sich weiterzubilden und zusätzliche Fähigkeiten und Fertigkeiten zu erlernen. Dies ist eine große Chance, denn im späteren Berufsleben – sei es in der Wissenschaft oder außerhalb – sind solche Kompetenzen ein großes Plus.

Das Ziel dieses Kapitels ist es, einen Überblick über die vielfältigen Qualifikationsmöglichkeiten zu geben, die sich während der Promotionsphase ergeben. Grundsätzlich lassen sich zwei Möglichkeiten der Weiterbildung unterscheiden: Zum einen sind dies Schulungen, bei denen Sie als Promovend Fähigkeiten erlernen, die Ihnen konkret in der Promotionsphase weiterhelfen bzw. für eine Karriere in der Politikwissenschaft förderlich sind. Hierzu zählen insbesondere Methodenschulungen. Zum anderen gibt es auch Veranstaltungen, die Ihnen allgemeinere Kompetenzen vermitteln. Diese meist mit dem Schlagwort „Schlüsselqualifikationen" überschriebenen Fähigkeiten nützen Ihnen zwar auch schon während Ihrer Promotionszeit; sie führen aber in der Regel über das spezifische Feld von Wissenschaft und Forschung hinaus und lassen sich ganz allgemein im späteren Berufsleben anwenden.

Entsprechend dieser inhaltlichen Zweiteilung der Qualifikationsmöglichkeiten ist dieses Kapitel strukturiert. Es gibt zunächst einen Überblick über forschungsspezifische Qualifikationsmöglichkeiten und diskutiert dann, welche sonstigen allgemeinen Gelegenheiten zur Weiterbildung existieren.

Forschungsspezifische Weiterbildung

Methodenschulung

Auch wenn die Erstellung einer Magister-, Master-, Diplom-, oder Staatsexamensarbeit bereits mit wissenschaftlichem Arbeiten verbunden ist: Die Forschung am Thema der Promotion geht über diese ersten wissenschaftlichen Gehversuche weit hinaus. Dies bedeutet für viele Promovenden, sich intensiver als bisher mit Methodenfragen auseinander zu setzen (vgl. Kapitel 6). Wer etwa im

Bereich der Vergleichenden Regierungslehre forscht und in der Magisterarbeit noch mit einfachen Korrelationen von Indikatoren oder mit Querschnittsregressionen gearbeitet hat, von dem wird in der Dissertation häufig der Einsatz von elaborierteren Analysetechniken verlangt – etwa von gepoolten Zeitreihenanalysen, nicht-linearen Verfahren oder Mehrebenenanalysen. Ähnliches gilt für qualitative Forscher, die sich in der qualitativen Inhaltsanalyse oder Spielarten der Diskursanalyse weiterbilden sollten. Eine Reflexion der eingesetzten Methoden und eine gewisse Versiertheit bei deren Anwendung sind Voraussetzungen für eine gelungene Doktorarbeit.

Nun stehen viele Doktoranden, die den Methodenteil ihrer Studienabschlussarbeit noch mit Literatur aus den Einführungswerken bestritten haben, vor einer scheinbar schier unüberwindbaren Hürde und stellen sich folgende Frage: Wie kann ich mir innerhalb kurzer Zeit die notwendigen methodischen Kenntnisse aneignen? Unsere Antwort mag Ihnen zunächst befremdlich oder wie eine Zumutung erscheinen: Denn unseres Erachtens ist das in diesem Moment gar nicht Ihr wichtigstes Problem bzw. der erste Punkt auf Ihrer Agenda. Vielmehr sollten Sie sich in einem ersten Schritt Gedanken über ihre methodologischen Grundpositionen machen. Dazu sollten Sie sich zunächst Orientierungswissen über die Grundannahmen hinter unterschiedlichen methodischen Zugängen verschaffen und für sich persönlich das jeweilige Für und Wider sowie die daraus folgenden Vor- und Nachteile abwägen (siehe auch Kapitel 6). In dieser Phase sollten Sie sich auch fragen, ob es zur Lösung Ihres Forschungsproblems sinnvoll sein könnte, unterschiedliche Methoden zu kombinieren (Triangulation), oder ob es eine einzelne Methode gibt, die sich besonders gut für die Analyse eignet.

In einem zweiten Schritt können Sie dann auf Basis dieser Richtungsentscheidung tiefer in einzelne Verfahren einsteigen, sich Detailkenntnis von einzelnen Verfahren erarbeiten und sich darüber Gedanken machen, wie Sie Ihr Wissen und Ihre Fertigkeiten weiter verfeinern. Hierbei besteht eine Schwierigkeit darin, dass weiterführende und vertiefende Seminare zur quantitativen Inhaltsanalyse, Diskursanalyse oder Spieltheorie an deutschen Universitäten häufig nicht zum Standard-Angebot gehören. Wie ist die Weiterbildung in Methodenfragen außerhalb des Promotionsstudiums an der Heimuniversität also möglich?

Der einfachste Weg, um zum profunden Methodenkenner zu werden, besteht darin, sich einen Kompaktkurs in der entsprechenden Methode zu verabreichen. Besonders geeignet sind dazu die Summer Schools des European Consortium of Political Research (ECPR), die in den Sommersemesterferien stattfinden. Die ECPR bietet zwei große methodenspezifische Sommeruniversitäten an: Zum einen die „Essex Summer School of Methods and Data Collection" an der Universität von Essex in der Nähe der südenglischen Stadt Colchester; zum anderen die „Summer School in Methods and Techniques" an der Universität der slowenischen Hauptstadt Ljubljana.

Zunächst nach England: Die Essex Summer School ist *die* traditionelle Methoden-Sommeruniversität der ECPR, sie existiert seit mehr als 40 Jahren und ist eine Großveranstaltung mit über 250 Teilnehmern in jeder der drei zweiwöchigen *sessions*. Studierende, Doktoranden und Forscher aus unterschiedlichen Bereichen der Sozialwissenschaften sitzen gemeinsam in Kursen auf dem entlegenen Campus in Colchester und brüten über methodischen Problemen. Die klassischen Kurse dauern zwei Wochen, manche Seminare jedoch auch nur eine Woche. Insgesamt läuft die Summer School sechs Wochen lang (drei *sessions* à zwei Wochen). Inhaltlich bietet die Essex Summer School ein sehr breites Themenspektrum. Quantitative Forscher finden alles von Einführungskursen wie der „Introduction to Regression"[1] bis hin zu Seminaren, die sich mit Strukturgleichungsmodellen befassen. Und wer qualitativ arbeitet, kommt ebenfalls auf seine Kosten – etwa bei Seminaren zu Interviewtechniken, zur Diskursanalyse oder Beobachtungsmethoden (teilnehmend und nicht-teilnehmend). Die Dozenten der Seminare sind Spezialisten für die jeweiligen Methoden. Sie werden meistens von *Teaching Assistents* begleitet, die praktische Anwendungsübungen zu den einzelnen Methoden anleiten – etwa mithilfe von Softwareprogrammen am Computer. Wer sich noch mit der entsprechenden Software für seine Analysemethode vertraut machen muss, kann sich in Essex auch in die entsprechenden Einführungskurse einschreiben. In der Regel bietet die Summer School Einführungen in STATA, R, SEM oder MPlus an.[2] Und wer sein Mathematik-Wissen auffrischen will, kann das Seminar „Mathematics for Social Scientists" belegen, das morgens früh angeboten wird und deshalb nicht mit den anderen Seminaren kollidiert.

Seit einigen Jahren haben die Sommerkurse der ECPR in Essex eine interne Konkurrenzveranstaltung: Die ECPR Summer School in Methods and Techniques in Ljubljana. Der formale Unterschied zur Methodenschulung in Essex besteht darin, dass die Summer School in Ljubljana nur zwei Wochen lang läuft. Daneben lässt sich, auch aufgrund der methodischen Ausrichtung der Organisatoren, ein etwas „kritischeres" Herangehen an wichtige (v.a. statistische) Methoden der Politikwissenschaft ausmachen (dazu auch: Kittel 2005). Aufgrund der kürzeren

---

[1] Nur dafür lohnt sich der Aufwand eher nicht.
[2] Es kann sicher auch nicht schaden, wenn Sie einen entsprechenden Einführungskurs schon vor der Abreise am Rechenzentrum Ihrer Heimatuniversität belegen.

Dauer der Sommeruniversität in Slowenien ist die Auswahl an Kursen kleiner, wobei Seminare zu zentralen Methoden der Politikwissenschaft wie multiple Regressionsanalyse, Spieltheorie oder Experteninterviews in der Regel angeboten werden. Die Seminare dauern entweder eine oder zwei Wochen. Wer ein einwöchiges Seminar belegt, kann sich in der zweiten Woche in einen anderen Kurs einschreiben. Zudem haben die Teilnehmer in den Tagen vor dem Beginn des eigentlichen Programms die Möglichkeit, ein Blockseminar zur Einführung in statistische Softwarepakete (SPSS, R) oder einen Auffrischungskurs zur Mathematik und Inferenzstatistik zu belegen. Ähnlich wie bei der Essex Summer School sind die Seminare in Ljubljana sehr praxisorientiert ausgelegt: Es werden nicht nur theoretische Fragen der Methode diskutiert, sondern man analysiert selbst Datensätze am Computer oder wendet die erlernten Fähigkeiten anderweitig sofort an.

Grundsätzlich gilt also: Beide großen Sommeruniversitäten der ECPR bieten hervorragende Möglichkeiten, um sich methodisch für die Promotion fit zu machen. Darüber hinaus kann man, wenn man auf den Methoden-Geschmack gekommen ist, durch mehrmaligen Besuch der Essex Summer School ein „Diploma in Social Science Data Analysis" oder, darauf aufbauend, einen Master erwerben.[3] In Ljubljana gibt es ECTS-Punkte für die Seminarteilnahme, wobei die Zahl der Punkte davon abhängt, wie viele Leistungen man während des Kurses erbringt.

Klar ist: Der Besuch der sommerlichen Methodenausbildung ist sowohl in Essex wie auch in Ljubljana eine sehr arbeitsintensive Zeit. Die Teilnahme ist unbedingt zu empfehlen, wenn man sich in kurzer Zeit mit einer neuen Methode vertraut machen oder alte Kenntnisse auffrischen will. Ohne eine inhaltliche Vorbereitung auf die Summer Schools und weiteres, eigenständiges wie ggf. angeleitetes Nachdenken über methodologische und methodische Fragen ist der Nutzen für die Promotionsphase jedoch nur begrenzt (siehe auch den Gastbeitrag von Bernhard Kittel). Und wer hofft, neben dem Studium in den Sommerferien noch ein wenig Urlaub in Südengland zu machen, wird ebenfalls von Essex enttäuscht sein. Außer einem gelegentlichen Pub-Besuch im nächsten Dorf Wivenhoe bietet die Uni den Charme von Sichtbeton und Studentenwohnheim. Zudem warten abends Hausaufgaben. Ähnliches gilt für Ljubljana, auch wenn dort die Auswahl an netten Bars und Restaurants ungleich höher ist als in der englischen Provinz. Gleichzeitig hat die geringe Ablenkung aber auch ihre Vorteile: Denn die freien Stunden eignen sich hervorragend, um mit anderen Promovierenden

---

[3] Dazu reicht jedoch nicht, wie sonst, die Teilnahme an den Methodenseminaren aus. Zusätzlich muss man auch Klausuren bzw. eine Hausarbeit schreiben.

die Probleme der aktuellen Forschungsarbeit zu diskutieren – und dabei geht es meist um weit mehr als nur um Methodenfragen.

Der Besuch der beiden großen methodenspezifischen Sommeruniversitäten der ECPR ist natürlich mit Kosten verbunden. Neben Anreise und Unterkunft müssen die Teilnehmer auch die Kosten für die Seminare finanzieren. Und die Kursgebühren haben es – für ein studentisches Budget – durchaus in sich (Tabelle 5).

Tabelle 5:   Kosten für die Teilnahme an Summer Schools (2009)

	Kursgebühr für zweiwöchigen Kurs von Uni-Angehörigen	Unterkunft im Studentenwohnheim für zwei Wochen
Essex	900 brit. Pfund (rd. 1000 Euro)	273 brit. Pfund (rd. 300 Euro) für Einzelzimmer in WG mit Kochgelegenheit
Ljubljana	590 Euro (840 Euro*)	530 Euro (Einzelzimmer) 290 Euro (Doppelzimmer), jeweils ohne Kochgelegenheit

Anmerkung: * Teilnehmer von Hochschulen, die nicht ECPR-Mitglieder sind.

Ein Vergleich der Kosten für die Teilnahme an den beiden großen ECPR-Summer-Schools zeigt jedoch auch, dass sich der Unterschied zwischen den Kursgebühren in Essex und Ljubljana in Grenzen hält. Für einen zweiwöchigen Kurs und Unterkunft muss man als Student normalerweise mehr als 1000 Euro bezahlen. Aber keine Sorge: In der Regel ist es bei frühzeitiger Bewerbung möglich, Kurzstipendien für solche Methodenausbildungen einzuwerben. Eine gute Adresse hierfür ist der Deutsche Akademische Auslanddienst (DAAD).[4] Er unterstützt Graduierte, wenn sie sich im Ausland weiterbilden. Über ein „Fachkursstipendium" gewährt der Auslandsdienst einen Zuschuss zu den Kursgebühren bis zu 650 Euro sowie Zuschüsse zu Aufenthalts- und Reisekosten. Wichtig: Wer in den Genuss des Geldes vom DAAD kommen will, muss den Antrag spätestens drei Monate vor Kursbeginn an den DAAD schicken. Schließlich gibt es bei der ECPR selbst ebenfalls die Möglichkeit, Zuschüsse zu Reisekosten und Kursgebühren zu erhalten. Aus dem „Mobility Fund" erhalten Doktoranden von ECPR-Mitgliedshochschulen, die nicht an einer Universität beschäftigt sind, einen Zuschuss zu den Ausgaben für Reise und Unterkunft. Und der „Scholarship fund" übernimmt einen Teil der Kursgebühren – bis zu einer Höhe von 150 Euro (für die beiden großen Summer Schools). Wichtig: Informieren Sie sich rechtzeitig auf

---

[4] Die Deutsche Forschungsgemeinschaft (DFG) fördert eine Teilnahme „an wissenschaftlichen und technischen Kurzlehrgängen im In- und Ausland" sowie die „Teilnahme an wissenschaftlichen Ferienkursen/Sommerschulen" seit 2009 leider nur noch für bereits Promovierte.

der Homepage der ECPR über die Bewerbungsfristen und holen Sie sich frühzeitig die notwendigen Unterlagen ein. Überdies gibt es vielleicht ja auch in ihrem Forschungsprojekt, an Ihrem Lehrstuhl oder Ihrem Institut einen Topf, den Sie für Weiterbildungsmaßnahmen anzapfen können.

Neben den beiden großen Summer Schools in Essex und Ljubljana finden unter dem Dach der ECPR noch einige kürzere Methodenschulungen statt. Bei der *Quantilille* handelt es sich dabei um eine französischsprachige Sommeruniversität, die im nordfranzösischen Lille stattfindet. Die angebotenen Kurse variieren jedes Jahr thematisch. In 2009 fanden zum Beispiel zwei Seminare statt: das erste befasste sich mit statistischen Methoden der Datenanalyse (z.B. Regressionsanalyse), das zweite mit der quantitativen Analyse von biografischen Daten. Außerdem kann man sich in den Semesterferien im Frühjahr in Kurzlehrgängen in Köln und in Oxford ebenfalls mit aktuellem Methodenwissen eindecken. Das Kölner „Spring Seminar" der GESIS bietet Methodenschulungen zu einem Oberthema an – im Frühjahr 2010 etwa zu Fragen der Modellbildung mit latenten Variablen. Unter dieser Überschrift finden dann drei einwöchige Kurse mit unterschiedlichen Referenten und verschiedenen thematischen Schwerpunkten statt. Die Kursgebühr für eine Woche betrug 2010 rund 240 Euro – Studenten ohne Festanstellung zahlten ein Drittel weniger. Inhaltlich wechseln sich in den Kursen Vorlesungen mit praktischen Übungen am Computer ab – ähnlich wie in anderen Methodenschulungen. Ebenfalls im Frühjahr treffen sich in Mittelengland Politologen zur Methodenausbildung. Die Spring School in Oxford setzt sich aus verschiedenen Kurzschulungen zusammen und befasst sich immer mit einem konkreten Thema aus dem Bereich der quantitativ-statistischen Datenanalyse. Wer an einer Universität arbeitet oder eingeschrieben ist, zahlt 100 Euro pro Tag. Einführungen in die Anwendung von statistischen Software-Paketen sieht das Programm ebenfalls vor.[5]

Diese Übersicht über die wichtigsten Methodenkurse zeigt: Wenn Sie als angehender Doktorand glauben, dass Ihre methodischen Kenntnisse so lückenhaft sind, dass sie für die Untersuchung Ihrer Forschungsfrage ein schwerwiegendes Problem darstellen – lassen Sie sich nicht entmutigen! Wenn Sie sich im Selbststudium einen ersten Überblick verschafft haben, gibt es eine ganze Reihe von

---

[5] Natürlich gibt es unüberschaubar viele weitere Angebote. Etwas spezieller, aber vorbildlich Brücken bauend z.B. die Empirical Implications of Theoretical Models (EITM) Summer School, die 2010 zum zweiten Mal in Mannheim stattfindet. Noch internationaler als auf den ECPR-Schulungen geht es im „Summer Program in Quantitative Methods of Social Research" des Inter-University Consortium for Political and Social Research (ICPSR) zu, das jährlich an der University of Michigan (Ann Arbor) stattfindet.

Möglichkeiten, um sich mithilfe von Intensivkursen methodisch auf den neusten Stand zu bringen (und, wenn man dort etwas nach rechts und links schaut, auch den Horizont erheblich zu erweitern). Oftmals wissen Sie dann nicht nur so gut Bescheid, dass Sie den Methodenteil der Dissertation mit gutem Gewissen schreiben können, sondern Sie werden von Ihrem Doktorvater womöglich schnell als Methodenexperte angesehen und entsprechend eingesetzt.

Eine Frage grundsätzlicher Art stellt sich jedoch noch: Zu welchem Zeitpunkt im Forschungsprozess ist der Besuch einer (und: welcher) Methodenschulung zu empfehlen? Im Prinzip gibt es darauf keine eindeutige Antwort – denn mehr über Methoden zu erfahren, ist immer sinnvoll. Betrachtet man die Frage jedoch unter der Vorgabe, einen möglichst effizienten Weg zur Dissertation zu beschreiten, glauben wir, dass die Teilnahme an einer Summer School an zwei Stellen im Promotionsprozess eher ungünstig ist: ganz am Anfang des Promotionsvorhabens, wenn man noch keinerlei Orientierung über die Herangehensweise an das Forschungsproblem hat, sowie ganz am Ende der Promotionsphase, wenn man sich (zumindest implizit) schon für eine Methode entschieden hat und die Auswertung bereits in Teilen gelaufen ist. Im Umkehrschluss bedeutet dies: Fahren Sie am besten dann nach Essex oder Ljubljana, Köln oder Oxford, wenn Sie wissen, wohin Sie mit Ihrer Arbeit wollen und welche Methode Sie benötigen, um zum Ziel kommen. Optimal ist es, wenn man beim Besuch der Methodenkurse bereits einen eigenen Datensatz zur Verfügung hat. Dann haben Sie den großen Vorteil, die während der Summer School erarbeiteten Fähigkeiten abends an den eigenen Daten umsetzen zu können. Sprich: Sie erlernen nicht nur eine Methode, sondern Sie kommen gleichzeitig ganz konkret mit der Dissertation voran.

Weiterbildung im eigenen Forschungsbereich

Neben den Methodenschulungen der unterschiedlichen politikwissenschaftlichen Organisationen ist es für Doktoranden sehr sinnvoll, sich im eigenen Forschungsfeld weiterzubilden. Feedback zum eigenen Forschungsprozess (oder zu ersten Ergebnissen), Diskussionen mit anderen Forschern, die über ähnlichen Problemen brüten, oder Schulungsseminare bei einer Koryphäe im eigenen Themenbereich sind in der Regel sehr hilfreich.[6] Denn Sie bekommen auf solchen Veranstaltungen nicht nur den Ober-Guru im Bereich der Forschungen zu Südostasien persönlich zu Gesicht, sondern Sie können ihn in der Kaffeepause mit etwas Glück in ein Gespräch verwickeln und mit einer Frage konfrontieren, die Ihnen

---

[6] Solche Möglichkeiten ergeben sich beispielsweise, wenn ihr Institut Wissenschaftler von anderen Universitäten zu Gastvorträgen, Workshops oder Kolloquien einlädt.

gerade auf den Nägeln brennt. Daneben haben Sie in der Regel die Möglichkeit, sich mit anderen Nachwuchsforschern auszutauschen. Aus solchen Diskussionen entspringen oft die besten Ideen für ein Dissertationsprojekt oder eine andere Herangehensweise an ein Problem. Denn Forscher aus einem ähnlichen Themenfeld kennen sich mit Ihrem Forschungsproblem in der Regel gut aus, ohne – wie Sie selbst – über beide Ohren im empirischen Material zu stecken. Ein solcher gut geschulter Blick von außen ist durch nichts zu ersetzen.

Wo treffen Sie diese Leute? Eine Möglichkeit ist es, sich zu einem der themenspezifischen Sommerkurse der ECPR anzumelden. Die Standing Groups – also die Fachausschüsse der ECPR – bieten jedes Jahr solche Sommeruniversitäten an. In der Regel sind sie kürzer als die Methoden-Summer-Schools und kosten auch weniger Geld. Für den Sommerkurs zum Föderalismus im Sommer 2009 mussten die Teilnehmer um die 400 Euro (Kursgebühr, Unterkunft und Verpflegung) zahlen. Er lief über eine Woche. Im Hinblick auf die thematische Ausrichtung decken die Sommerkurse ein breites Feld ab – manche Fachgebiete werden jedoch auch eher stiefmütterlich behandelt, etwa der Bereich der Politischen Theorie. Ein Beispiel ist folgender Überblick über die Sommeruniversitäten der Standing Groups aus dem Sommer 2009:

- Summer School on Analytical Politics & Public Choice
- Summer School on Federalism and Regionalism
- European International Relations Summer School
- Summer School in Local Government Studies
- Summer School on Organised Crime
- Summer School on European Parties and Party Systems

Sofern es kein für Sie passendes bereits bestehendes Angebot gibt, lohnt es sich vielleicht, darüber nachzudenken, wie man dieses selbst einrichten könnte. Vielleicht gibt es an Ihrer Fakultät oder an Ihrem Institut durchaus Mittel, um einen Experten für zwei bis drei Tage einzuladen, und es fehlen lediglich Anstöße? Sprechen Sie die Entscheidungsträger an und machen Sie ihnen Vorschläge! Ebenfalls denkbar wäre es, sich einem Granden der für Sie relevanten Teildisziplin für einen individuell gestalteten Gastaufenthalt anzudienen. Achten Sie in diesem Fall besonders auf die konkrete Klärung der jeweiligen Vorstellungen aller Beteiligten, nicht dass sie nachher einfach 2000 Kilometer von zuhause alleine in einem anderen Büro sitzen.

Allgemeine Weiterbildung: Schlüsselqualifikationen, Kernkompetenzen und Lehre

Die vielerorts zu beobachtende aktuelle Umgestaltung des Promotionsstudiums hat meist auch zum Ziel, neben einer stärkeren Strukturierung und Interdisziplinarität der Doktorandenausbildung den berufsvorbereitenden Charakter der Promotionsphase zu stärken. Die Frage, in wie weit die Reformen diesen Anspruch erfüllen, soll nicht Thema dieses Abschnitts sein. Fest steht aber, dass sich die Möglichkeiten zur Weiterbildung für Promovierende in den vergangenen Jahren an vielen Universitäten vergrößert haben. So gibt es mittlerweile universitäre Abteilungen für Kernkompetenzen, Schlüsselqualifikationen oder berufsvorbereitende Schulungen, die in der Regel auch Kurse für Doktoranden anbieten. Der Themenvielfalt sind dabei kaum Grenzen gesetzt. Die Seminare reichen vom Thema „Rückenschonendes Arbeiten" über „Wissenschaftliches Schreiben" bis hin zu „Mein persönlicher Führungsstil", Rhetorik- und Sprachkurse oder Seminare über Projektmanagement oder Präsentationstechniken sind ebenfalls Klassiker. Auch wenn Sie für diese Veranstaltungen Zeit aufwenden, die nicht direkt mit der Arbeit an Ihrer Dissertation in Verbindung steht – nutzen Sie einige dieser Angebote! Tipps von einem Experten zu Ihrer Vortragstechnik und zu Ihrem Sprechrhythmus bekommen Sie so günstig und fundiert nur selten wieder. Und wenn Sie später in Ihrem Berufsleben nicht in der Wissenschaft bleiben wollen, kommt ein zusätzliches Zertifikat über ein Seminar zum Projektmanagement in der Bewerbungsmappe bei Ihrem zukünftigen Arbeitgeber sicherlich gut an.[7]

Wenn Sie auch nach Abschluss der Promotion eine Karriere an der Universität oder in angrenzenden Berufsfeldern im Blick haben, eignet sich auch der Erwerb von Kompetenzen in der Lehre. In einigen Bundesländern – etwa in Nordrhein-Westfalen oder Baden-Württemberg – gibt es die Möglichkeit, sich auf dem Gebiet der Hochschuldidaktik weiterzubilden. Wer die Module des Fortbildungsprogramms absolviert, erhält am Ende ein Zertifikat. Der Erwerb des Zertifikats ist in jedem Fall zu empfehlen – allerdings sollten Sie sich als Doktorand fragen, wann der richtige Zeitpunkt für den Besuch dieser Weiterbildungsveranstaltungen ist – auch und gerade weil Sie für einige der Module solcher Pro-

---

[7] An dieser Stelle können wir das Thema der Schlüsselkompetenzen natürlich nur anreißen. Wenn Sie sich weiter informieren wollen, empfiehlt sich die Lektüre entsprechender Ratgeber. Eine (naturgemäß unvollständige) Liste finden Sie am Ende des Kapitels. Als Beispiel für die Vielzahl der angebotenen Kurse aus dem Bereich der Schlüsselkompetenzen eignet sich etwa der Blick auf die Seite der Universität Potsdam.

gramme eigene Lehrveranstaltungen anbieten müssen und sie zusätzliche Vor- und Nachbereitungszeit in Anspruch nehmen. Es kann also durchaus auch sinnvoll sein, die Fortbildung in der Lehre anzugehen, aber Teile auf die Zeit nach der Promotion zu verschieben.

Zum Weitersurfen

Essex Summer School:
   http://www.essex.ac.uk/methods/
Ljubljana Summer School:
   http://www.essex.ac.uk/ecpr/events/summerschools/ljubljana/index.aspx
Quantilille:
   http://quantilille.free.fr/
Köln Spring Seminar:
   http://www.gesis.org/en/research/events/spring-seminar/
Oxford Spring School:
   http://springschool.politics.ox.ac.uk/archive/index.asp
EITM Europe summer school Mannheim:
   http://eitm.sowi.uni-mannheim.de
ICPSR Summer Program in Quantitative Methods of Social Research:
   http://www.icpsr.umich.edu/icpsrweb/sumprog/index.jsp

DAAD-Förderung von Fachkursstipendien:
   http://www.daad.de/ausland/foerderungsmoeglichkeiten/ausschreibungen/05432.de.html

Schlüsselkompetenzen: Angebot der Universität Potsdam:
   http://www.uni-potsdam.de/studiumplus/

Weiterbildung in der Lehre:
   http://kathmandu.hdz.uni-dortmund.de/netzwerk-nrw/index.php?id=15 (NRW)
   http://www.hdz-bawue.de/ (Baden-Württemberg)

Zum Weiterlesen[8]

Lang, Rudolf W. (2000): Schlüsselqualifikationen. DTV-Beck.

Lochmann, Gerhard/Ponschab, Reiner/Schweizer, Adrian/Soudry, Rouven (Hg.) (2008): Schlüsselqualifikationen. Köln: Otto Schmidt.

Stender-Monhemius, Kerstin (2006): Schlüsselqualifikationen. DTV.

---

[8] Zur Vorbereitung auf Methodenschulungen sollte selbstverständlich auch je spezifische Literatur gelesen werden; zur groberen wie allgemeineren methodologischen Orientierung siehe auch die Literaturangaben zu Kapitel 6.

10 Zum Umgang mit Konflikten

Der Umgang mit Konflikten ist vermutlich der Problembereich, der am stärksten auch mit der eigenen Persönlichkeit sowie dem jeweiligen sozialen Kontext zusammenhängt, und für den Ratschläge deshalb nur als besonders zurückhaltende Angebote formuliert werden können. Dies soll hier in der Form geschehen, dass zunächst mögliche Konfliktlagen skizziert werden, in die Promovierende typischerweise geraten können (Sie sind nicht der Einzige!), um dann Strategien zum Umgang damit zu diskutieren, die die Betreffenden durchdenken könnten, bevor sie sich an die eigentliche Problembearbeitung machen. Zunächst ist dabei an Konflikte mit dem Betreuer der Dissertation gedacht, zum Ende des Kapitels werden aber auch drei andere Konfliktarten angesprochen: Konflikte mit Kollegen bzw. anderen Doktoranden; Schwierigkeiten, die im privaten Bereich auftreten; und schließlich Konflikte mit sich selbst.

An zwei Stellen streuen wir in unsere Ausführungen Exkurse ein, die sich an die Betreuer von Doktorarbeiten bzw. an das private Umfeld von Doktoranden richten. Falls Sie sich bzw. Ihr Gegenüber darin wiederfinden, geben Sie die entsprechenden Ratschläge doch einfach weiter.

Konfliktlagen zwischen Doktoranden und Betreuern

Arbeitsüberlastung mit promotionsfernen Aufgaben

Arbeiten, die nichts oder nur sehr am Rande mit dem Promotionsvorhaben zu tun haben, gehören zum Alltag vieler Doktoranden, die eine Stelle inne haben. Auch Stipendiaten werden dafür immer wieder eingespannt. Dazu können die Lehre und Aufgaben in ihrem Umfeld ebenso wie Verwaltungstätigkeiten, EDV-Spanndienste, die Vorformulierung von Gutachten und das Zuarbeiten zu Publikationen des Betreuers gehören. Ein bestimmtes Maß an Erfahrungen in diesen Bereichen zu sammeln ist sicherlich unabhängig vom weiteren Karriereziel durchaus nützlich (und für eine akademische Karriere vielleicht sogar wünschenswert). Doch wenn über einen längeren Zeitraum die Dissertation kaum noch voran getrieben werden kann, sollte man sich schon fragen: Läuft hier nicht etwas grundsätzlich falsch, muss nicht die Belastung mit promotionsfernen Aufgaben reduziert werden?

Fragen des geistigen Eigentums
In der Politikwissenschaft wohl seltener als in anderen Disziplinen, aber doch nicht unbekannt sind Fälle, in denen die Forschungsleistungen von Doktoranden in Publikationen von Betreuern einfließen, ohne angemessen gewürdigt zu werden. Für die Erstellung der einen oder anderen Datentabelle oder Grafik mag der Dank in einer Fußnote oder dem Vorwort genügen. Wo aber ganze Textpassagen vorformuliert werden (oder sprachlich erst lesbar gemacht; auch das gibt es), da gehört der Name des Zuarbeiters in die Liste der Autoren.[1] Zuweilen mag ein faires Austauschverhältnis bestehen, wenn etwa der Betreuer bei anderen Publikationen zurücksteckt oder zur Konzeption der Dissertation (etwa durch die Formulierung eines Projektantrags, auf dem die Promotionsstelle beruht) erheblich beigetragen hat. Wird ein Doktorand aber als Ghost Writer ausgenutzt, ist das kein Zustand, der als unabänderlich akzeptiert werden muss.

Mangelnde Ansprechbarkeit / unzureichendes Feedback
Manche Professoren sind auch für ihre eigenen Mitarbeiter nur sehr schwer zu sprechen, und wenn dann endlich doch, dann wirken Sie unkonzentriert oder mit der Materie – also dem Promotionsvorhaben, das zu betreuen sie doch zugesagt haben – nicht wirklich vertraut. Von anderen (zuweilen auch von denselben) sind nur unter größten Mühen und nach langem Warten Rückmeldungen zu Zwischenprodukten (oder gar der ganzen Doktorarbeit selbst[2]) zu bekommen. Das kann zu nicht unerheblicher Frustration auf Seiten der Promovenden führen, weil sie sich mehr und mehr als orientierungslos allein gelassene Einzelkämpfer sehen.

Fehlende Gestaltungsspielräume
Aber auch das Gegenteil kann Konflikte auslösen: Es gibt Doktoreltern, die sehr spezifische Erwartungen an das Vorgehen von Promovenden haben und diesen kaum eigenständige Gestaltungsspielräume lassen. Diese Situation kann insbesondere dann auftreten, wenn die Themen sehr nahe an ihren Interessensschwer-

---

[1] Eine zuweilen beobachtbare Unsitte ist in diesem Zusammenhang die ‚mit'-Konstruktion, bei der im Inhaltsverzeichnis bei einem Kapitel dann in Klammern „mit X Y" steht. Eine diffuse Angabe, und zudem praktisch nicht zitabel.

[2] Mancherorts ist es ja üblich, dass vor der formalen Abgabe die Dissertation als Ganze von den Doktoreltern einmal vorkorrigiert und von den Doktoranden dann noch einmal überarbeitet wird.

punkten liegen oder wenn ihnen eine bestimmte theoretische Ausrichtung oder ein bestimmtes methodisches Vorgehen als das einzig richtige erscheint. Haben Sie nicht das Gefühl, dass die Dissertation Ihre eigene Arbeit ist? Können Sie Akzente nicht setzen, die Ihnen wichtig sind? Dann liegt hier eventuell ganz erhebliches Konfliktpotenzial, das baldmöglichst entschärft werden sollte.

Verzögerungstaktiken

Ihr Betreuer nimmt regen Anteil an Ihrer Dissertation. Er ist ansprechbar, unterstützt Sie, und Sie bekommen so umfangreiches wie detailliertes Feedback. Bloß: Eigentlich war die Arbeit ja schon vor zwei Jahren fertig, aber irgendwie hat er immer wieder neue Ideen, die zwar vielleicht als Vorschläge formuliert, aber von Ihnen als Aufträge verstanden werden. Haben Sie den Eindruck, dass Ihr Doktorvater Sie damit ausbremst, etwa weil er Sie als Helfer oder auch nur als Gesprächspartner noch nicht verlieren möchte? Vielleicht ist es dann an der Zeit, sich abzunabeln.

Menschliches

Und dann ist da noch, wie an jedem Arbeitsplatz mit Abhängigkeitsverhältnissen, das weite Feld menschlicher Absonderlichkeiten und Abgründe. Auch unterhalb der Schwelle arbeits- bzw. strafrechtlich relevanter Übergriffe, für die tatsächlich nur der Gang zu Instanzen wie den Gleichstellungsbeauftragten oder zur Polizei angeraten werden kann, gibt es hier so manches, was den Promotionsalltag erschweren kann. Möchte Ihr Betreuer, dass Sie ihn zum Flughafen fahren, bei seinem privaten Umzug helfen oder bei seiner Geburtstagsfeier die Kinderbetreuung übernehmen? Erzählt Ihre Betreuerin beim Mittagessen weit mehr aus ihrem Beziehungsleben, als Sie wissen möchten? Damit kann man sich arrangieren, aber vielleicht möchten Sie sich auch etwas stärker abgrenzen.

Lösungsstrategien

- Direkt ansprechen?

Die erste Konfliktbearbeitungsstrategie, die wir in fast allen Fällen empfehlen würden, ist die direkte Ansprache des Problems im bilateralen Gespräch. Dafür gilt es, den geeigneten Rahmen zu schaffen, also besser nicht zwischen Tür und Angel mit Anliegen oder Wünschen herauszuplatzen, sondern eigens einen Termin zu vereinbaren. Sodann empfiehlt es sich, zur Klärung der eigenen Gedanken und Gefühle etwas Zeit zwischen der Realisierung des Problems und der Ansprache verstreichen zu lassen. Überlegenswert ist auch, die eigene Wahrnehmung zunächst mit einer Vertrauensperson innerhalb oder außerhalb der Wissenschaft zu diskutieren.

Idealerweise gehen Sie dann in das Gespräch mit Ihrem Betreuer mit klar formulierten Ich-Botschaften (z.B.: „Herr XY, ich bin zur Zeit nicht ganz zufrieden mit der Betreuung meiner Doktorarbeit. Ich wünsche mir regelmäßigeres und klareres Feedback") und konkreten Lösungsvorschlägen, die Sie Ihrem gegenüber überdies schmackhaft machen (z.B.: „Es wäre schön, wenn Sie einmal im Semester einen Zwischenbericht von mir lesen und dann mit mir besprechen könnten. Das würde mir bei der weiteren Arbeit sehr helfen und diese bestimmt zielführender machen. Ich denke auch, dass sich dadurch der Betreuungsaufwand für Sie gar nicht so sehr erhöhen würde, da wir so Folgeprobleme minimieren könnten"). Hoffentlich kommen Sie dann schnell auf einen gemeinsamen Nenner und können Irritationen ausräumen.

Mit zwei Dingen sollten Sie bei der Anwendung dieser Strategie allerdings rechnen. Erstens damit, dass Ihr Betreuer mit Gegenvorwürfen bzw. Kritik an Ihrem Arbeits- oder Kommunikationsverhalten reagiert. Auf diesen Fall sollten Sie sich gedanklich vorbereiten und auf die wahrscheinlichsten Ansatzpunkte dafür schon eine sachliche Reaktion parat haben. Sind Sie davon überrascht, gestehen Sie am besten ein, darüber nachdenken zu müssen, und bitten Sie um einen weiteren Gesprächstermin. Im Übrigen kann es auch durchaus sein, dass Professoren etwas brauchen, um dann doch noch auf Sie zuzugehen. So kann etwa ein Betreuer, der Ihnen bei Klagen über zu hohe Arbeitsbelastung eine „ötv-Mentalität" vorwirft, etwas später en passant in ein anderes Gespräch einfließen lassen, dass er Ihre starke Präferenz für das Voranbringen Ihrer Forschungsarbeit respektiert.

Zweitens sollten Sie grundsätzlich dafür offen sein, dass Ihr Betreuer vielleicht doch im Recht ist. Halten Sie seine Gegenrede für plausibel und hat es bei einem zweiten Blick auf die Angelegenheit einfach nur dieser Erläuterung bedurft, dann sagen Sie das einfach. Schließlich befinden Sie sich in einer Lernphase und der Betreuer verfügt über einen nicht unerheblichen Erfahrungsvorsprung.

- Ombudsperson(en) suchen?

Es mag aber auch Fälle geben, in denen die Konfliktkonstellation so schwierig ist, der Respekt oder die Angst so groß oder das Betreuungsverhältnis so belastet, dass Sie vor einer direkten Ansprache zurückschrecken. Dann könnte es hilfreich sein, eine oder auch mehrere Person(en) Ihres Vertrauens um eine diplomatische Mission in dieser Sache zu bitten. Das können institutionalisierte Beauftragte für bestimmte Problembereiche (etwa Gleichstellung, Mobbing oder Sucht) sein, die es an den meisten Universitäten gibt, aber auch ältere Nachwuchswissenschaftler oder andere Professoren an Ihrem Institut, zu denen Sie selbst mit Ihrem Problem lieber gehen. Von diesen können Sie sich, und das kann fast so wichtig sein, auch eine weitere Meinung zu Ihrer eigenen Wahrnehmung des Konflikts oder Ratschläge zum weiteren Vorgehen erhoffen. Rechnen Sie dabei allerdings auch mit Loyalitätskonflikten auf Seiten Ihrer Ansprechpartner.

- Mediation anstoßen?

Bei persistenten Konflikten und in Situationen, die für alle Beteiligten ausweglos wirken, kann es ratsam sein, ein formales oder zumindest informelles Mediationsverfahren anzustrengen. Dazu bedarf es allerdings der Bereitschaft aller oder zumindest der wichtigsten Beteiligten sowie der notwendigen zeitlichen und oft auch finanziellen Ressourcen. Vermutlich bleibt es deshalb im Hinblick auf Promotionen ein seltener Ausnahmefall, der aber dafür gerade in besonders schwerwiegenden oder ausweglos erscheinenden und daher hochgradig belastenden Fällen Abhilfe schaffen kann. Sollten Sie ein Mediationsverfahren anstoßen wollen, ist es besonders wichtig, sich selbst vorab ausführlich über mögliche Anbieter und Verläufe derselben zu informieren (siehe Link- und Publikationsliste am Ende des Kapitels), konkrete Vorschläge zu machen und den anderen Beteiligten genügend Bedenkzeit einzuräumen.

- Oder doch einfach Aussitzen?

Oder möchten Sie den Konflikt doch lieber aussitzen, weil Ihnen keiner der vorgenannten Vorschläge angenehm oder auch nur gangbar erscheint? Vermutlich haben Sie diese Strategie des stillen Erduldens schon eine ganze Weile angewandt, und in einigen Fällen erledigen sich Konflikte ja auch von selbst. Ihren Doktorhut dürften sie auch bei der Wahl dieser Option eines Tages aufsetzen dürfen. Ob der in dieser Hinsicht passive Weg dorthin aber leichter ist oder ob eine offensive (oder zumindest proaktive) Konfliktbearbeitung Sie nicht doch schneller zu einem besseren Abschluss bringt, das können am Ende nur Sie selbst abwägen.

Exkurs 1: Doktorarbeiten betreuen – was Promovierende erwarten (können sollten)

Der vorliegende Ratgeber ist, das sei hier nochmals betont, von Nachwuchswissenschaftlern für Nachwuchswissenschaftler konzipiert. Die Autoren können sich daher nicht anmaßen, die Betreuer-Perspektive einzunehmen oder sich auch nur vollständig in diese einzufühlen, und sie wollen dies auch gar nicht beanspruchen. Aus eigener Erfahrung und aus vielen Gesprächen mit zahlreichen weiteren Doktoranden möchten wir an dieser Stelle dennoch einige Anregungen für die Betreuer von Dissertationen formulieren.

Die Vielzahl von beruflichen Zwängen, in denen der typische Doktorvater gefangen ist, macht Verlässlichkeit sicher oft schwer, aber sie ist die Primärtugend, der Quell jedes gelingenden Betreuungsverhältnisses. Ein Doktorand, der darauf bauen kann, dass die Zusagen seines Betreuers belastbar sind, arbeitet unter einem signifikant geringeren Stresslevel als die (zu vielen) Kommilitonen, die sich episodisch oder gar permanent darum sorgen, ob denn auch in vier Wochen oder anderthalb Jahren noch gilt, was ihnen zu Anfang versichert worden ist. Dies beginnt mit der in der Regel ja auch schriftlich fixierten Betreuungszusage an sich, betrifft aber vor allem auch die Finanzierung von Stellen, das Erstellen von Gutachten, die Gewährung von Arbeitsbedingungen, und, man sollte das eigentlich nicht erwähnen müssen, das Lesen und Kommentieren von Zwischenberichten, Einzelkapiteln, Projektpapieren und ähnlichen textförmigen Wegmarken. So berichten einzelne Doktoranden, dass sie monatelang, teils über ein Jahr, wie verabredet an diesen gearbeitet und sie fristgerecht auf den Schreibtisch des Betreuers gelegt haben, und dann passierte – nichts. Wochenlang nichts, monatelang nichts. Ein davon betroffener Doktorand fühlt sich wie ein Sprinter ohne Bodenkontakt: Er strampelt und strampelt, kommt aber nicht vom Fleck.

Umgekehrt sollten Sie als Betreuer Ihren Doktoranden nicht nur klare zeitliche Rahmenvorgaben setzen, sondern auch ein Verstreichen derselben nicht einfach ignorieren. Hier geht es nicht darum, über Gebühr Druck auszuüben oder gar gleich zu Sanktionen zu greifen. Aber eine Nachfrage, warum es (wiederholt) nicht hinhaut mit den verabredeten Wegmarken, kann zum einen wichtige Klärungen (z.B. auch der Arbeitsteilung am Lehrstuhl[3]) herbeiführen, zum anderen demonstrieren Sie damit, dass Ihnen das Gelingen der Promotion am Herzen liegt. In diesem Bereich der eher formalen Rahmensetzung gehört es auch, seine Doktoranden dazu anzuhalten, sich regelmäßig und schon frühzeitig Feedback von außen zu holen (siehe auch Kapitel 8). Fährt Ihr Doktorand von sich aus nicht auf Konferenzen? Trägt er nicht in benachbarten Kolloquien vor? Baut er kein Netzwerk mit anderen Doktoranden auf? Dann bedarf es vielleicht der Ermutigung oder sanften Aufforderung Ihrerseits. (Anforderungen aller Art lassen sich im Übrigen dann mit den größten Erfolgs- und Akzeptanzchancen stellen, wenn ihre Einhaltung selbst vorgelebt bzw. -gearbeitet wird.)

---

[3] Doktoranden in der abschließenden Phase etwa tut es sicher gut, wenn sie vom Alltagsgeschäft zumindest etwas entlastet werden.

Ebenso verlässlich wie die genannten eher formalen Aspekte des Betreuungsverhältnisses sollten natürlich die inhaltlichen Ansagen des Doktorvaters sein. Neben dem richtigen Timing (viel Input am Anfang, weniger im Mittelteil, kaum noch gegen Ende) und der idealen Dosis (die die nötigen Leitplanken einzieht, ohne Eigenleistung und Eigeninitiative einzuengen) ist hier vor allem auch Konsistenz gefragt. Gewiss können sich auch im Verlauf eines Vorhabens gute Gründe für die Einforderung von Nachjustierungen ergeben. Komplette U-Turns der Betreuervorgaben, möglicherweise sogar mehrere davon, sollten es aber nicht sein. Hilfreich für beide Seiten kann es hier sein, inhaltliche Absprachen schriftlich zu fixieren. Dabei muss man ja nicht immer gleich zu den nun in immer mehr Promotionsordnungen verankerten Memoranden greifen, welche durch die Fakultätsgremien abgesegnet werden. Einige Stufen darunter bieten sich Besprechungsprotokolle oder zumindest das Aufbewahren von E-Mail-Ausdrucken an.

Was sich Doktoranden jenseits der formalen und inhaltlichen Betreuungsaspekte meist von ihrem Doktorvater wünschen, ist Weisheit, Güte und allgemeiner kluger Rat unter Aufrechterhaltung einer gewissen beruhigenden Restdistanz. Ein allzu enges Verhältnis hingegen schadet häufig der gegenseitigen Kritikfähigkeit; insbesondere, wenn es sich strukturell um ein hierarchisches Verhältnis handelt. (Allerdings sei auch an dieser Stelle noch einmal darauf hingewiesen, dass es legitimerweise sowohl beim Betreuungsstil als auch bei den Doktoranden und ihren Erwartungen eine beträchtliche Variationsbreite gibt und letzten Endes dann auf die wechselseitige (An-)Passung ankommt; siehe hierzu auch den Gastbeitrag von Tanja Börzel.)

Viele Doktoranden empfinden es zudem als ungeheuer hilfreich und motivierend, wenn ihre Betreuer für sie Kontakte knüpfen und sie von ihren Netzwerken profitieren lassen. Generös und nicht unelegant handelte etwa der Professor, der einen renommierten ausländischen Gast seinem Doktoranden vorstellte und die beiden dann unter einem Vorwand für ein halbes Stündchen mit ihren Kaffeetassen alleine ließ. Oder derjenige, der mit einem Doktoranden gemeinsam ein (tatsächlich gemeinsam erstelltes) Konferenzpapier einreichte, das es ohne ihn wohl nie aufs Podium geschafft hätte, die Präsentation dann aber dem Mitarbeiter alleine überließ.

Bei aller wohlwollenden Anleitung und Zuwendung aber, und spätestens hier wird aus dem Betreuungshandwerk eine Kunst, brauchen Doktoranden eben auch Freiräume und Entfaltungsmöglichkeiten, und vielleicht sogar auch ab und an die Chance dazu, eigene Fehler zu machen. Wem hier die richtige Mischung gelingt, dem ist ungeheuchelter Dank und lebenslange Vorbildfunktion sicher.

Drei andere Konfliktarten

Konflikte mit Kollegen bzw. anderen Doktoranden

Konflikte mit anderen Doktoranden oder sonstigen Kollegen ergeben sich meist aus ungeklärten Modi der Zusammenarbeit oder aus unpräzisen bzw. nicht eingehaltenen Abgrenzungen von Forschungsthemen. Beides ist innerhalb von Forschungsprojekten oder Nachwuchsgruppen potenziell kritischer als für frei Promovierende. Haben Sie deutlich mehr Arbeit in die Projektdatenbank investiert als ein Kollege, der für seine Dissertation genauso darauf zugreifen darf? Schreibt er plötzlich ein Kapitel über das Politikfeld, das Ihnen besonders am Herzen liegt und Ihnen eingangs als Ihre Domäne zugesichert wurde? Schmückt sich ein anderer Lehrstuhlmitarbeiter auf Konferenzen mit Erkenntnissen oder Argumentationssträngen aus Ihrer noch unveröffentlichten Dissertation, ohne auf diese hinzuweisen?

Für diese Konfliktart sind die Bearbeitungsmöglichkeiten im Grunde identisch mit den eben ausgeführten – nur gilt es, die abweichende Konfliktgeometrie im Schatten der Hierarchie zu beachten: Einerseits sind die Konfliktbeteiligten in der Regel gleichrangig oder zumindest weniger weit auseinander positioniert als im Verhältnis zwischen Doktorand und Betreuer; andererseits kann das Einschalten der höheren Ebene, also des Projekt- oder Gruppenleiters bzw. des Doktorvaters, hier für das alltägliche Arbeitsklima besonders unangenehme Folgen haben. Schließlich stehen Doktoranden und Kollegen oft untereinander in einem viel engmaschigeren Austausch und arbeiten intensiver zusammen als Doktoranden und ihre Betreuer. Insofern können solche Konflikte sogar belastender sein. Aber lassen Sie nicht alle Hoffnung fahren: Da die Promotionsphase vor allem auch noch eine Zeit des Lernens und der Selbstfindung und -definition von Forscherpersönlichkeiten ist, kann hier ein offen und konstruktiv ausgetragener Streit vielleicht auch eine grundlegendere Änderung bewirken.

Konflikte wegen der Promotion im privaten Bereich

Die Durchführung eines Promotionsvorhabens kann auch für das private Umfeld eines Doktoranden sehr belastend sein. Sind Sie bei Gesprächen unkonzentriert? Reagieren Sie ungewohnt heftig auf Kritik oder gar harmlose Fragen? Schleichen Sie am Sonntagnachmittag „nur mal schnell" an den Schreibtisch und fällt deshalb die geplante gemeinsame Unternehmung aus? Jammern Sie Ihren Mitmenschen ständig die Ohren mit Methodenfragen oder der neuesten theoretischen Konstruktion voll? Stehen deshalb gar diejenigen zwischenmenschlichen Beziehungen auf der Kippe, die Ihnen am meisten bedeuten?

Ganz ehrlich: Sie sind eine Zumutung! Phasenweise mag das unvermeidlich sein, und dann sollten Sie um Verständnis werben. Längerfristig aber sollten Sie daran arbeiten, die Dissertation aus Ihrem Privatleben weitestgehend heraus zu halten. Denn da gehört sie nicht hin. Vielleicht hilft es Ihnen, den Heimweg aus dem Institut etwas geruhsamer anzugehen und währenddessen die letzten offenen Fragen des Tages zu durchdenken. (Sie schreiben die Dissertation zuhause und haben daher gar keinen Heimweg zum Abschalten? Dann sind feste Formen der Abgrenzung zwischen Arbeits- und Freizeit umso wichtiger!) Vielleicht brauchen Sie zum Einläuten des Wochenendes bewusst eingeplante Rituale wie ein Bier mit Kollegen oder einen Dauerlauf. Und machen Sie sich immer wieder bewusst, dass Ihre Promotion zwar wichtig, aber nicht das Wichtigste in Ihrem Leben ist.

Exkurs 2: Hilfe, mein Partner/Kind/WG-Mitbewohner promoviert
Dieser zweite exkursorische Absatz richtet sich an das private Umfeld der potenziellen und tatsächlichen Doktoranden.

Wenn Ihr Kind, Ihr Gatte, Ihr Partner oder Ihr Mitbewohner sich anschickt zu promovieren, verbinden Sie damit erstens womöglich ganz unterschiedliche Gefühle: Viele sind stolz, manche auch ein bisschen neidisch, mancher traut es dem Kandidaten im Stillen vielleicht gar nicht zu, und mancher sorgt sich, ob der bisherige Kontakt in derselben Intensität wird aufrecht erhalten werden können.

Zweitens können Doktoranden mit der Zeit auch ganz schön nerven mit ihrer Fixierung auf das große Vorhaben. Machen Sie sich am besten von Vorneherein klar, dass der bzw. die Betreffende sich in der kommenden Zeit mit großer Wahrscheinlichkeit (zumindest übergangsweise) verändern wird. Und bedenken Sie, dass die Promotionsperson selbst voraussichtlich ein Wechselbad der Gefühle durchlaufen wird. Klären Sie für sich und miteinander, dass Ihr Verständnis dafür zwar groß, aber nicht grenzenlos ist.

Und drittens ist es für Promovierende überlebensnotwendig immer wieder Unterstützung, Rückmeldungen und gelegentlich auch einen Tritt in den Hintern zu bekommen, oder, neudeutsch ausgedrückt: Support, Feedback, and Kicks in the Ass.

Die große Kunst besteht nun darin, diese Liebes- bzw. Freundschaftsdienste über die verschiedenen Phasen im Verlauf eines Promotionsvorhabens angemessen zu verteilen und jeweils richtig zu dosieren. Auch hier gilt unser mittlerweile sicher wohlbekanntes Mantra: Es gibt sehr viele Wege zum Glück, aber bestimmte Dinge sollten auf all diesen Pfaden von Nutzen sein.

So Sie möchten, können Sie den Doktoranden auf ganz unterschiedliche Weise unterstützen. Zunächst einmal einfach dadurch, dass Sie sich seine Erzählungen über das im Werden oder Wachsen begriffene Opus immer wieder anhören und so ein Ventil für die alltäglichen Freuden, aber eben besonders auch für die Sorgen und Nöte des Betreffenden bieten. Sodann indem Sie Gelegenheiten zur körperlichen und seelischen Rekreation schaffen oder auch anmahnen: Ein überraschend zubereitetes Mahl, ein gemeinsamer Besuch im örtlichen Schwimmbad, ein Wanderwochenende in einem der deutschen Mittelgebirge, ein Schachspiel bei Rotwein und Begleitmusik (Dire Straits! Morrissey! Palestrina!), ein Kneipenabend, eine gemeinsam musizierte Bach-Kantate oder auch ein Festival-Besuch samt Schlammsuhlen erquicken nicht nur, sie wirken auch Wunder für die Arbeitsproduktivität am nächsten Werktag.[4]

Oft noch wichtiger sind Rückmeldungen oder die Formulierung von Wahrnehmungen und Beobachtungen. Hierbei gilt es jedoch, die richtige Dosis zu erwischen und meistens, aber besser nicht immer ehrlich, zu sein. Durchhänger der Schaffenskraft oder der Motivation und des Selbstvertrauens erleiden die meisten Promovierenden einmal. „Ich krieg zur Zeit einfach nichts gebacken", „Ich hab überhaupt keinen Bock mehr auf meine Diss" oder „Ich kann das einfach nicht so, wie ich mir das vorstelle" sind Sätze, die Sie sicher irgendwann zu hören bekommen. Nun sind, man kann es nicht oft genug sagen, die Menschen und ihre Kontexte zu verschieden, als dass für alle das Gleiche angeraten wäre. Aber beim ersten oder zweiten Mal dürfte Beschwichtigen nicht falsch sein: „Jeder hat mal ein Tief", „Nächste Woche läuft es bestimmt wieder besser" oder „Du schaffst das schon" sind hier in der Regel die passenden Antworten. Verfestigt sich jedoch ein bestimmter negativer Grundton der Aussagen über diesen zentralen Inhalt des Arbeitslebens, den eine Promotion meist darstellt, sind ehrliche Rückmeldungen von Umfeld-Sensoren oft eine große Hilfe.

Die mit den Schwierigkeiten verbundene fachliche Problematik werden Sie typischerweise nicht selbst beurteilen können. Aber Sie können die menschlichen und sozialen Auswirkungen vermutlich weit besser einschätzen als die Fachkollegen. Also nehmen Sie Ihren Mut zusammen und sprechen Sie Ihren Eindruck offen an: Vielleicht braucht der Betreffende gerade Ihren Anstoß, um sich die nötigen Hilfen zu holen oder das eigene Arbeitsverhalten umzustrukturieren. Dabei sollten Sie ruhig auch Ihre legitimen Eigeninteressen ansprechen. Ein mie-

---

[4] Ein Kollege merkt hier an, zeitweise sei auch die Komplizenschaft beim Verdrängen der größten Probleme äußerst hilfreich. Wir Autoren finden: Zeitweise ja, auf Dauer besser nicht.

sepetriger Doktorand kann das Klima um sich herum ganz schön vergiften, und etwas Erdung tut auch in dieser Hinsicht gut.

Ein (besser verbaler als physischer) Tritt in den Hintern kann zum einen bei Durchhängern während der Mühen der Laborarbeit oder der Dateneingabe vonnöten sein, besonders aber in der End- oder ,Fertigschreib'-Phase. (Ob diese tatsächlich schon begonnen hat, ist für inhaltlich Außenstehende allerdings gar nicht immer leicht einzuschätzen, und manche Doktoranden verbreiten permanent eine – oft völlig unrealistische – Atmosphäre der Naherwartung.) Dem Überambitionierten darf man dann durchaus einmal sagen, dass auch nach seiner Dissertation auf dem fraglichen Fachgebiet noch etwas kommen können darf (und wenn es seine Habilitation ist), dem Unsicheren, dass es für den Titel schon reichen wird und schon aus institutionellem Eigeninteresse der Betreuer eh fast jeder ein *magna cum laude* bekommt, und dem Gemütlichen, dass er im Leben auch noch etwas anderes leisten dürfte.

Warum Sie sich auf all das einlassen sollen? Aus Liebe, aus Freundschaft, oder zumindest, weil Sie dann mit großer Wahrscheinlichkeit in den Dankesworten auf einer der ersten Seiten des entstehenden Buches genannt werden. Und damit Sie die zwischenzeitlich so seltsame Promotionsperson möglichst bald und möglichst unversehrt wieder haben.

Wie man mit Krisen umgeht
von Nathalie Behnke

Wenn Sie bei Ihrer Dissertation keine Probleme haben und alles läuft wie im Forschungsexposé ausgebreitet, dann müssen Sie dieses Buch nicht lesen. Da Sie es aber lesen, ist vermutlich die Frage für Sie zentral, wie man mit Krisen umgeht, die unweigerlich im Verlaufe einer Dissertation auftauchen und mehr oder weniger existenziell sein können. Genau auf diese Frage gibt es aber keine allgemeingültige Antwort, da die Dissertationsphase eine höchst individuelle Lebensspanne ist und von Person zu Person, von Situation zu Situation, vollkommen unterschiedlich verläuft. Dementsprechend können auch die geeigneten Strategien sehr unterschiedlicher Natur sein. Wann lohnt es sich, weiterzukämpfen, wann hilft eine Pause, wann kann man Tricks anwenden, um die Angst vor dem weißen Bildschirm zu überwinden, und wann ist der Punkt erreicht, an dem das Leiden an der Arbeit so groß wird, dass man besser damit aufhört und sich wieder anderen Dingen im Leben zuwendet? Diese Fragen können nur Sie selbst beantworten, aber vielleicht tröstet es Sie zu wissen, dass fast jede(r) früher oder später an den Punkt kommt, wo das „Hinschmeißen" eine reale Option wird.

Und auch wenn Sie grundsätzlich überzeugt sind, dass Sie die Diss schreiben wollen, gibt es natürlich Phasen, in denen man festhängt, nicht weiß, wie man das

Wissen in eine Reihenfolge bringen soll, das Argument aus den Augen verliert und sich einfach blockiert fühlt. Manchmal mag es dann richtig sein, die Sache einfach einige Zeit ruhen zu lassen. Häufig klären sich Fragen und Zweifel von selbst, wenn die Erkenntnisse sich „sedimentieren". Das fällt natürlich leichter, wenn man noch eine andere Aufgabe hat, z.B. Lehrveranstaltungen macht, auf die man sich dann stürzen kann. Dafür steht man ständig unter dem Druck, zwei verschiedene Aufgaben zeitlich unter einen Hut zu bringen. Promoviert man hingegen mit Stipendium und hat den Eindruck, es sei die einzige Aufgabe, täglich acht Stunden zu dissertieren, kann so eine Sedimentationsphase schon zu einer harten Nervenprobe werden. Manchmal hilft genau die entgegengesetzte Strategie: Wenn man lange genug davor davongelaufen ist, bestimmte Konzepte und Argumente zu Ende zu denken und präzise zu formulieren, muss man vielleicht einfach so lange vor dem leeren Bildschirm sitzen bleiben, bis man sie hingeschrieben hat.

Ähnlich verhält es sich mit der Frage, wann und wie man anfangen soll, den (endgültigen) Text zu formulieren. Ich kenne Wissenschaftler(innen), die schon nach neun bis zwölf Monaten anfingen, Teilkapitel zu schreiben. Der Vorteil liegt klar auf der Hand: man schreibt die Dinge dann auf, wenn man sie noch frisch im Kopf hat, und man kann später auf formulierten Text zurückgreifen – umschreiben geht einfacher als neu schreiben. Der Nachteil könnte sein, dass die Gedanken sich noch nicht zu einem stimmigen Gesamtkonzept zusammengefügt haben und man ein Jahr später feststellt, dass man von dem Geschriebenen für das Endprodukt eigentlich nichts so verwenden kann, wie es dasteht. Mit einem gewissen zeitlichen Abstand zum Gelesenen fällt es leichter, das Wichtige vom Unwichtigen zu unterscheiden. Man formuliert seine Gedanken dann eigenständiger und läuft weniger Gefahr, „Lernprotokolle" zu verfassen. Aber auch hier gilt: Arbeitsstile sind verschieden!

Vielleicht ein kleiner Pep-Up-Talk zum Schluss: Ein Mentor von mir formulierte einmal: „Wenn man promoviert, hat man einmal im Leben ein sehr dickes Brett gebohrt." In der Tat beweist man bei einer Promotion eher Selbstdisziplin, Durchhaltevermögen und vor allem eine sehr große Leidensfähigkeit als unbedingt intellektuelle Brillanz. Aber sich selbst bewiesen zu haben, dass man ein dickes Brett gebohrt hat, dass man mit Krisen, Einsamkeit und existenzieller Verunsicherung fertig geworden ist, dass man für sich gangbare Strategien entwickelt hat und letztlich ein Endprodukt vorweisen kann, ist ein riesiges Stück Persönlichkeitsentwicklung. Und wer an sich glaubt, Geduld mit sich hat, keine Angst davor hat, bei anderen Rat und Hilfe zu suchen und – nicht zuletzt – sich für das bearbeitete Thema begeistern kann (!), der (oder die) wird früher oder später den richtigen Schreibrhythmus finden und vielleicht sogar feststellen, dass wenige Dinge so befriedigend sind wie ein Buch zu schreiben.

Nathalie Behnke ist Professorin für Verwaltungswissenschaft an der Universität Konstanz

Konflikte mit sich selbst

Doktoranden waren meist vergleichsweise erfolgreiche Schüler und Studenten und erleben deshalb während der Promotionsphase oft zum ersten Mal intensiver die Grenzen der eigenen Leistungsfähigkeit. Auch ist die einen längeren Bogen spannende, eigenständige Arbeit an einer Dissertation mit dem zuvor gewohnten Semestertakt und dichten sozialen Miteinander unter Studierenden nicht vergleichbar. So kann es leicht dazu kommen, dass Promovierende im Laufe ihres Vorhabens mit sich selbst zu hadern beginnen. Schaffe ich das überhaupt? Warum habe ich bloß damit angefangen? Wenn ich die Sache von Beginn an anders aufgezogen hätte, wäre ich dann jetzt nicht schon viel weiter? Und warum kann ich kaum jemandem meine Zweifel und den Druck verständlich machen, unter den ich mich selbst setze? Schwierigere Phasen gehören zu den meisten Promotionen dazu, und fast jeder Doktorand meistert sie auch. Dafür die eine oder andere Hilfestellung zu geben, ist die Hauptmotivation dieses Ratgebers, und meistens dürfte das zugrundeliegende Problem mit einem der Themen seiner übrigen Kapitel zu tun haben (Ratschläge also dort).

Aber zwei Dinge seien hier ganz ausdrücklich betont: Es bricht Ihnen erstens kein Zacken aus der Krone, wenn Sie therapeutische, seelsorgerliche oder sonstige beratende Hilfen in Anspruch nehmen. Und zweitens: Machen Sie sich wegen der zwei Buchstaben vor dem Nachnamen nicht kaputt. Der Abbruch einer verfahrenen Promotion kann auch ein Befreiungsschlag sein[5] und neue Energien freisetzen.

Zum Weitersurfen

Ein vorbildliches Angebot aus Hamburg:
  http://www.netzwerk-konfliktmanagement.de/
Die eigenen Rechte kennen:
  http://www.familien-
wegweiser.de/bmfsfj/generator/BMFSFJ/gleichstellung,did=59062.html
Gibt es auch an vielen deutschen Hochschulen.
  http://www.ombudsperson.unibe.ch/content/index_ger.html

---

[5] Dass es dazu seltener kommt, dazu soll unser Ratgeber einen Beitrag leisten. Mancher gordische Knoten muss aber wohl einfach durchschlagen werden, und wem dazu nur noch der letzte Anstoß fehlt, den wollen wir dazu ausdrücklich ermutigen.

Zum Weiterlesen

Klein, Susanne (2006): Wenn die anderen das Problem sind: Konfliktmanagement, Konflikt-
coaching, Konfliktmediation, Offenbach: Gabal.

Thiel, Svenja/Widder, Wolfgang (2003): Konflikte konstruktiv lösen. Ein Leitfaden für die
Teammeditation, München: Luchterhand.

Schwanitz, Dietrich (1996): Der Campus, München: Goldmann.

Weisinger, Hendrie (2002): Wie sag ich's meinem Chef? Mit positiver Kritik zum Ziel, Berlin: Econ.

11 Publizieren – wirklich das Einzige, was zählt?

Die Publikationsstrategie während der Promotionsphase und ihre Implikationen für Planung und Durchführung des Vorhabens hängt ganz entscheidend von Ihrer Antwort auf die Ausgangsfrage ab, ob danach noch eine weiterführende akademische Karriere verfolgt werden soll oder nicht. Aus dieser Weichenstellung folgt fast automatisch, ob allein die – je nach lokaler Promotionsordnung variierende – für den Erwerb des Doktorgrades erforderliche Publikation angestrebt wird, oder ob während der Promotionsphase der Grundstein für eine in der Fachwelt beachtete Publikationsliste gelegt werden soll. Im ersteren Fall ist das Vorgehen klar: Man beschaffe sich die Promotionsordnung, mache sich mit den Publikationsanforderungen darin vertraut und bereite deren Erfüllung vor. Dazu gehören in der Regel nur zwei Wahlhandlungen. Zunächst diejenige zwischen Online- und Buchpublikation und dann die Frage des Publikationsortes oder -verlages. Für die Online-Publikation bieten die allermeisten Universitätsbibliotheken verlässliche und kostengünstige Möglichkeiten. Es bietet sich zu Vergleichszwecken aber auch ein Blick auf die von der Deutschen Nationalbibliothek betriebene und von der Deutschen Forschungsgemeinschaft (DFG) geförderte Internetseite www.dissonline.de an. In der Politikwissenschaft ist die Online-Publikation noch deutlich weniger verbreitet als etwa in den Naturwissenschaften. Zudem ist für viele Doktoranden das Buch, das man am Ende einer längeren Wegstrecke in der Hand hält und seinen Lieben als Dank und/oder zum Arbeitsnachweis in die Hand drücken oder gar widmen kann, ein derart bedeutsames, von Beginn an visualisiertes Ziel, dass eine Publikation im Internet für sie nicht in Frage kommt. Für alle anderen Kandidaten ohne weitergehende akademische Ambitionen dürfte der Preisunterschied von durchschnittlich vielleicht 1.500 Euro[1] in Anbetracht der stetig verbesserten Online-Angebote aber eine reizvolle

---

[1] Ja, die Verlage lassen sich fast ausnahmslos die Publikation von Doktorarbeiten zu einem Gutteil von den Doktoranden bezahlen. Wie legitim und seriös das ist, hängt sicher vom Einzelfall ab, Absolventen, die sich zum ersten Mal mit diesem Thema beschäftigen, sind aber jedenfalls regelmäßig überrascht darüber. Auch hier liegt ein Anreiz, seinen Mitteilungsdrang zu zügeln (siehe überdies das Schlusskapitel dieses Bandes), liegen die ungefähren Grenzkosten einer zusätzlichen Druckseite doch bei etwa 10 €.

Option sein, und es gibt keinen Grund, davon abzuraten. Ein Kompromiss kann außerdem die Kombination aus Online-Publikation und Bestellung einiger gedruckter Exemplare im ‚Print-on-demand'-Verfahren sein. Hier ist allerdings Vorsicht bei der Kostenkalkulation angeraten – angesichts relativ hoher Preise für die einzelnen Bücher kann hier schon das Nachbestellen weniger Exemplare dazu führen, dass man am Ende mehr Geld ausgibt als für den Druckkostenzuschuss zu einer regulären Monographie. (Zur Verlagsauswahl mehr in Kürze bei der Vorstellung der einzelnen Textsorten.) Auch eine Kombination aus Online-Publikation und Monographie ist bei manchen Verlagen möglich.[2] Dabei ist es wichtig, sich mit den Ansprechpartnern in den Verlagen frühzeitig auf eine entsprechende Änderung des Autorenvertrages zu einigen oder eine Zusatzvereinbarung abzuschließen. Vorlagen für solche Vereinbarungen stellen meist die Online-Publikationsstellen der Universitätsbibliotheken zur Verfügung. Doch auch die Verlage selbst, die sich zunehmend mit solchen Doppelpublikationsfragen beschäftigen, können Ihnen in der Regel vorformulierte Textpassagen zuschicken, welche die Frage der Nutzungsrechte regeln. Wichtig: Sprechen Sie die Übertragung der Online-Nutzungsrechte an Ihrer Arbeit genau zwischen den Verlagen und der Online-Publikationsstelle ab. Dann sind Sie auch rechtlich auf der sicheren Seite.

Wer zu Anfang seiner Promotionszeit von vorneherein eine weitere akademische Karriere plant (sicher eine Minderheit der Doktoranden in der Politikwissenschaft), wer insgeheim damit liebäugelt (schon deutlich mehr Kandidaten) und wer sie zumindest nicht kategorisch ausschließen mag (spätestens jetzt reden wir vermutlich mindestens von einer Dreiviertelmehrheit), der tut gut daran, schon möglichst früh über den idealen Publikationsertrag aus der nun beginnenden Ausbildungs- und Produktionsphase nachzudenken. Die Startvoraussetzungen variieren dabei: So erlaubt manche Promotionsordnung auch die kumulative Promotion, d.h. das Verfassen mehrerer einzelner Artikel anstelle einer zusammenhängenden Doktorarbeit, und mancher Betreuer macht seine Präferenz für die Wahl dieser Option durch den Doktoranden so deutlich, dass kaum die freie Auswahl besteht. Außerdem determinieren die Finanzierungsmodalitäten oft die Erstellung bestimmter Textsorten (etwa Projektzwischen- und -abschlussberichte an die DFG oder andere Projektfinanziers), was im Sinne effizienten Vorgehens

---

[2] Seitdem die Universität Zürich eine Online-Publikation auf ihrem Dokumentenserver vorschreibt, haben sich die meisten Verlage zumindest mit der Frage auseinandergesetzt, eine zeitgleiche Online-Publikation zu ermöglichen. Bei einer Anfrage sollten Sie also in der Regel auf Verständnis stoßen, was nicht bedeutet, dass alle Verlage eine Doppelpublikation ermöglichen.

bei der Planung der Publikationsstrategie berücksichtigt werden sollte. Grundsätzlich aber hat jeder Doktorand zunächst einmal die Wahl zwischen verschiedenen Publikationsformen, welche im Verlauf der Promotionsphase genutzt werden können. Diese und was dabei jeweils besonders beachtet werden sollte werden im Folgenden kurz vorgestellt.

Die Monographie

In abgelebten Zeiten war sie die unumschränkt anerkannte Königsdisziplin. Ein Thema in Alleinautorschaft erschöpfend abzuarbeiten ist vielen auch heute noch ihr – oft gebrochenes, doch zuweilen immer noch gehaltenes – Versprechen. Die Formulierung der Anforderungen an die Promotionsleistung in den meisten Promotionsordnungen lässt dies noch anklingen. Doch auch bar jeder bibliophilen oder von Scholarendünkel gespeister Verklärung stellt die erste selbständige Publikation in Buchform wohl allein schon wegen ihres Umfangs zumindest mental die größte Herausforderung dar. Auch wird sie gemeinhin am engsten mit der Promotion an sich und dem Promovenden im Speziellen in Verbindung gebracht – so wird der frischgebackene Doktorand bei Familienfeiern mit großer Wahrscheinlichkeit vom Patenonkel auf sein Buch angesprochen bzw. er schildert seiner Großtante seine Tätigkeit mit dem Hinweis darauf, dass er eines schreibe. Und für die berufliche Zukunft wichtiger: Die Fachöffentlichkeit assoziiert den Nachwuchswissenschaftler auf Jahre hinaus, wenn nicht sogar noch dereinst posthum, mit dieser Visitenkarte (siehe auch den Gastbeitrag von Bernhard Kittel).

Abgesehen von den konzeptionellen Grundfragen (siehe Kapitel 6) und den vermutlich im Laufe des Schreibprozesses auftretenden Fragen (siehe Kapitel 7 und 8) und nach einer Entscheidung gegen eine Online-Publikation (siehe oben) muss das Werk irgendwann bei einem Verlag untergebracht werden. Das ist grundsätzlich leichter als die meisten Doktoranden befürchten, verdienen die Verlage mit den Dissertationen doch gutes Geld. Türöffner dafür können Betreuer, Zweitgutachter oder andere fortgeschrittenere Wissenschaftler sein, etwa wenn sie selbst in einem bestimmten Verlag publiziert haben oder dort eine Reihe herausgeben. Die Kontaktaufnahme über diese Kanäle kann nicht schaden, sollte jedoch besser erst nach Aufstellung der eigenen Präferenzliste erfolgen. Einzuschätzen und ggf. gegeneinander abzuwägen sind hier wissenschaftliches Renommee, Design und Ausstattung der Bücher, Ladenpreise und selbstverständlich die für den Doktoranden anfallenden Kosten, aber auch zunächst vielleicht weniger offensichtliche (und weniger selbstverständliche) Leistungen der Verlage

wie die Formatierung des Textes und die systematische Werbung für das Endprodukt. Dabei sollte man nicht davon ausgehen, dass diejenigen Verlage, die
besonders aufwändig, personalisiert und vollmundig für sich werben, notwendigerweise die geeignetsten sind. Immer wieder werben Verlage beispielsweise
damit, dass sie die für eine Anmeldung des Buches bei der VG Wort erforderlichen Formulare und Dokumente bereit stellen. Nun ist die VG Wort tatsächlich
eine wichtige Finanzquelle, die durch ihre eigenen Ausschüttungen (aus Gebüh-
ren für an sie übertragene Urheberrechte) und mehr noch durch die über sie ver-
mittelten Zuschüsse die finanzielle Last erheblich lindern kann. Der bürokrati-
sche Aufwand dabei ist allerdings so gering, dass die angebotene Hilfe der Verlage dabei kaum der Rede wert ist.

Selbstverständlich schließt eine Publikationsform die gleichzeitige Wahl anderer nicht aus. Während der zunächst via Prüfungsordnung primär auf eine
Monographie ausgerichtete, an einer weiterführenden akademischen Karriere
interessierte Doktorand also vor der Herausforderung steht, aus dem Opus mag-
num möglichst einige Teile als Zeitschriftenartikel auszukoppeln, stellt sich für
seine kumulativ vorgehenden Kommilitonen das umgekehrte Problem, die einzelnen Papiere möglichst unter einen Spannungsbogen zu stellen, der mehr als
eine Buchbindersynthese darstellt und es erleichtert, sie zusätzlich als Monographie zu publizieren. Beides wird nicht immer 1:1 umsetzbar, eine Doppelverwer-
tung aller Inhalte nur in Ausnahmefällen erreichbar sein. Größere Synergiepoten-
ziale nicht zu verschenken, sondern von vorneherein auf deren Generierung zu
setzen, ist aber sicherlich ratsam.

Der Zeitschriftenartikel

Dem Aufbau einer wissenschaftlichen Reputation ist es ohne Zweifel besonders
zuträglich, die Früchte seiner Forschung in Zeitschriften zu veröffentlichen, die
von weiten Teilen des Fachpublikums gelesen werden. Der Weg dorthin beginnt
mit der Frage, welche Teile der Doktorarbeit dazu geeignet sind, mit relativ begrenzten Modifikationen in diese Textsorte überführt zu werden. Bezieht sich ein
Kapitel der Arbeit ohnehin schon stark auf ein Spezialproblem, auf eine Kontro-
verse in der Literatur oder auf einen jüngst erschienenen Artikel eines bekannten
Politikwissenschaftlers? Dann ist es sicherlich besonders geeignet. Aus der Dissertation als Ganzes einen Zeitschriftenartikel zu kondensieren ist dagegen sicher
auch möglich, aber vielleicht nicht die effizienteste Vorgehensweise.

Sorgfältig bedacht sein möchte sodann auch die Auswahl der Zeitschrift, bei der der Artikel (inzwischen meist online) eingereicht werden soll. Die Bandbreite zwischen Flaggschiffen der Disziplin wie der APSR (American Political Science Review) mit breiter thematischer Ausrichtung und eher obskuren und auf einen Spezialbereich fokussierten Blättern wie dem YAOJoOUPiEP (Yet Another Online Journal of Otherwise Unpublishable Papers in Electoral Psychology – okay, we made that one up, but you get the idea) kann den relativ unerfahrenen Forscher leicht verwirren. Abzuwägen gilt es hier zwischen der Einschätzung der Wahrscheinlichkeit, dass das Papier angenommen wird, und der inhaltlichen Übereinstimmung des Artikels mit den Schwerpunkten und der Leserschaft der Zeitschrift. Überdies sollten Sie selbstverständlich Rat von Vorgesetzten und Kollegen einholen, und auch ein Blick auf den Impact Factor bzw. Score (Maße für die Zitationshäufigkeit) der in Frage kommenden Zeitschriften oder andere Rankings – die z.B. auf die Reputation in der Fachwelt abheben, welche nicht immer perfekt oder auch nur stark mit dem impact factor korreliert – sollte kein zu großer Aufwand sein. (Für einen ersten Überblick über das Abschneiden ausgewählter Zeitschriften siehe Tabelle 5.) Zur Reputation des Zentralorgans der deutschen Politikwissenschaft, der Politischen Vierteljahresschrift, ist anzumerken, dass sie zwar von den meisten deutschen Politologen gelesen bzw. zumindest auf interessante Beiträge gescannt wird, in der Benotung ihrer Qualität jedoch deutlich schlechter abschneidet als etwa die APSR, das BJPS, das EJPR, aber auch einige andere deutschsprachige Zeitschriften wie die ZIB oder der Leviathan (vgl. Faas/ Schmitt-Beck 2009: 631 u. 637).

Tabelle 6: Das Renommee ausgewählter politikwissenschaftlicher Zeitschriften

Zeitschrift	Impact Score (1993-2002) nach Hix 2004[3]	Rangplatz im ‚Robust ISI Impact' (2003/04) nach Giles/Garand 2007[4]	Rangplatz in der subjektiven Evaluation amerikanischer Politikwissenschaftler bei Giles/Garand 2003[5]
American Political Science Review	8,82	4	17
International Organization	5,21	1	5
Journal of Politics	4,13	21	7
World Politics	3,66	3	4
British Journal of Political Science	2,84	25	11
Comparative Political Studies	2,79	19	18
European Journal of Political Research	2,46	37	52
Party Politics	2,38	47	43
Electoral Studies	2,26	52	48
Governance	2,09	nicht aufgeführt	nicht aufgeführt
Journal of Theoretical Politics	2,00	34	30
Journal of Public Policy	1,85	nicht aufgeführt	41
Politische Vierteljahresschrift	1,52	nicht aufgeführt	nicht aufgeführt
Revue francaise de science politique	1,49	nicht aufgeführt	nicht aufgeführt
Acta Politica	1,38	nicht aufgeführt	nicht aufgeführt

Und dann ist da ja noch die Frage, ob es ein deutsch- oder ein englischsprachiges Journal sein soll. Unseres Erachtens ist diese Entscheidung nicht ganz so selbstverständlich zugunsten des Englischen zu treffen wie in weiten Teilen der Disziplin verbreitet. Sicherlich sollte eine der Weiterqualifikationen während der Pro-

---

[3] Hix (2004: 300) zufolge wäre ein Artikel in der APSR etwa fünfeinhalb Mal so wichtig wie einer in der PVS. Ob Sie einer solchen etwas simplen Quantifizierung folgen wollen oder nicht, bleibt Ihnen als Leser selbst überlassen. Für eine kritische Diskussion seines Vorgehens und seiner Interpretationen beachte man Erne 2007.

[4] Von 90 erfassten Zeitschriften. „We calculate robust ISI Impact scores by dividing the total number of citations a journal receives by the number of articles published" (Giles/Garand 2007: 742).

[5] Von 115 erfassten Zeitschriften; 565 Befragte.

motionsphase, die auch die Arbeitsmarktperspektiven jenseits der Wissenschaft verbessern, idealerweise auch sein, akzeptables Englisch schreiben zu lernen. Doch können sich die wenigsten deutschsprachigen Politikwissenschaftler auf Englisch so nuancenreich und präzise ausdrücken wie im Deutschen. Es sind also durchaus Zielkonflikte zu vergegenwärtigen: Ist die Ansprache eines potenziell weit größeren Publikums thematisch angezeigt, und rechtfertigt sie in diesem ganz konkreten Fall den größeren Aufwand wie den potenziellen Verlust an authentischer Ausdrucksweise? Reformen des kommunalen Finanzausgleichs in Thüringen sind vielleicht für die Kollegen in Chicago oder Melbourne gar nicht so interessant, einige Ministerialbeamte in deutschen Länderministerien hätten einen deutschsprachigen Artikel darüber aber gerne gelesen. Und wenig ist so unfreiwillig komisch wie ein ausschließlich mit Deutschen besetzter Konferenzraum, in dem angestrengt auf so etwas wie Englisch debattiert wird. Andererseits sind englischsprachige Artikel in renommierten Zeitschriften sicher die härteste, an manchen Standorten gar die einzige Währung, die Zugang zu attraktiven Stellen verschafft.

Für den (immer noch) Ausnahmefall, dass die gesamte Dissertation auf Englisch verfasst wird, gilt dagegen, dass einige Publikationen auf Deutsch zum einen der Wahrnehmung auf dem Heimatmarkt und zum anderen der Demonstration der Sprachmächtigkeit in der Muttersprache dienlich sind.

Eine Daumenregel könnte dann so formuliert werden: Identifizieren Sie zunächst die Zeitschrift, in der Sie selbst einen oder mehrere Artikel gelesen haben, die Ihrem Beitrag strukturell, thematisch und/oder von der Qualität her ähneln. Machen Sie dann aus dieser Einer- eine Dreier-Liste von Zeitschriften, indem Sie eine noch etwas renommiertere und allgemeiner ausgerichtete über die zunächst angedachte und eine etwas weniger gut beleumundete und speziellere Zeitschrift darunter schreiben. Reichen Sie das Papier dann bei der Nr. 1 auf dieser Liste ein, bereiten sich psychisch auf eine eventuelle Ablehnung vor, und arbeiten Sie nach dieser die Liste gelassen weiter ab. Bei großem Zeitdruck – man unterschätze die tatsächliche Dauer eines Review[6]- und ggf. Überarbeitungsverfahrens nicht, die Angaben der Zeitschriften von z.B. maximal drei Monaten bis zu einer Entschei-

---

[6] Zum Umgang mit Gutachten bei der Überarbeitung formuliert Plümper (2008: 139f.) nützliche Tipps, unter anderem folgenden: „Wenn Sie ein revise und resubmit erhalten, lesen Sie sich zunächst den Brief des Herausgebers und die referee reports durch. Dann legen Sie diese weg. […] Eine Woche später lesen Sie die reports nochmals und überlegen, ob [S]ie die Bedingungen und Auflagen erfüllen wollen und können."

dung werden oft nicht eingehalten – können Sie natürlich auch mit der Nr. 2 beginnen.

Und noch ein Tipp: Die Formatierung nach den Kriterien der Zeitschrift ist auch bei Nutzung von Helferlein wie Endnote eine aufwändige Sache, aber damit steht und fällt die Begutachtung kaum. Diese Arbeit kann man also getrost auf die Zeit nach der Annahme verschieben, wenn man nicht riskieren möchte, für die auf eine eventuelle Ablehnung folgende Einreichung bei einer anderen Zeitschrift dann doch wieder auf deren möglicherweise völlig andere Formatvorgaben umstellen zu müssen. Zur möglichen Ablehnung von Papieren ist festzuhalten, dass es sich dabei leider um eines der am stärksten tabuisierten Themen unter Wissenschaftlern handelt. Die Quote der abgelehnten Manuskripte bei ordentlichen Zeitschriften liegt oft bei über 75 Prozent, die Zurückweisung ist selbst für renommierte Professoren (sofern sie überhaupt noch diesen Publikationsweg bestreiten) durchaus eine regelmäßige Erfahrung. Weeks (2006: 880) rät Betreuern von Doktorarbeiten daher dringend, mit ihren Schützlingen über diese Erfahrungen und den Umgang damit zu sprechen. Selbst stellt er Doktoranden, deren Artikel abgelehnt wurde, anheim: „Take what you can, and leave what you must" (ibid.). Damit ist gemeint, dass man einerseits bereit sein sollte, aus den kritischen Anmerkungen der Gutachter zu lernen und diese zum Teil auch in die Überarbeitung des Textes einfließen zu lassen, sich aber andererseits eben auch nicht zu sehr entmutigen bzw. nicht notwendigerweise auf alle Kritikpunkte einzulassen, insbesondere da es auch immer wieder vorkommt, dass Artikel aus sachlich unangemessenen Gründen abgelehnt werden.

Das Working (oder Discussion) Paper

Viele Einrichtungen veröffentlichen Serien von Arbeits- und Diskussionspapieren (Letztere sind etwas tentativer und thesenhafter ausgerichtet als Erstere), in denen in der Regel parallel online und in gedruckter Heftform interne, aber oft auch externe Autoren nach Durchlaufen eines vergleichsweise zügigen und etwas weniger anspruchsvollen Review-Prozesses Zwischenergebnisse ihrer Forschungsarbeit veröffentlichen können. So können gerade auch Doktoranden schneller erste zitierfähige Publikationen aus ihren Projekten destillieren, als dies bei den anderen Publikationsarten möglich ist. Denn diese Reihen fungieren auch als Barometer dafür, was in näherer Zukunft interessante Forschungstrends werden dürften. Einige Reihen genießen durchaus eine hohe Aufmerksamkeit, und nicht

selten werden aus hier zuerst veröffentlichten Arbeiten später Beiträge in renommierten Fachzeitschriften.

Der Sammelbandbeitrag

Der einfachste Einstieg ins Publikationsgeschäft dürfte weiterhin in einem Beitrag
zu einem von Kollegen oder Vorgesetzten (oder durchaus auch einmal selbst)
herausgegebenen Sammelband liegen. Diese niedrigschwelligeren Angebote haben den Vorteil, den Autoren und seine Arbeit an seinem Thema ohne größere
Hürden in der Fachöffentlichkeit bekannt zu machen und, auch das ist nicht un-
wichtig, die Botschaft zu transportieren, dass die Herausgeber einen Beitrag des
Doktoranden für des Aufnehmens wert erachtet haben. Sofern man allerdings die
Wahl hat (und einem nicht der Betreuer ein Angebot gemacht hat, das man nicht
ablehnen kann), sollte man vor einer Zusage folgende Punkte beachten: Zunächst
variiert die Qualität von Sammelbänden enorm. Hier geht es weniger um den
Verlag, in dem sie erscheinen, als vielmehr um die Mühe, die sich die Herausgeber mit der Formulierung eines alle Beiträge übergreifenden Konzepts (sowie
einer Einleitung und eines Synthesekapitels), der Auswahl der übrigen Beitra-
genden sowie mit der redaktionellen Arbeit an den Texten machen. Nicht alles
lässt sich bei der Entscheidung über eine Zu- oder Absage erwartungstreu einschätzen, aber die mit einer Anfrage eines Beitrags zugesandten Dokumente sowie ein Blick in frühere Sammelbände der Herausgeber sollten dabei helfen. Generell bieten sich eher nacherzählende Kapitel aus der Dissertation vielleicht eher
für die Zweit- bzw. Vorab-Verwertung in Sammelbänden an als die analytischen
Perlen und Kernstücke der Doktorarbeit.

Das Publikationsportfolio: Breiter gestreut oder alles auf eine Karte?

Vermutlich wird auch in einigen Jahren noch der einer relativ speziellen Frage
gewidmete, englischsprachige, blindbegutachtete Artikel in einem Journal mit
hohem ‚Impact Factor' die härteste Währung zum Erwerb akademischer Aner-
kennung sein. Zumindest im deutschen Sprachraum deutet sich nach Ansicht der
Verfasser aber eine leichte Trendwende an: Die Wertschätzung eines gemischten
Publikationsportfolios und insbesondere von klug komponierten, weitere thematische Bögen spannenden Monographien scheint hier wieder zu steigen. Dies gilt
sicher an manchen Orten stärker als an anderen, sodass es nicht die eine erfolg-

versprechende Strategie gibt, und die Abwägung zwischen dem Adressieren des Heimatmarktes oder der globalen Disziplin ist eine zu individuelle Entscheidung, als dass man hier nur ein bestimmtes Vorgehen empfehlen könnte. Aus diesen Gründen gilt es an dieser Stelle ein weiteres Mal den potenziellen und im Frühstadium stehenden Doktoranden dazu aufzufordern, über die in diesem Kapitel aufgeworfenen Fragen selbst nachzudenken. Allerdings auch nicht zu lange, und dann frisch ans Werk – denn, darum geht es im folgenden und letzten Kapitel: Das Ganze soll ja auch fertig werden.

Zum Weitersurfen

Von der Deutschen Nationalbibliothek betriebenes Portal mit vielen hilfreichen Hinweisen und weiterführenden Links:
    www.dissonline.de
Beispiel für das Online-Publikationsangebot einer Universitätsbibliothek:
    http://archiv.ub.uni-heidelberg.de/volltextserver/
Zuschusstöpfe und Rechteverwertungs-Ausschüttungen anzapfen:
    www.vgwort.de
Eine renommierte Working Paper-Reihe
    http://www.mpifg.de/pu/workpapers_de.asp

Zum Weiterlesen

Ascheron, Claus (2006): Die Kunst des wissenschaftlichen Präsentierens und Publizierens. Ein Praxisleitfaden für junge Wissenschaftler, Heidelberg: Spektrum.
Budrich, Barbara (2009): Erfolgreich Publizieren in den Sozial- und Erziehungswissenschaften, Opladen: B.Budrich.
Garand, James C./Giles, Michael W. (2003): „Journals in the Discipline: A Report on a New Survey of American Political Scientists", in: PS: Political Science and Politics 36:2, 293-308.
Giessen, Hans W. (2003): Medienadäquates Publizieren. Von der inhaltlichen Konzeption zur Publikation und Präsentation, Heidelberg: Spektrum.
Giles, Michael W./Garand, James C. (2007): „Ranking Political Science Journals: Reputational and Citational Approaches", in: PS: Political Science and Politics 40:4, 741-751.
Faas, Thorsten/Schmitt-Beck, Rüdiger (2009): „Die Politische Vierteljahresschrift im Urteil der Profession: Ergebnisse einer Umfrage unter den Mitgliedern der DVPW", in: Politische Vierteljahresschrift 50:3, 627-645.

Erne, Roland (2007): On the Use and Abuse of Bibliometric Performance Indicators. A Critique of Hix's 'Global Ranking of Political Science Departments', in: eps European Political Science 6: 3, 306-314.

Hix, Simon (2004): A Global Ranking of Political Science Departments, in: Political Studies Review 2:3, 292-313.

Jackson, Gerald/Lesntrup, Marie (2009): Getting Published. A Companion for the Humanities and Social Sciences, Kopenhagen: NIAS.

Jürgens, Kai U. (2007): Wie veröffentliche ich meine Doktorarbeit? Der sichere Weg zum eigenen Buch, Kiel: Ludwig.

Luey, Beth (Hg.) (2007): Revising your Dissertation. Advice from Leading Editors, Berkeley: University of California Press.

Plümper, Thomas (2008[2]): Effizient schreiben. Leitfaden zum Verfassen von Qualifizierungsarbeiten und wissenschaftlichen Texten, München: Oldenbourg.

Weeks, Gregory (2006): Facing Failure: The Use (and Abuse) of Rejection in Political Science, in: *PS: Political Science and Politics* 40:4, 879-882.

Yoder, Stephen (2008): Publishing Political Science: The APSA Guide to Writing and Publishing, Washington: APSA.

Zum guten Schluss

All good things must come to an end

Dieses letzte Kapitel unseres kleinen Ratgebers hat dreierlei Zwecke: Erstens soll es einige Anforderungen an ein gelungenes Schlusskapitel einer Dissertation formulieren; zweitens dazu anhalten, irgendwann auch zu einem Ende mit dem Promotionsvorhaben zu kommen; und drittens die Promovierenden auf die in vielen Fällen nach Abgabe der Doktorarbeit (und einer oft quälenden Wartezeit auf die Gutachten) folgende Disputation vorbereiten.

Anforderungen an ein gelungenes Schlusskapitel

Das Schlusskapitel einer Dissertation sollte zu allererst die wichtigsten Ergebnisse im Hinblick auf die Fragestellung zusammenfassen, die der Arbeit zugrunde lag. Dazu gehört die Kunst, Bedeutendes von weniger Bedeutendem zu trennen und Sachverhalte zugespitzter als in den weiten Ebenen des Mittelteils zu formulieren. Hall (1990: 597) ist zwar zuzustimmen, wenn er mahnt, die Arbeit von mehreren Jahren bzw. ein Werk von mehreren hundert Seiten Umfang nicht mit einer hastig hingeworfenen Conclusio von sieben Seiten zu beschließen. Auf der anderen Seite sollte aber auch nicht noch einmal die ganze Story ab urbe condita aufgedröselt werden. Für den Umfang des Schlusskapitels sind 3-5 Prozent der Gesamtlänge wohl eine gute Daumenregel. Mit King/Keohane/Verba (1994: 7) darf man auch erwarten, dass weiter bestehende Unsicherheiten und Kontingenzen in Bezug auf diese Ergebnisse benannt und auf ihre Größe hin eingeschätzt werden.

Die zweite und oft vernachlässigte Komponente des Schlusskapitels (einer der Autoren des vorliegenden Ratgebers spricht hier gerade auch von seiner eigenen Dissertation) sollten theoretische und methodische Implikationen der Arbeit sein. Sie, lieber Doktorand, haben die Forschungsfront in ihrem Bereich der Politikwissenschaft ein gutes Stück nach vorne geschoben und haben deshalb den besten Ausblick ins noch nicht kartographierte Gelände jenseits dieser Grenzlinie. Teilen Sie der Fachwelt ihre Einschätzung mit, wie diejenigen, die nach Ihnen kommen, dorthin am besten vorstoßen könnten! Manches, was Ihnen diesbezüglich selbstverständlich vorkommt, ist insbesondere der nächsten Doktorandengeneration ganz gewiss eine große Hilfe.

Drittens und damit zusammenhängend, aber nicht identisch, sollte das Schlusskapitel diejenigen angrenzenden Bereiche und Anschlussfragen benennen, bei denen Ihres Erachtens der größte Bedarf nach weiterer Forschung besteht. Die entsprechenden Textbausteine lassen sich im Übrigen voraussichtlich prima in der Bewerbung um eine Postdoc-Stelle oder für Ihren nächsten Drittmittelantrag wiederverwerten.

Zu einem Ende kommen

Hier liegt auch einer der Schlüssel dazu, das Promotionsvorhaben als Ganzes nach zwei, drei, spätestens aber fünf Jahren zu einem Ende zu bringen: Es gibt ganz schlicht auch Dinge, die darin nicht gesagt zu werden brauchen, sondern in späteren eigenen oder von Anderen angestellten Forschungsarbeiten behandelt werden können. Die Promotion ist eine Ausbildungsphase. Mit dem daraus hervorgehenden Werk soll substanziell Neues über ein relevantes Thema wissenschaftlich sauber und selbständig erarbeitet werden – aber eben auch nicht mehr. Irgendwann ist es genug, und der Abschluss ist bei aller Liebe zum Thema und bei allem Drang, es noch tiefer zu ergründen und vollständiger abzudecken, auch ein Wert an sich. Bedenken Sie: Wenn Sie dem Publikum nicht irgendwann ihre Arbeit zur Verfügung stellen, können all Ihre wertvollen Gedanken überhaupt nicht aufgenommen werden. Sollte die Trennung trotzdem allzu schwer fallen – deklarieren Sie die Dissertation für sich selbst doch einfach als vorläufigen Zwischenbericht, den Sie in der näheren oder weiteren Zukunft jederzeit um das ergänzen können, was jetzt noch nicht darin steht.

Mehr als nur ein Nachklapp: Die Disputation[1]

Glückwunsch, Sie haben abgegeben! Die Pflichtexemplare sind ausgedruckt, gebunden und ins Dekanat Ihrer Fakultät getragen (vielleicht die größte körperliche Anstrengung im letzten Quartal). Und jetzt? Klar, gebührend feiern und in den wohlverdienten Erholungsurlaub fahren. Aber danach? Die große dunkle Leere, die sich nun möglicherweise in der Mitte Ihres Daseins ausbreitet, könnten Sie zum Beispiel damit vertreiben, sich langsam auf ihre Disputation vorzubereiten. (Wenn Ihre Promotionsordnung diese gar nicht vorsieht, ist die Situation natürlich schwieriger. Ikebana? Capoeira? Sie finden sicher etwas.) Bei der Disputation sollen Sie Ihre Arbeit vor einem Ausschuss, der in der Regel mit den Gutachtern und weiteren Professoren aus dem eigenen und/oder angrenzenden Fächern besetzt ist, präsentieren und verteidigen. Davor schlottern vielen Kandidaten die Knie. Diese Nervosität ist mit wohlmeinendem Rat kaum ganz auszuräumen. Bedenken Sie aber Folgendes: Kein Mitglied der Kommission ist in das Thema so eingearbeitet wie Sie. Viele Fragen werden Sie deshalb ganz ohne Schwierigkeiten beantworten können, und sie dienen oft eher der Vergewisserung der Kommissionsmitglieder über die Inhalte Ihrer Dissertation, die kaum alle ganz gelesen bzw. zum Zeitpunkt der Disputation noch zur Gänze präsent haben. Ein paar härtere Anwürfe und grundsätzliche Infragestellungen Ihres Vorgehens sowie Ihrer Ergebnisse sind darüber hinaus zugegebenermaßen wahrscheinlich. Sehen Sie darin den Ritterschlag – man anerkennt Sie auf Augenhöhe als Mitglied der akademischen Community, und da geht man um der Sache Willen (wie gelegentlich auch zur Reviermarkierung) auch einmal etwas herzhafter miteinander um. Antworten Sie ruhig und selbstbewusst, aber nicht überheblich. Wenn Sie einen Moment zum Nachdenken brauchen, sagen Sie das offen, es ist keine Schande. Fällt Ihnen dann noch nichts ein, bitten Sie freundlich darum, diesen interessanten und wichtigen Punkt zunächst zurückstellen und etwas später wieder aufgreifen zu dürfen. Eventuell sagen Sie auch schlicht, dass Sie das ad hoc nicht abschließend einschätzen können und gerne bereit sind, für die

---

[1] Es soll ja noch Prüfungsordnungen geben, die anstelle einer Verteidigung der Doktorarbeit (und Diskussion verwandter Themen) eine weitere reine Fachprüfung vorsehen, manchmal sogar in allen Fächern, die man einstmals studiert hat. Während wir nicht verhehlen können, dass uns der Sinn solcher Regelungen verschlossen bleibt, sind wir überzeugt davon, dass Sie ggf. auch noch diese Hürde nehmen werden – so unangenehm es sein kann, sich nach Jahren nochmals in entlegene Prüfungsgebiete zurückzuarbeiten. So Sie am Beginn Ihrer Promotion stehen: Werfen Sie die Vorbereitungsunterlagen zu Ihren gerade abgelegten Magister- oder Diplomprüfungen nicht weg!

Druckfassung der Dissertation an dieser Stelle (natürlich in Abstimmung mit den Gutachtern) nachzulegen.

Sofern Sie schon vor der Disputation Gelegenheit zur Einsicht in die Gutachten bekommen haben, und darum sollten Sie sich unbedingt bemühen, gehen Sie auf darin zur Sprache kommende Kritikpunkte ein, danken Sie für Anregungen und nutzen Sie die Gelegenheit, Missverständnisse zu klären. Die Gutachten sind auch für die Vorbereitung der Disputation eine wichtige Quelle, viele Fragen der Prüfer lassen sich etwa aus den Ausführungen der Gutachter vorhersehen. Wenn Sie sich daher auf die Kritik in den Gutachten gezielt vorbereiten, den ein oder anderen Text noch zusätzlich lesen und sich Argumentationsstrategien zurechtlegen, die Sie dann an entsprechender Stelle in der Disputation abrufen können, dann braucht Ihnen vor der Abschlussprüfung nicht bange zu sein.

Und dann, nach seltsamerweise zugleich ewig dauernden und blitzschnell vergangenen 60, 90 oder 120 Minuten, warten Sie draußen vor der Tür auf das Ergebnis. Die Bangigkeit während dieser letzten Wartephase lässt sich vielleicht mit dem Gedanken daran vertreiben, dass Ihre Doktoreltern durchaus ein beträchtliches Eigeninteresse daran haben, die von ihnen selbst ja schließlich betreute Arbeit den anderen Kommissionsmitgliedern gegenüber zu verteidigen und in ein gutes Licht zu stellen.

So, Sie werden hereingebeten? Dann bleibt uns nur, uns den Glückwünschen anzuschließen. Sofern unser kleiner Ratgeber dazu beigetragen hat, dass Sie sich die eine oder andere Frage früher gestellt haben und bei der Lektüre wie beim Nachdenken darüber die eine oder andere Antwort schneller gefunden haben, als dies sonst der Fall gewesen wäre, dann hätte er aus unserer Sicht seinen Zweck erfüllt.

Zum Weitersurfen

Vielleicht lauert hier der nächste Job:
    www.academics.de
Sie haben es sich verdient:
    www.lonelyplanet.com

Zum Weiterlesen

Hall, Peter A. (1990): „Helpful Hints for Writing Dissertations in Comparative Politics", in: PS: Political Science and Politics 23:4, 596-598.

King, Gary/Keohane, Robert O./Verba, Sidney (1994): Designing Social Inquiry. Scientific Inference in Qualitative Research, Princeton: Princeton University Press.

Serviceteil
Anhang 1: Promotionsmöglichkeiten in Deutschland

Die folgenden Angaben zu den fachlichen Schwerpunkten und Besonderheiten der Promotionsstudiengänge an den politikwissenschaftlich forschenden Instituten in Deutschland sollen potenziellen Doktoranden eine erste Orientierung ermöglichen, wo und auf welche Weise sie ihren Doktortitel erwerben könnten. Selbstverständlich können und sollen diese Informationen intensive eigene Recherchen und insbesondere persönliche Kontaktaufnahmen nicht ersetzen, sondern sie allenfalls vorbereiten bzw. bei einer Auswahl der ersten Schritte dazu behilflich sein.

In den allermeisten Fällen beruhen die Einträge auf Antworten, die uns die Institute selbst auf die folgenden beiden Fragen gegeben haben: Könnten Sie uns bitte drei bis fünf Bereiche nennen, in denen potenzielle Doktoranden in Ihrem Haus eine besonders kompetente Betreuung erfahren? (Diese Angaben sollten idealerweise weder ganz allgemein formuliert, etwa ‚Internationale Beziehungen‘, noch zu eng umrissen sein, z.B. ‚Parteiensystemwandel in Lettland und Litauen im Vergleich‘.) Und gibt es Besonderheiten der Graduiertenausbildung (wie Promotionskollegs oder curriculare Elemente) an Ihrem Institut?

Durch dieses Vorgehen wollten wir die allen Fremdzuschreibungen inhärente Gefahr vermeiden, dass sich die so Charakterisierten in den Angaben nicht angemessen gewürdigt sehen. Zudem gestehen wir freimütig, dass wir uns weder für kompetent noch für berufen halten würden, die Forschungsschwerpunkte aller in Frage stehenden Institute selbst einzuschätzen. In Kauf nehmen mussten wir deshalb allerdings eine gewisse Bandbreite der Präzision und des Stils der Angaben aus den jeweiligen Häusern.

Einige Antworten haben wir selbst kürzend verdichtet, und bei den sehr wenigen Instituten, die auch auf erneute Nachfrage nicht geantwortet haben, haben wir die Einschätzung auf der Basis der Selbstdarstellungen der Institute im Internet selbst vorgenommen (wo geschehen, ist dies jeweils in der Tabelle vermerkt).

Um Glättungen haben wir uns im Sinne einer möglichst großen Einheitlichkeit bemüht, verbleibende Schwächen des Gesamtbildes liegen in unserer Verantwortung und bitte nicht den Instituten anzulasten. Diesen wiederum danken wir für ihre engagierte Zuarbeit und für die Geduld mit unseren Rückfragen.

Baden- Württemberg

Institut	Fachliche Schwerpunkte	Besonderheiten der Graduiertenausbildung
Albert-Ludwigs-Universität Freiburg Seminar für Wissenschaftliche Politik Rempartstr. 15 79085 Freiburg http://portal.uni-freiburg.de/politik	<ul><li>Area-Studies Asien-Pazifik/Südostasien</li><li>Global and Regional Governance</li><li>Sicherheit und Gesellschaft</li><li>Vergleichende Staatstätigkeits-forschung (Schwerpunkte: Öffentliche Finanzen, Reformen, Sozialpolitik)</li><li>Direktdemokratische Entscheidungsverfahren</li></ul>	DFG-Graduiertenkolleg „Freunde - Gönner - Getreue" in Zusammenarbeit mit anderen Fächern der philosophischen Fakultät (Geschichte, Philosophie, Völkerkunde): Arbeiten aus der Politikwissenschaft zu den Themen Freundschaft, Patronage, Klientelismus, Netzwerke in der Politik.
Zeppelin University Friedrichshafen GmbH Lehrstuhl Politikwissenschaft Am Seemooser Horn 20 88045 Friedrichshafen http://www.zeppelin-uni versity.de/deutsch/lehrstuehle/ politikwissen schaft/politik_profil. php?navid=207	<ul><li>Wahlsysteme- und Wahlforschung, Werteforschung</li><li>Experimentelle Spieltheorie</li><li>Analytische Modelle demokratischer Prozesse</li></ul>	Die ZU besitzt im Moment noch kein Promotionsrecht, hofft dies aber spätestens 2011 zu erhalten.
Ruprecht-Karls-Universität Heidelberg Institut für Politische Wissenschaft Bergheimer Str. 58 69115 Heidelberg http://www.uni-heidelberg.de/politikwissen schaften/	<ul><li>International vergleichende Demokratie- und Systemtransformationsforschung</li><li>Staatstätigkeitsforschung, insbesondere vergleichende Politikfeldforschung, Bildungspolitik und Sozialpolitik, sowie Entscheidungsprozesse und Staatstätigkeit in der Bundesrepublik Deutschland</li><li>Vergleichende Analyse politischer Systeme im pazifischen Asien, in Westeuropa und Nordamerika sowie in Lateinamerika, hier insbes. auch Wahlrecht und Wahlsysteme im internationalen Vergleich</li><li>Analyse von Verlauf, Regelung und Verhütung von innerstaatlichen Konflikten und Konflikten in den internationalen Beziehungen</li></ul>	Politikwissenschaftliche Promotionen neben der freien Einzelpromotion auch möglich im Rahmen des fächerübergreifenden Promotionskollegs, ,Reformen von Steuer- und Sozialsystemen'.

	• Europäische Integration Vergleichende Außen- und Sicherheitspolitikforschung sowie deutsche Außenpolitik • Analytische und international vergleichende Politische Ökonomie, insbesondere Währungs- und Finanzkrisen sowie Politische Ökonomie des Terrorismus und der Terrorismusbekämpfung	
Universität Konstanz Fachbereich für Politik- und Verwaltungswissenschaft Fach D 80 78457 Konstanz http://www.polver.uni-konstanz.de/	Einige Kursangebote aus dem Promotionsstudiengang Politik- und Verwaltungswissenschaft der letzten Semester geben einen schönen Einblick: • Verwaltungswissenschaftliche Theoriebildung und Forschungsdesigns • Aktuelle Themen im Bereich Organizational Behavior • Analyse subnationaler Demokratien • Political Conflict: Theory and Empirics • Aggregatdatenanalyse • Complexity theory • International vergleichende Einstellungs- und Verhaltensforschung *Teils eigene, verdichtende (Um-)Formulierung der Autoren*	An der Universität Konstanz existiert seit rund fünf Jahren ein Promotionsstudiengang. Für die Studierenden ist die Teilnahme am Doktorandenkolloquium und an zwei Forschungsseminaren Pflicht. Die Hausarbeiten, die in diesen Seminaren zu schreiben sind, gehen in die Note für die Promotion ein zusammen mit der Bewertung der schriftlichen Arbeit und der mündlichen Verteidigung der Promotionsschrift. Im Idealfall entstehen aus den Hausarbeiten wissenschaftliche Aufsätze, die nachher zur Publikation in wissenschaftlichen Journalen eingereicht werden. Bis jetzt sind Veröffentlichungen, die aus Hausarbeiten hervorgingen, etwa in Zeitschriften wie Public Choice und International Studies Quarterly erschienen. Inhaltlich liegt der Schwerpunkt der Doktorandenausbildung in der systematischen Erarbeitung von theoretischen Argumenten und in der Ausbildung in avancierten sozialwissenschaftlichen Methoden. Promovenden müssen innerhalb des ersten Jahres ihres Promotionsstudiums ein Konzeptpapier verfassen, in dem sie das theoretische Modell ihrer Arbeit und das Forschungsdesign skizzieren.

Universität Mannheim Fakultät für Sozialwissenschaften A5, 6 Bauteil A 68131 Mannheim http://home.sowi.uni-mannheim.de/forschung/ politikwissenschaft	• Politische Soziologie • Politische Ökonomie • Vergleichende und historische Europaforschung • Vergleichende Analyse der deutschen Innenpolitik • Quantitative Methoden der Politikwissenschaft Da drei Professuren derzeit nicht besetzt sind, ist diese Auflistung nicht zwingend dauerhaft vollständig.[1] *Teils eigene, verdichtende (Um-) Formulierung der Autoren*	Zwei Möglichkeiten zur Promotion: • Ph. D. an der Graduate School of Economics and Social Sciences (darin: CDSS, siehe auch http://gess.uni-mannheim.de/ http://cdss.uni-mannheim.de/) Dr. rer.soc. am MZES oder am Leibniz-Institut für Sozialwissenschaften (GESIS, siehe auch http://www.mzes.uni-mannheim.de/ http://www.gesis.org)
Universität Stuttgart Institut für Sozialwissenschaften Abteilung für Politische Theorie und Empirische Demokratieforschung Breitscheidstr. 2 70174 Stuttgart http://www.uni-stuttgart.de/soz/institut/	• Demokratietheorie und Demo-kratieforschung • Politische Psychologie und Politische Kultur • Identität, Legitimität und Partizipation in der EU	
Eberhard-Karls-Universität Tübingen Institut für Politikwissenschaft Melanchthonstr. 36 72074 Tübingen http://www.uni-tuebingen.de// fakultaeten/fakultaet-fuer-sozial-und-verhaltenswissen schaften/institute/ifp	• Vergleichende Wohlfahrtsstaatsforschung • Friedens- und Konfliktforschung • Außenpolitikanalyse • Europäische Integration • Politik im Vorderen Orient • Gender-Forschung	Ein Graduiertenstudiengang soll in der nächsten Zeit aufgebaut werden.

Bayern

Institut	Fachliche Schwerpunkte	Besonderheiten der Graduiertenausbildung
Universität Augsburg Philosophisch-Sozialwissen-schaftliche Fakultät Universitätsst. 10 86159 Augsburg http://www.philso.uni-augsburg.de/de/lehr stuehle/politik/	• Geschichte der Demokratie/ Demokratietheorien • Politische Kulturforschung • Friedens- und Konfliktforschung • Deutsche Außenpolitik	

---

[1] Wir bitten die interessierten Leser, zu gegebener Zeit die Internetauftritte des Institutes bzw. der betreffenden Lehrstühle zu betrachten.

Otto-Friedrich-Universität Bamberg Fakultät für Sozial- und Wirtschaftswissenschaften Fachgebiet Politikwissenschaft Feldkirchenstr. 21 96045 Bamberg http://www.uni-bamberg.de/politik/	• Wahl- und Einstellungsforschung • Parteien, Koalitionen, Regierungen • Internationale Institutionen • Regionale Integration • Vergleichende Staatstätigkeitsforschung Der Lehrstuhl für Politische Theorie wird ab WS 10/11 neu besetzt. [2]	Geplant zum WS 2010/11: Bamberg Graduate School of Social Sciences (mit spezifischen Schwerpunkten)
Universität Erlangen-Nürnberg Institut für Politikwissenschaft (& Zentralinstitut für Regionalforschung) Kochstr.4/7 91054 Erlangen http://www.polwis.phil.uni-erlangen.de/	• Außereuropäische Regionen (Naher Osten, Asien, Nordamerika) • Politische Ökonomie • Europäische Integration • Menschenrechte • Politische Philosophie	Promotionskolleg „Politik und Parteienentwicklung in Europa"
Katholische Universität Eichstätt Fachgebiet Politikwissenschaft Universitätsallee 1 85072 Eichstätt http://www.ku-eichstaett.de/Fakultaeten/GGF/fachgebiete/Politikwissenschaften	• Europapolitik • Deutsch-französische Beziehungen • Politik und Religion • Strukturen demokratischer Regierungssysteme • Politikwissenschaft und Politische Bildung	
Ludwig-Maximilians-Universität München Geschwister-Scholl-Institut für Politikwissenschaft Oettingenstr. 67 80538 München http://www.gsi.uni-muenchen.de/	• Governanceforschung, Global Governance, Wandel von Staatlichkeit • Vergleichende Politikfeldanalyse • Vergleich politischer Systeme: westliche liberale Demokratien, neue Demokratien Ostmitteleuropas, hybride/autoritäre Systeme Osteuropas Da drei Professuren derzeit nicht besetzt sind (Politische Theorie, Internationale Beziehungen, Empirische Theorien der Politik), können zu diesen Bereichen gegenwärtig auch keine Schwerpunkte benannt werden.3	Informationen zum Promotionsstudium unter http://www.uni-muenchen.de/studium/studienangebot/studiengaenge/studienfaecher/politisch_/prom/index.html

---

[2] Wir bitten die interessierten Leser, zu gegebener Zeit die Internetauftritte des Institutes bzw. der betreffenden Lehrstühle zu betrachten.

[3] Wir bitten die interessierten Leser, zu gegebener Zeit die Internetauftritte des Institutes bzw. der betreffenden Lehrstühle zu betrachten.

Technische Universität München Lehrstuhl für Politische Wissenschaft Lothstr. 17 80335 München http://www.pol.wiso.tu-muenchen.de/	Da die Professur für Politikwissenschaft derzeit nicht besetzt ist, können gegenwärtig keine Schwerpunkte benannt werden.[4]	
Universität der Bundeswehr München Fakultät für Wirtschafts- und Sozialwissenschaften Fachbereich Politikwissenschaft Werner-Heisenberg-Weg 39 85577 Neubiberg http://www.unibw.de/ifpw/	▪ Theorien der IB, v.a. mit Schnittstelle zu dekonstruktivistischen Theorien (Systemtheorie, Poststrukturalismus) bzw. Schnittstellen zur Globalisierungsforschung ▪ Analysen von Parlamentarismus, Föderalismus, Staatstätigkeit ▪ Entwicklungen im erweiterten Mittelmeerraum ▪ Deutsche Außenpolitik *Teils eigene, verdichtende (Um-) Formulierung der Autoren*	
Universität Passau Philosophische Fakultät Innstr. 25 94032 Passau http://www.phil.uni-passau.de/die-fakultaet/lehrstuehle-professuren.html	Im Bereich Politische Theorie: ▪ Antike Philosophie, speziell Platon ▪ Amerikanisches Verfassungsdenken ▪ Positionen der Ideengeschichte (primär hermeneutisch erfasst) ▪ Totalitarismus ▪ Untersuchung von ‚Groß'theorien wie Demokratietheorie, Parlamentarismustheorie etc.- Anm. der Autoren: Die Passauer Politikwissenschaft befindet sich derzeit in einer Umbruchsituation. Mehrere Professuren sind nicht besetzt, deshalb können zu weiteren Bereichen gegenwärtig leider keine Schwerpunkte benannt werden.[5]	Bayerisches Promotionskolleg Politische Theorie, siehe auch http://www.gws-repetitorium.de/about.htm
Universität Regensburg Institut für Politikwissenschaft Universitätsstr. 31 93053 Regensburg http://www.uni-regensburg.de/ Fakultaeten/phil_Fak_III/ Politikwissenschaft/	Das Institut für Politikwissenschaft der Universität Regensburg möchte mit unserem Ratgeber nicht assoziiert werden.	

---

[4] Wir bitten die interessierten Leser, zu gegebener Zeit die Internetauftritte des Institutes bzw. der betreffenden Lehrstühle zu betrachten.

[5] Wir bitten die interessierten Leser, zu gegebener Zeit die Internetauftritte des Institutes bzw. der betreffenden Lehrstühle zu betrachten.

| Julius-Maximilians-Universität Würzburg Institut für Politikwissenschaft und Sozialforschung Wittelsbacherplatz 1 97074 Würzburg http://www.politikwissenschaft.uni-wuerzburg.de/ | • Empirische Demokratie- und Rechtsstaatlichkeitsforschung, Demokratiemessung
• Informelle Institutionen (u.a. Korruptionsforschung)
• Governance im regionalen Vergleich (Koordination und Steuerung); (dabei regionale Schwerpunkte Lateinamerika sowie Mittelost-, Südost- und Osteuropa)
• Integrationsforschung
• Außenpolitikforschung (einzelner Staaten, Außenbeziehungen der EU)
• Global Governance | Die Promotionsprojekte können in die Graduiertenschule für die Geisteswissenschaften / Graduate School of the Humanities (GSH) eingebunden werden (siehe auch www.graduateschools.uni-wuerzburg.de/humanities).

Darüber hinaus besteht ab Wintersemester 2010/11 eine Graduiertenschule zum Thema „„Governance im europäischen und internationalen Wettbewerb", die von der Juristischen Fakultät, der wirtschaftswissenschaftlichen Fakultät und dem Institut für Politikwissenschaft und Sozialforschung gemeinsam getragen wird. |

Berlin

Institut	Fachliche Schwerpunkte	Besonderheiten der Graduiertenausbildung
Freie Universität Berlin Otto-Suhr-Institut für Politikwissenschaft Ihnestr. 22 14195 Berlin http://www.polsoz.fu-berlin.de/polwiss/	*Das Otto-Suhr-Institut verfügt als mit Abstand größtes Haus in Deutschland über 23 Professuren. Die fachlichen Schwerpunkte seiner Doktorandenausbildung konnten durch die Autoren deshalb nicht sinnvoll zusammengefasst werden. Wir bitten daher, die Internetpräsenz des OSI zu beachten.*	Berlin Graduate School of Transnational Studies (s.u.)
Hertie School of Governance GmbH Quartier 110 Friedrichstraße 180 10117 Berlin http://www.hertie-school.org	• Fiscal Institutions and Budgeting • Welfare Regimes • Public Sector Performance and Integrity • International Orders • European Union	Die Hertie School of Governance ist Kooperationspartner der Berlin Graduate School of Transnational Studies (siehe auch http://www.transnationalstudies.eu), welche in Zusammenarbeit mit der FU Berlin und dem WZB jedes Jahr 10-12 Promovierende in das strukturierte Promotionsprogramm aufnimmt. Zusätzlich sind an der HSoG derzeit 9 Research Associates angestellt, die von HSoG-Professoren betreut werden und an Partneruniversitäten promovieren. Ein eigenes Promotionsrecht wird derzeit beantragt.
Humboldt-Universität zu Berlin Philosophische Fakultät III Institut für Sozialwissenschaften Lehrbereich Politikwissenschaft Unter den Linden 6 10099 Berlin http://www.sowi.hu-berlin.de/	• Vergleichende Analyse politischer Systeme und sozialer Strukturen • Europäisierung und Europapolitik • Politische Ideengeschichte • Soziale Ungleichheitsforschung • Strukturwandel von Familien- und Geschlechterbeziehungen	Die Berlin Graduate School of Social Sciences (BGSS) wurde im Herbst 2002 als Pilotprojekt gegründet und nach dem erfolgreichen Abschluss der Pilotphase im Jahre 2007 zu einem festen Bestandteil des Instituts. Seit 2008 wird sie finanziell von der Exzellenzinitiative getragen. Sie ist mit dem

	Teils eigene, verdichtende (Um-)Formulierung der Autoren	WZB, dem Centre Marc Bloch und der Hertie School of Governance eng vernetzt. Das strukturierte Promotionsprogramm sieht ein Vorbereitungsjahr vor, in dem die theoretischen und methodischen Grundlagen für die Promotion geschaffen werden; es ermöglicht zugleich den beschleunigten Übergang besonders qualifizierter MA-Studierender in das Doktorandenprogramm. Während der dreijährigen Promotionsphase sind forschungsbegleitendes Training und intensive Promotionsbetreuung miteinander verbunden.
Stiftung Wissenschaft und Politik Berlin Deutsches Institut für Internationale Politik und Sicherheit Ludwigkirchplatz 3-4 10719 Berlin http://www.swp-berlin.org/	▪ Sicherheitspolitik ▪ EU-Integration und -Außenpolitik ▪ Internationale Beziehungen und Regionale Studien ▪ Globale Entwicklungen	Die SWP hat als Institution kein Promotionsrecht, aber in ihren Forschungsgruppen arbeiten zahlreiche junge Nachwuchswissenschaftler an ihren Dissertationen und werden auch entsprechend inhaltlich betreut bzw. arbeiten an Studien und in Projekten der SWP mit. Auch gibt es einzelne Personen am SWP, die als Zweitbetreuer der Dissertationen fungieren. *Teils eigene, verdichtende (Um-)Formulierung der Autoren*
Wissenschaftszentrum Berlin für Sozialforschung Gemeinnützige Gesellschaft mbH Reichpietschufer 50 10785 Berlin http://www.wzb.eu/	▪ Bildung, Ausbildung und Arbeitsmarkt ▪ Soziale Ungleichheit und Probleme des Sozialstaats ▪ Demokratie und Zivilgesellschaft ▪ Mobilität und Verkehr ▪ Wettbewerb, Staat und Steuerung ▪ Innovation und Wissenschaftspolitik *Teils eigene, verdichtende (Um-)Formulierung der Autoren*	Das WZB verfügt nicht über das Promotionsrecht, aber die am WZB tätigen Professoren betreuen Arbeiten, die formal in der Regel an einer der Berliner Universitäten eingereicht werden. Beteiligung des WZB an der Berlin Graduate School of Transnational Studies (s.o.)

Brandenburg

Institut	Fachliche Schwerpunkte	Besonderheiten der Graduiertenausbildung
Europa-Universität Viadrina Frankfurt/Oder Kulturwissenschaftliche Fakultät Arbeitsbereich Politikwissenschaft Postfach 1786 15207 Frankfurt (Oder) http://www.kuwi.euv-frankfurt-o.de	▪ Demokratie und Regieren im transnationalen Mehrebenensystem ▪ Transformation in Ost- und Mitteleuropa ▪ Rechtsradikalismus	Die Promotionsausbildung findet im Rahmen von Einzelbetreuungen sowie der Viadrina Graduate School statt, die sich allerdings derzeit noch in Gründung befindet.
Universität Potsdam Wirtschafts- und Sozialwissenschaftliche Fakultät Arbeitsbereich Politikwissenschaft August-Bebel-Str. 89 D-14482 Potsdam http://www.uni-potsdam.de/u/wiso_dekanat/sowi/sowiprof.htm	▪ Bürgergesellschaft und Europa ▪ Dezentralisierung und Armutsbekämpfung ▪ Inter- und intraorganisatorische Voraussetzungen für modernes Regieren ▪ Empirische Demokratieforschung und Demokratietypen ▪ Vergleichende Policy-Forschung, insbes. Steuerpolitik ▪ Rationalismus und Konstruktivismus in den Theorien der Internationalen Beziehungen ▪ Internationale Umweltpolitik ▪ Europäisierung und Erweiterung der EU *Formulierung der Autoren*	Interdisziplinäres Promotionskolleg „Institutions and Policies. Patterns of Reciprocity (IPPR)" mit folgenden thematischen Schwerpunkten: ▪ Veränderung politische Institutionen über die Zeit ▪ Triebkräfte für institutionelle Veränderung ▪ Materielle politische Auswirkungen der institutionellen Veränderung ▪ Einfluss von Policy-Veränderungen auf politische Institutionen *Teils eigene, verdichtende (Um-) Formulierung der Autoren*

Bremen

Institut	Fachliche Schwerpunkte	Besonderheiten der Graduiertenausbildung
Universität Bremen Institut für Politikwissenschaft - Barkhof - Parkallee 39 28209 Bremen http://www.politik.uni-bremen.de/	Die Doktorandenausbildung steht unter der thematischen Überschrift „The Future of Social and Political Integration". Gegliedert ist sie in die einzelnen Felder ▪ Global Integration ▪ Integration and Diversity in the New Europe ▪ Social Integration and the Welfare State ▪ Attitude Formation, Value Change and Intercultural Communication ▪ Life-Course and Lifespan	Die Bremen International Graduate School of Social Sciences (BIGSSS; http://www.bigsss-bremen.de) wird von der Universität Bremen in Kooperation mit der Jacobs University getragen und seit 2008 im Rahmen der Exzellenzinitiative gefördert. Sie bietet ein englischsprachiges, interdisziplinär ausgerichtetes Ph.D.-Programm. Für Betreuung und Lehre greift die BIGSSS zurück auf die aktive Forschungslandschaft der Bremer Sozialwissenschaften, zu der unter anderem Forschungsinstitute wie das Zentrum für Sozialpo-

	Dynamics *Teils eigene Übersetzung der* *Autoren*	litik (ZeS), das Institut für Interkulturelle und Internationale Studien (InIIS) sowie der Sonderforschungsbereich 597 „Staatlichkeit im Wandel" gehören. Hinzu kommen acht Faculty-Positionen, die direkt an der BIGSSS etatisiert sind. Anstelle des deutschen Doktorvater-Systems gibt es an der BIGSSS ein System mit mehreren Betreuern, die sich regelmäßig mit der Doktorandin oder dem Doktoranden treffen. In jedem Themenfeld können pro Jahr vier Bewerberinnen und Bewerber zu dem dreijährigen Ph.D.-Programm (Start jeweils im September) zugelassen werden (Ausschreibung ab Herbst des Vorjahres, Bewerbungsschluss am 15. März des jeweiligen Jahres). Die Ph.D. Fellows durchlaufen ein Curriculum, in dem sich themenfeldspezifische und themenfeldübergreifende Seminare und Colloquien ergänzen und in dem insbesondere Wert auf eine fundierte Methodenausbildung sowie auf problemorientierte Begleitung der individuellen Dissertationsprojekte gelegt wird. Die Fellows erhalten ein Stipendium (€ 1.250 mtl.) sowie weitere materielle Unterstützung. *Teils eigene Übersetzung und Verdichtung der Autoren (fusioniert aus Angaben der Universität Bremen und der Jacobs University)*
Jacobs International University Bremen School of Humanities and Social Sciences Campus Ring 1 28759 Bremen http://www.jacobs-university.de/	*Siehe rechts und oben*	Die Bremen International Graduate School of Social Sciences (BIGSSS) wird von der Universität Bremen in Kooperation mit der Jacobs University getragen (siehe oben).

Hamburg

Institut	Fachliche Schwerpunkte	Besonderheiten der Graduiertenausbildung
GIGA German Institute of Global and Area Studies Leibniz-Institut für Globale und Regionale Studien Neuer Jungfernstieg 21 20354 Hamburg http://www.giga-hamburg.de/	Das GIGA betreibt Regionen- und vergleichende Regionenforschung zu Afrika, Asien, Lateinamerika sowie dem Mittleren Osten und Nordafrika *Formulierung der Autoren*	Das GIGA verfügt nicht über das Promotionsrecht, aber die am GIGA tätigen Professoren betreuen (derzeit über 30) Arbeiten, die an der Universität Hamburg oder anderen Universitäten eingereicht werden. Es hat ein spezielles Unterstützungsprogramm für Doktoranden eingerichtet: http://www.giga-hamburg.de/english/index.php?file=ph_d_programme.html&folder=teaching *Formulierung der Autoren*
Helmut-Schmidt-Universität Universität der Bundeswehr Hamburg Fakultät für Wirtschafts- und Sozialwissenschaften Fachbereich Politikwissenschaft Holstenhofweg 85 22043 Hamburg http://www.hsu-hh.de/WWEB/index_4eioEn5tLksy9D45.html	▪ Internationales Krisenmanagement ▪ Deutsche Außenpolitik in Südosteuropa und Zentralasien ▪ Zivilmacht Europa ▪ Zeitgenössische Demokratietheorien ▪ Emotionsforschung ▪ Staatsrechtstheorie im Vergleich ▪ Vergleich von Regierungssystemen	
Universität Hamburg Fakultät Wirtschafts- und Sozialwissenschaften Fachbereich Sozialwissenschaften Institut für Politikwissenschaft Allende-Platz 1 20146 Hamburg http://www.wiso.uni-hamburg.de/institute/ipw	▪ Verfassungsgerichtsbarkeit ▪ Parteienfinanzierung ▪ Regionale Machtverschiebungen ▪ Politische Eliten ▪ Probleme der politischen Gesellschaft ▪ Europa und Moderne ▪ Landtagswahlen und Bundespolitik *Formulierung der Autoren*	Hamburg International Graduate School for the Study of Regional Powers http://www.wiso.uni-hamburg.de/forschung/higs-rps/ *Formulierung der Autoren*

219

Hessen

Institut	Fachliche Schwerpunkte	Besonderheiten der Graduiertenausbildung
Technische Universität Darmstadt Institut für Politikwissenschaft Residenzschloss 64283 Darmstadt http://www.politikwissenschaft. tu-darmstadt.de/	▪ Erforschung legitimen und effektiven Regierens sowohl innerhalb als auch außerhalb des Staates im Sinne von government ebenso wie von governance, insbesondere komplexen Regierens in Mehrebenensystemen und -prozessen ▪ Europäische Union, insbesondere governance innerhalb der erweiterten EU und EU-Außenbeziehungen ▪ Grenzüberschreitende Ausdehnung demokratischen Regierens (Zivilgesellschaft, Öffentlichkeit, Institutionen, private Akteure), insbesondere Fragen der Legitimität und „accountability" internationaler Institutionen ▪ Lokales Regieren von der kommunalen Verwaltungsmodernisierung und der lokalen Umsetzung der Hartz-Reformen bis zu partizipativen Planungsverfahren in europäischen, asiatischen und afrikanischen Städten ▪ Ideengeschichte der Internationalen Beziehungen ▪ Historische Dimension der Politischen Theorie, insbesondere Tradition der europäischen Aufklärung (Kant, Bentham) *Teils eigene, verdichtende (Um-) Formulierung der Autoren*	Das Institut ist an zwei großen sozialwissenschaftlich geprägten Forschungsverbünden beteiligt – dem LOEWE-Schwerpunkt Stadtforschung an der TU Darmstadt und dem Exzellenzcluster „Herausbildung normativer Ordnungen", das an der Universität Frankfurt und der TU Darmstadt angesiedelt ist. Innerhalb dieser Verbünde existieren strukturierte Programme der Doktorandenausbildung und Möglichkeiten der Stipendienfinanzierung. Das Promotionsstudium kann selbständig oder an der der Graduiertenschule für Geistes- und Sozialwissenschaften der TU Darmstadt vorgenommen werden. Ihr Ausbildungsprogramm zielt neben der Dissertation auf eine Professionalisierung in der Arbeit in Forschungsprojekten, Präsentation, Lehre und Publikationen (http://www.ifs.tu-darmstadt.de/ index.php?id=graduiertenkolleg Für Dissertationsthemen zur Stadtforschung ist eine Einbindung in die Graduiertenschule URBANgrad vorgesehen (http://www.stadtforschung.tu-darmstadt.de/urbangrad/index.de.jsp). Das Institut ist in intensive internationale Kooperationen eingebunden, in denen Austauschplätzen für Doktoranden zur Verfügung stehen.
Johann-Wolfgang-von Goethe Universität Frankfurt am Main Institut für Politikwissenschaft Robert-Mayer-Str. 1 60054 Frankfurt am Main http://www.gesellschaftswisse nschaften.uni-frankfurt.de/ index.pl/institut_2	▪ Normative politische Theorie, politische Philosophie ▪ Politische Soziologie, Demokratieforschung, Wohlfahrtsstaaten ▪ Friedens- und Konfliktforschung, Weltordnung und internationale Organisationen, Außenpolitik westlicher Demokratien	Ein festes Curriculum existiert nicht und ist auch nicht geplant. Vielfältige Angebote für Doktorandinnen und Doktoranden bestehen im Rahmen der Frankfurt Graduate School (FGS, http://www.fgs.uni-frankfurt.de/) und des Internationalen Promotions-Collegs (IPC, http://www.gesellschafts wissenschaften.uni-frankfurt.de/ index.pl/ipc_home).
Hessische Stiftung Friedens- und Konfliktforschung Baseler Str. 27-31 60329 Frankfurt am Main http://www.hsfk.de/	Die Dissertationen, die an der HSFK betreut werden, sind in ihr Forschungsprogramm eingebunden. Gegenwärtig schließt das Institut das Forschungsprogramm „Antinomien	Promovierende sind Mitglieder in einem der Programmbereiche (siehe Website, dort lassen sich auch die Schwerpunktthemen erkennen) und im Allgemeinen in eines der For-

	des demokratischen Friedens" ab und beginnt die Arbeit am neuen Programm „Just Peace Governance".	schungsprojekte des Programmbereichs eingebunden. Dabei ist zu betonen, dass die Promotion rechtlich nicht am außeruniversitären Institut, sondern an einer Universität, im Allgemeinen der Goethe-Universität Frankfurt oder der TU Darmstadt, durchgeführt wird, mit denen die HSFK durch Kooperationsabkommen verbunden ist. Freie Promovierendenstellen schreibt die HSFK aus, Initiativbewerbung ist generell nicht erfolgversprechend. Die HSFK führt ein eigenes Promovierendenkolloquium durch, auf dem die im Institut Promovierenden regelmäßig Zwischenergebnisse ihrer Arbeiten vortragen. Das Promovierendenkolloquium der HSFK ist selbständige Sektion der im Aufbau befindlichen Graduate School des Exzellenzclusters „Herausbildung normativer Ordnungen" an der Goethe-Universität Frankfurt.
Justus-Liebig-Universität Gießen Institut für Politikwissenschaft Karl-Glöckner-Str. 21E 35394 Gießen http://www.uni-giessen.de/cms/fbz/fb03/institute/institut-fur-politikwissenschaft	Das Institut für Politikwissenschaft in Gießen befindet sich derzeit in einer großen personellen Umbruchsituation. Im Laufe der kommenden Semester wird es fünf Professur-Neubesetzungen geben. Insofern kann heute keine präzise Schwerpunktangabe gemacht werden. Gleichwohl klar ist aber, dass die Schwerpunktbildung bei allen Neuberufungen insgesamt in die Richtung theoretische, empirische und vergleichende Demokratieforschung gehen wird. [6]	
Universität Kassel Fachgruppe für Politikwissenschaften Nora-Platiel-Str. 1 34117 Kassel http://cms.uni-kassel.de/unicms/index.php?id=politikwissenschaften	• Demokratieforschung, insbesondere moderne Demokratie- und Gerechtigkeitstheorie sowie Wandel westlicher Demokratien • Wohlfahrtsstaatsforschung und Interessenvermittlung, insbesondere Parteien- und Verbändeforschung	Promovierende der Fachgruppe Politikwissenschaft sind in das Kasseler Internationale Graduiertenzentrum Gesellschaftswissenschaften (KIGG) eingebunden, das den interdisziplinären Austausch zwischen DoktorandInnen der Gesellschaftswissenschaften ermöglicht. Neben regelmäßigen Kolloquien und zahlreichen Vortrags- und Kursan-

---

[6] Wir bitten die interessierten Leser, zu gegebener Zeit die Internetauftritte des Institutes bzw. der betreffenden Lehrstühle zu betrachten.

	• Globalisierung und internationale politische Ökonomie (einschließlich globaler Umweltprobleme) • Nord-Süd-Beziehungen, globale Sozialpolitik, Ungleichheitsforschung mit Schwerpunkt Lateinamerika • Politische Bildung, insbesondere Fragen der Globalisierung und der Nachhaltigkeitsdiskussion	geboten organisiert es vor allem die Methodenausbildung der Promovierenden am Fachbereich. Neben der Dissertation im Rahmen der jeweiligen Fachgebiete existiert außerdem die Möglichkeit, sich für ein Promotionsstipendium des interdisziplinären Graduiertenkollegs *Global Social Policies and Governance* an der Universität Kassel zu bewerben. Das Ausbildungsprogramm sowie die Betreuung der Promotionsprojekte wird seitens der Fachgruppe Politikwissenschaft von den Fachgebieten Internationale und Intergesellschaftliche Beziehungen sowie Globalisierung und Politik getragen, wobei sich die Dissertationen am Kolleg insbesondere der Analyse von Asymmetrien in den Nord-Süd-Beziehungen widmen. Die vielfältigen Veranstaltungsangebote des Kollegs für seine DoktorandInnen werden in enger Kooperation mit dem KIGG sowie der Graduiertenschule des *Internationale Centre for Development and Decent Work* an der Universität Kassel durchgeführt und stehen daher in der Regel auch den Promovierenden der Fachgruppe Politikwissenschaft offen. Für umweltpolitische Themen bestehen Fördermöglichkeiten im Rahmen der Mitgliedschaft in HIGRADE, der von der Helmholtzgesellschaft geförderten Graduate School des Helmholtz Zentrum für Umweltforschung – UFZ.
Philipps-Universität Marburg Institut für Politikwissenschaft Wilhelm-Röpke-Str. 6g 35032 Marburg http://www.uni-marburg.de/fb03/politikwissenschaft/institut/fachgebiete Fachgebiet Politik des Nahen und Mittleren Ostens am Centrum für Nah-und Mitteloststudien: http://www.uni-marburg.de/cnms/politik/index_html	• Demokratieforschung (Demokratietheorie; Politik und Medien; politische Einstellungen und Partizipation; Rechtsextremismus) • Internationale Beziehungen (Deutsche und Europäische Außenpolitik) und Internationale Politische Ökonomie • Regionalforschung Naher Osten und Asien • Geschlechterforschung (Politik und Geschlechterverhältnisse, feministische Theorie) • Politische Theorie und politische Philosophie / Ideengeschichte (Wissenschafts- und Erkenntnistheorie, Theoriegeschichte, Politische Ideengeschichte insbesondere der bürgerlichen Neuzeit)	Interdisziplinäres Graduiertenkolleg ‚Geschlechterverhältnisse im Spannungsfeld von Arbeit, Organisation und Demokratie': http://www.uni-marburg.de/fb03/genderkolleg/

Mecklenburg-Vorpommern

Institut	Fachliche Schwerpunkte	Besonderheiten der Graduiertenausbildung
Ernst-Moritz-Arndt-Universität Greifswald Arbeitsbereich Politikwissenschaft Baderstr. 6/7 17489 Greifswald http://www.phil.uni-greifswald.de/index.php?id=ipk	▪ Neue Ansätze zur Demokratietheorie und der politischen Kulturforschung ▪ Staatstätigkeit im internationalen Vergleich, Effekte der Globalisierung für das nationalstaatliche Handeln sowie die systematische Analyse ost- und westeuropäischer politischer Systeme ▪ Rechtsextremismus ▪ Europäische Integration und internationale Institutionen ▪ Insbes. in den internationalen Forschungsbeziehungen (in Verbindung mit dem Forschungsschwerpunkt der Universität) außerdem der Ostseeraum	Eine spezielles Promotions-Curriculum für die Politikwissenschaft ist nicht vorgesehen. Die Politikwissenschaft beteiligt sich an dem DFG-geförderten Graduiertenkolleg ,Baltic Borderlands' (www.phil.uni-greifswald.de/bereich2/histin/ls/fnz/borderlands.html). Das Internationale Graduiertenkolleg ist eine Kooperation der Universitäten Greifswald, Lund und Tartu. Unter besonderer Berücksichtigung der Theoretisierung von synchronen und diachronen Wandlungsprozessen werden vier interdisziplinäre Themenfelder untersucht: (1) Die Entstehung und Transformation historischer Grenzräume; (2) die kulturellen Zusammenhänge von grenzüberschreitenden Handlungen in Grenzregionen; (3) die ökonomische Durchlässigkeit und Beständigkeit von Grenzen; (4) neue Grenzregimes: die politische Dimension von Grenzbildung und -auflösung.
Universität Rostock Institut für Politik- und Verwaltungswissenschaften Vogelsang 14 18051 Rostock http://www.wiwi.uni-rostock.de/ipv/	▪ Politik in Lateinamerika ▪ Politik in Südasien ▪ Area Study Ostseeraum ▪ Religiöser bzw. politischer Glaube (Ideologien, Mythen, Utopien) und Politik	DFG-Graduiertenkolleg ,Kulturkontakt und Wissenschaftsdiskurs'

Niedersachsen

Institut	Fachliche Schwerpunkte	Besonderheiten der Graduiertenausbildung
Technische Universität Carola-Wilelmina zu Braunschweig Institut für Sozialwissenschaften Abteilung Politische Wissenschaft Bienroder Weg 97 38092 Braunschweig http://www.tu-braunschweig.de/isw/institut/lehrstuehle	▪ Gesundheitspolitik in westlichen Demokratien ▪ Verkehrspolitik in westlichen Demokratien ▪ Bildungspolitik in westlichen Demokratien ▪ Friedens- und Konfliktforschung ▪ Entwicklungstheorien	Ein strukturierter Promotionsstudiengang wird derzeit vorbereitet: www.tu-braunschweig.de/isw

Georg- August-Universität Göttingen Seminar für Politikwissenschaft Platz der Göttinger Sieben 3 37073 Göttingen http://www.uni-goettingen.de/de/37851.html	• Kosmopolitisches Denken und Kommunitarismus • Politische Ideengeschichte im neuzeitlichen Denken • historische Parteienmilieufor-schung • Vergleichende Staatstätigkeits-forschung mit Schwerpunkt Regulierung und Ökonomie	
Leibniz- Universität Hannover Institut für Politische Wissen-schaft Schneiderberg 50 30167 Hannover http://www.ipw.uni-hannover.de/	• Menschenrechte • Demokratietheorie • Transnationales Recht • Europäische Integration • Security governance • Soziale Milieus und Bewegungen. Im Zuge der Neuausrichtung des Instituts werden künftig verstärkt folgende Themengebiete bearbeitet werden: • Parteien- und Einstellungsfor-schung • Politische Bildung • Verwaltungswissenschaft (ein-schließlich Politikfeldanalyse)	
Universität Hildesheim Institut für Sozialwissenschaft Postfach 101363 31113 Hildesheim http://www.uni-hildesheim.de/de/sozwiss.htm	• Internationale vergleichenden Politikwissen-schaft mit den Regionalschwer-punkten Asien (Süd-, Ost- und Südasien) und Nahost • Gender-Forschung • Entwicklungspolitik	
Leuphana Universität Lüneburg Institut für Politische Wissen-schaft Scharnhorststr. 1 21335 Lüneburg http://www.leuphana.de/institute/politik	• Regieren und politische Führung in modernen Demokratien (ein-schließlich europäischer Ebene) • Institutioneller Wandel in mo-dernen Demokratien • Zivilgesellschaft, politische Betei-ligung und moderne Demokratie. • Modernisierung der öffentlichen Verwaltung • Repräsentation und Parlamenta-rismus jenseits des Staates *Teils eigene, verdichtende (Um-)Formulierung der Autoren*	Alle promotionsberechtigten Mitglie-der des Instituts für Politikwissen-schaft gehören zugleich dem Zentrum für Demokratieforschung (ZDEMO, siehe auch http://www.leuphana.de/zentren/zdemo) an und bringen sich hier mit ihren Forschungsaktivitäten ein.
Carl-von-Ossietzky Universität Oldenburg Sozialwissenschaftliches Institut Fachbereich Politikwissenschaft Ammerländer Heerstr. 114-118 26129 Oldenburg http://www.sowi.uni-oldenburg.de/	• Kollektivität und soziale Emer-genz • Bürgerbewusstsein und Partizipa-tion • Europäisierung und transnationa-le Prozesse	

| Universität Osnabrück
Fachbereich Sozialwissen-
schaften
Seminarstraße 33
49069 Osnabrück
http://www.sozialwiss.uni-
osnabrueck.de/index.php | ▪ Sprachen der Politik – Rhetoriken
  der Macht
▪ Genealogien einer Regierung des
  Sozialen
▪ Analytik und Herkunft der
  modernen sozialen und politi-
  schen Rationalität
▪ Strukturwandel von Staatlichkeit
  im Prozess der Europäisierung,
  oder Globalisierung der Medien-
  durchdringung der Politik
▪ Regional Governance
▪ Sportsysteme und Sportpolitik in
  vergleichender Perspektive

Formulierung der Autoren | |
| Hochschule Vechta
Institut für Sozialwissenschaf-
ten und Philosophie
Driverstr. 22
49377 Vechta
http://www.uni-vechta.de/isp | ▪ Ideengeschichte
▪ Demokratietheorie
▪ Europäische Integration | |

Nordrhein-Westfalen

Institut	Fachliche Schwerpunkte	Besonderheiten der Graduiertenausbildung

RWTH Aachen
Institut für Politische Wissen-
schaft
Ahornstr. 55
52074 Aachen
http://www.ipw.rwth-
aachen.de/
	▪ Politische Philosophie und
	  Demokratietheorie
	▪ Vergangenheitsbewältigung
	▪ Vergleichende Systemforschung
	  (Schwerpunkt Westeuropa und
	  atlantischer Raum inklusive BRD)
	▪ Demokratie und transnationale
	  Politik
	▪ Sicherheitspolitik und Konflikt-
	  forschung
	▪ Kriegs- und Strategietheorie
	▪ Politische Ökonomie	

Universität Bielefeld
Fakultät für Soziologie
Fachgebiet Politikwissenschaft
Postfach 10 01 31
33501 Bielefeld
http://www.uni-
bielefeld.de/soz/
	▪ Theorien internationaler Bezie-
	  hungen und Weltgesellschafts-
	  theorie
	▪ Governanceforschung, insbeson-
	  dere zu Koordinationsformen
	  zwischen Staat, Markt und Zivil-
	  gesellschaft
	▪ Vergleichende Demokratiefor-
	  schung und Demokratietheorie
	▪ Vergleichende Public Policy-
	  Forschung, insbesondere im
	  Transport- und Infrastruktursektor
	▪ Internationale Politische Sozio-
	  logie
		Politikwissenschaftliche Promotionen
		möglich im Rahmen der in der Exzel-
		lenzinitiative geförderten
		Bielefeld Graduate School in History
		and Sociology (BGHS)
		www.uni-bielefeld.de/bghs/

Ruhr-Universität Bochum Sozialwissenschaftliches Institut Fachbereich Politikwissenschaft Postfach 102148 44721 Bochum http://www.sowi.rub.de/sektio nen/powi/	• Europäische und nordamerikani- sche Demokratien im Vergleich • Internationale Politische Öko- nomie • Regionale und lokale öffentliche Verwaltung • Transnationalisierung und Europäische Union • Politikfeldanalyse mit Schwer- punkt Arbeitsmarktpolitik, Ge- sundheitspolitik, Technologie- politik	Die Fakultät bereitet einen strukturier- ten Promotionsstudiengang vor, der spätestens im Wintersemester 2010/11 starten wird.
Rheinische Friedrich-Wilhelms- Universität Bonn Seminar für Politische Wissen- schaft Lennestr. 25/27 53113 Bonn http://www.soziologie.uni- bonn.de/	*Formulierung der Autoren* • Parteiensystemwandel • Totalitarismusforschung • Politische Demografie • Internationale Beziehungen mit Schwerpunkt China • Deutschland-Forschung (Ost-West-Integration)	
Heinrich-Heine-Universität Düsseldorf Sozialwissenschaftliches Institut Fachbereich Politikwissenschaft Universitätsstr. 1 40225 Düsseldorf	Das Fach Politikwissenschaft im Institut für Sozialwissenschaften an der Universität Düsseldorf befindet sich derzeit in personellem Umbruch (Berufungsverfahren, Prorektorat). Perspektivisch bestehen für das Fach Politikwissenschaft folgende Schwer- punkte bei Promotionsprojekten: • Parlamentarismus in Deutschland • Parteien in Deutschland • Politische Kommunikation in Deutschland und Europa Partei- en in Europa im Vergleich • Friedens- und Konfliktforschung • Außenpolitik der Europäischen Union	Das Institut strebt die Einrichtung eines interdisziplinären sozialwissen- schaftlichen Graduiertenkollegs „Vertrauen und Kommunikation" an. Die Betreuung der Promotionsprojekte im Bereich Internationale Beziehungen erfolgt im Rahmen des interuniversitä- ren Promotionsprogramms „Internati- onale Beziehungen/Friedens- und Entwicklungsforschung", einer Zu- sammenarbeit der einschlägigen Professuren der Universität Duisburg- Essen, der Universität Düsseldorf und der FH Düsseldorf.
Universität Duisburg-Essen Fachbereich Gesellschaftswis- senschaften Institut für Politikwissenschaft Lotharstr. 65 47057 Duisburg http://www.uni-due.de/politik/	• Profilschwerpunkt: Wandel von Gegenwartsgesellschaften (Hin- tergründe, Erscheinungsformen, Auswirkungen und Gestaltungs- möglichkeiten des sozialen und politischen Wandels) • Friedens- und Entwicklungsfor- schung (siehe Promotionskolleg) Innerhalb der NRW School of Gover- nance (siehe rechts): • Regierungszentralen • Neue gesellschaftliche Konfliktli- nien / Ethik in Politikmanage- ment und Gesellschaft	Promotionskolleg Internationale Beziehungen/Friedens- und Entwick- lungsforschung: • Begleitendes Ausbildungspro- gramm für die DoktorandInnen • Jährlich etwa 3 Workshops, in denen den Teilnehmern methodi- sche und theoretische Kenntnisse vermittelt werden sollen • Betreuung durch die Professuren für Internationale Beziehungen und Entwicklungspolitik am Institut für Politikwissenschaft und dem Institut für Entwicklung und Frieden (INEF) an der Universität Duisburg-Essen

	• Wandel der politischen Kommunikation – Wandel der Demokratie? *Teils eigene, verdichtende (Um-)Formulierung der Autoren*	• Weitere Kooperationspartner: Prof. Hummel (Universität Düsseldorf) und Prof. Eberlei (FH Düsseldorf). Promotionskolleg: NRW School of Governance • Für Stipendiatinnen und Stipendiaten der NRW School of Governance (www.nrwschool.de) • Unterschiedlich inhaltlich fokussierte Promotionsprogramme (Schwerpunkte siehe links) abhängig vom Förderer: (Stiftung Mercator, Welker-Stiftung, WAZ Mediengruppe) • Förderung einzelner individueller Projekte, die an das Forschungsprofil der NRW School of Governance anschließen • Struktur des Promotionsprogramms in mehreren Modulen (http://www.nrwschool.de/xd/public/content/index.html?pid=179) In Planung: Berufsbegleitendes Promotionskolleg zu den Themen: allgemeines Politik- und Verwaltungsmanagement, Entwicklungszusammenarbeit, Hochschulgovernance, Sozialpolitik. *Teils eigene, verdichtende (Um-)Formulierung der Autoren*
FernUniversität Hagen Institut für Politikwissenschaft 58084 Hagen http://www.fernuni-hagen.de/polis/	• Global Governance • Föderalismus • Regieren/Regierungssystem • Politikfeldanalyse • Politik und Verwaltung	Promotion innerhalb des interdisziplinären Fernstudiengangs Umweltwissenschaften infernum. Leitung: Institut für Politikwissenschaft der FernUniversität in Hagen und Fraunhofer Institut Umwelt-, Sicherheits-, Energietechnik UMSICHT in Oberhausen.
Universität Köln Forschungsinstitut für Politische Wissenschaft und Europäische Fragen Gottfried-Keller-Str. 6 50931 Köln http://www.politik.uni-koeln.de/	• Internationale Beziehungen (insbesondere deutsche und amerikanische Außenpolitik sowie transatlantische Beziehungen) • Europäische Politik (insbesondere Regieren in der Europäischen Union) • Politische Theorie und Ideengeschichte (insbes. Politik und Religion) • Vergleichende Politikwissenschaft (insbes. Vergleichende Demokratie- und Föderalismusforschung) *Formulierung der Schwerpunkte in Klammern durch die Autoren*	

Max-Planck-Institut für Gesellschaftsforschung Paulstr. 3 50676 Köln http://www.mpi-fg-koeln.mpg.de/	• Institutioneller Wandel im gegenwärtigen Kapitalismus • Soziale und regulatorische Funktionsvoraussetzungen von Märkten • Grenzüberschreitende Institutionenbildung • Spielarten des Kapitalismus und europäische Integration	„International Max Planck Research School on the Social and Political Constitution of the Economy" als gemeinsames Doktorandenprogramm des Max-Planck-Instituts für Gesellschaftsforschung und der Universität zu Köln (Interdisziplinäres Programm v.a. für Soziologen und Politikwissenschaftler). Gegenstand der Kurse sowie der betreuten Doktorarbeiten sind die komplexen Interaktionsmuster zwischen wirtschaftlichem, sozialem und politischem Handeln. Link: http://imprs.mpifg.de/index.asp
Westfälische Wilhelms-Universität Münster Institut für Politikwissenschaft Scharnhorststr. 100 48151 Münster http://egora.uni-muenster.de/pol/	• Zivilgesellschaft und Multilevel Governance • Public Private Partnerships und Bürgerschaftliches Engagement • The Future of European Welfare Systems • Migration and Intergration in a globalized World • Transformation and Conflict und Werkstatt Nahost	• Strukturierte Promotion möglich an der Graduate School of Politics (www.uni-muenster.de/GraSP/). Fünf thematische Schwerpunkte (siehe links), aber auch andere Themen möglich • Promotion im DFG-Graduiertenkolleg 1410 „Zivilgesellschaftliche Verständigungsprozesse in Deutschland und den Niederlanden vom 19. Jahrhundert bis zur Gegenwart" (www.uni-muenster.de/GK-Zivilgesellschaft/) • Promotion in der Graduiertenschule des Excellenzclusters „Religion und Politik" (www.uni-muenster.de/Religion-und-Politik/).
Universität GSH Siegen FB 1- Politikwissenschaft Adolf-Reichwein-Str. 2 57068 Siegen http://www.fb1.uni-siegen.de/politik/	• Sozialpolitik mit Schwerpunkt soziale Dienste und soziale Sicherungssysteme • Gesundheitssysteme im Vergleich • Verbraucherpolitik	
Universität Witten-Herdecke Institut für Volkswirtschaft und Philosophie Fachgebiet Politikwissenschaft Alfred-Herrnhausen-Str. 50 58448 Witten http://kulturreflexion.uni-wh.de/arbeitsbereiche/politikwissenschaft/profil	• Politische Theorie (Macht und Einfluss, Theoriegeschichte) • Politische Prozesse (u.a. Governance, Lobbying, Politikberatung) • Politische Kommunikation • Wirtschaft und Politik (Public Choice, institutional and constitutional economics) *Teils eigene verdichtende (Um-) Formulierungen der Autoren*	Neben dem Lehrstuhl für Politische Ökonomie (Schwerpunkte links) existiert auch ein Lehrstuhl für VWL und Philosophie, der ebenfalls politikwissenschaftliche Fragestellungen streift. *Formulierung der Autoren*

Bergische Universität Wuppertal Fachbereich A (Politikwissenschaft) Gaußstr. 20 42119 Wuppertal http://www.fba.uni-wuppertal.de/ politikwissenschaft/	▪ Internationale Politische Ökonomie und Global Governance ▪ Europäische Verfassungspolitik ▪ Politische Kultur ▪ Bürgerschaftliche Politik in Europa *Formulierung der Autoren*	

Rheinland-Pfalz

Institut	Fachliche Schwerpunkte	Besonderheiten der Graduiertenausbildung
Universität Kaiserslautern Fachbereich Sozialwissenschaft Politikwissenschaft Erwin-Schrödingerstr. Gebäude 57 67653 Kaiserslautern http://www.sowi.uni-kl.de/	▪ Theorien der Außenpolitik ▪ Weltpolitik der USA und ihre gesellschaftlichen Bedingungen ▪ Verfassungsgerichte im Vergleich, Bundesverfassungsgericht ▪ Parlamente, Fraktionsdisziplin und Agendakontrolle im Vergleich, Bundestag ▪ Policy-Forschung im Vergleich	
Universität Koblenz-Landau Institut für Sozialwissenschaften Abteilung Politikwissenschaft Kaufhausgasse 9 76829 Landau in der Pfalz www.ipw.uni-landau.de	▪ Entwicklung und Demokratie in Sub-Sahara Afrika (auch vergleichend) ▪ Europäische Integration, insbesondere EU-Außen- und Sicherheitspolitik ▪ Deutsche Außenpolitik ▪ Politische Kommunikation ▪ Demokratietheorie ▪ Wahlsoziologie	http://www.uni-koblenz-landau.de/cms/landau/fb6/sowi/ipw/
Johannes Gutenberg-Universität Mainz Institut für Politikwissenschaft 55099 Mainz http://www.politik.uni-mainz.de	▪ Wahl- Verhaltens-, und Partizipationsforschung ▪ Demokratieforschung (Mittel- und Osteuropa, Performanz von Demokratien) ▪ Wohlfahrtsstaatskulturen ▪ Liberale Demokratie, soziale Gerechtigkeit und Rechtsstaat ▪ Sozialwissenschaftliche Erkenntnistheorie sowie analytische und theoretische Grundlagen empirischer Politikwissenschaft ▪ Kommunal- und Regionalpolitik ▪ Sozialkapital ▪ Deutsche und amerikanische Außenpolitik *Formulierung der Autoren*	Ein spezielles strukturiertes Doktorandenprogramm für Politikwissenschaftler ist in Planung.

Deutsche Hochschule für Verwaltungswissenschaften Speyer Freiherr-vom-Stein-Str. 2 67346 Speyer http://www.hfv-speyer.de	▪ Politikwissenschaftliche Verwaltungsforschung ▪ Politik und Verwaltung auf subnationaler und lokaler Ebene ▪ Vergleichende Analyse von Verwaltungssystemen und Public Sector-Reformen ▪ Koalitionsforschung ▪ Osteuropaforschung ▪ Föderalismus ▪ Vergleichene Parlamentsforschung (executive-parliamentary relations)	
Universität Trier Fachbereich 3 Institut für Politikwissenschaft 54286 Trier http://www.uni-trier.de/index.php?id=1444	▪ Parteienforschung ▪ International Vergleichende Außenpolitikforschung ▪ Französische Europapolitik ▪ Politische Ökonomie und Wirtschaftspolitik in Ostasien ▪ Demokratietheorien	

Sachsen

Institut	Fachliche Schwerpunkte	Besonderheiten der Graduiertenausbildung
Technische Universität Chemnitz Institut für Politikwissenschaft Thüringer Weg 9 09126 Chemnitz http://www.tu-chemnitz.de/phil/politik/	▪ Wirkungsgeschichte der politikwissenschaftlichen Emigranten nach 1933 ▪ Das Parteiensystem in Deutschland und im europäischen Vergleich (Doktorandenkolleg der Hanns-Seidel-Stiftung) ▪ Deutsche Außenpolitik und europäische Integration (Doktorandenkolleg der Konrad-Adenauer-Stiftung)	
Technische Universität Dresden Institut für Politikwissenschaft August-Bebel-Str. 30/30a 01062 Dresden http://tu-dresden.de/die_tu_dresden/fakultaeten/philoso phische_fakultaet/ifpw/	▪ Politische Systeme und Systemvergleich (mit Schwerpunkt Parteienforschung, Parlamentarismusforschung, Vergleichende Systemforschung, Politische Kommunikation, Historischer Institutionalismus) ▪ Politische Ideengeschichte (mit Schwerpunkt Politisches Denken und Vergleichende Politikforschung, Politische Theorie und Ideengeschichte des Liberalismus, Verfassungstheorie und Verfassungspolitik, Kulturwissenschaftliche Ansätze der Poli-	Weitere Promotionsmöglichkeiten bestehen: ▪ im Bereich der ideengeschichtlich und systemanalytisch vergleichenden Diktaturforschung am Hannah-Arendt-Institut für Totalitarismusforschung an der TU Dresden ▪ Am Sonderforschungsbereich 804 der DFG „Transzendenz und Gemeinsinn". Ein integriertes Graduiertenkolleg fördert und betreut Promotionen aller beteiligten Teilprojekte.

	tikwissenschaft, Grundlagen demokratischer Verfassungs-ordnungen Politisches System und Politische Kultur der USA, Parteien) ■ Internationale Politik (mit Schwerpunkt Globale Politische Ökonomie, Theorien Internatio-naler Beziehungen, Internatio-nale Institutionen, Global Go-vernance, Vergleichende Au-ßenpolitikanalyse, Europäische Integration) ■ Didaktik der Politischen Bildung (mit Schwerpunkt Qualitative Unterrichtsforschung, Fachdi-daktische Lehr-/Lernforschung, Fachdidaktische Kultur- und Medienforschung sowie Politi-sche Deutungsmusterforschung)	
Universität Leipzig Institut für Politikwissenschaft Beethovenstr. 15 04107 Leipzig http://www.uni-leipzig.de/~politik	■ Verfassungspolitik, Verfassungs-theorie, Staatstheorie ■ (Deutsche) Sicherheitspolitik vor dem Problem des verfassungs-rechtlichen Rahmens sowie die öffentliche Meinung des Politik-felds Sicherheit ■ (Empirische) Forschung zu (politischer) Gewalt mit Schwer-punkt Lateinamerika ■ Forschung zur politischen Ökonomie und deren Anwen-dung im Bereich der Internatio-nalen Beziehungen ■ Politische Theorie mit Schwer-punkt poststrukturalistische Theorien	

Sachsen-Anhalt

Institut	Fachliche Schwerpunkte	Besonderheiten der Graduiertenausbildung
Martin-Luther-Universität Halle-Wittenberg Philosophische Fakultät I Institut für Politikwissenschaft und Japanologie 06099 Halle (Saale) http://www.japanologie.uni-halle.de/	■ Parlamentarismus v.a. in der Bundesrepublik ■ Parteien und freie Wählerverei-nigungen ■ Zivilgesellschaft generell sowie Vergleich BRD – Japan ■ Theorien politischen Handelns ■ Transformationsforschung (im Kontext des SFB 580, Laufzeit bis 2012)	

Otto-von-Guericke Universität Magdeburg Institut für Politikwissenschaft Zschokkestr. 32 (Lehrgeb. 40) 39104 Magdeburg http://www.ipw.ovgu.de/	• Kriege und bewaffnete Konflikte • Politische Soziologie der Weltgesellschaft • Staatstheorie • Föderalismus/Bundesstaat • Finanzpolitik • Europäische Integration und europäisches Mehrebenensystem	In Magdeburg besteht außerdem zusammen mit der Soziologie eine Doktorandenschule, die sich mehrmals im Semester zu Workshops trifft und die als „Research School on Conflict and Development" demnächst formalisiert wird.

Schleswig-Holstein

Institut	Fachliche Schwerpunkte	Besonderheiten der Graduiertenausbildung
Universität Flensburg Institut für Politik und Wirtschaft und ihre Didaktik Auf dem Campus 1 24943 Flensburg http://www.uni-flensburg.de/ipw/	• Der deutsche Föderalismus • Verwaltungsreformen in Deutschland • Sozialpolitik	
Christian- Albrechts- Universität zu Kiel Institut für Sozialwissenschaften Fachbereich Politikwissenschaft Olshausenstr. 40 24098 Kiel http://www.politik.uni-kiel.de/	• Sicherheits-, Verteidigungs-, Abrüstungs- und Nichtverbreitungspolitik sowie Terrorismusforschung • Amerikanische Außenpolitik • Energiesicherheit und Klimapolitik • Internationale Ordnung: theoretische und historische Aspekte, Effektivität von Multilateralismus • Theorien politischer Ordnung, insbesondere Theorie des demokratischen Verfassungsstaates • Zeitgenössisches politisches Denken • Religion und Politik • Natur und Politik *Teils verdichtende (Um-)Formulierung der Autoren.*	

Thüringen

Institut	Fachliche Schwerpunkte	Besonderheiten der Graduiertenausbildung
Universität Erfurt Institut Sozialwissenschaften Fachgebiet Politikwissenschaft Postfach 900 221 99105 Erfurt http://www.uni-erfurt.de/ staatswissenschaften/	Aufgrund mehrerer Lehrstuhlvakanzen nur für den Bereich politische Theorie ▪ Zivilreligion ▪ Institutioneller Wandel im Wissenschaftssystem ▪ Raum und Politik ▪ Der Mensch zwischen Freiheit und Zwang *Teils verdichtende (Um-)Formulierung der Autoren.*	▪ Eigene Stipendien für Promotionsstudenten der Universität Erfurt ▪ Max-Weber-Kolleg der Universität Erfurt betreut ebenfalls Doktoranden in Politikwissenschaft, siehe auch http://www2.uni-erfurt.de/ maxwe/
Friedrich-Schiller-Universität Jena Institut für Politikwissenschaft Carl-Zeiss-Str. 3 07743 Jena http://powi.uni-jena.de/ Der Lehrstuhl für Außenpolitik/ Internationale Beziehungen ist zurzeit noch vakant[7]	▪ Ideengeschichte des 19. und 20. Jahrhunderts (v.a. Deutschland, USA) ▪ Internet und globale Informationsgesellschaft ▪ Minderheiten und politische Theorie ▪ Global Governance (Internationale Organisationen, Vereinte Nationen) ▪ Europäische Studien (insbesondere Balkanländer, Außenpolitik, Osteuropa, Entwicklungs- und Krisenpräventionspolitik) ▪ Parteienforschung ▪ Wahlkampf und politische Kommunikation *Teils verdichtende (Um-)Formulierung der Autoren*	Anbindungen möglich an: ▪ Die Doktorandenschule des Projekts „Laboratorium Aufklärung" ▪ Das DFG-Graduiertenkolleg 1412 mit dem Thema „Kulturelle Orientierungen und gesellschaftliche Ordnungsstrukturen in Südosteuropa"

---

[7] Wir bitten die interessierten Leser, zu gegebener Zeit die Internetauftritte des Institutes bzw. der betreffenden Lehrstühle zu betrachten.

Anhang 2:
Überblick über die Promotionsförderung durch Stipendienorganisationen

Die folgende Tabelle fasst die wichtigsten Angaben zur Promotionsförderung der elf großen Förderwerke zusammen, welche die Mittel des Bundesministeriums für Bildung und Forschung vergeben. Denn obwohl die Fördersätze und die grundsätzlichen Regeln auf einer allgemeinen Grundlage basieren – den Bundesrichtlinien zur Stipendienvergabe – und deshalb hier nicht separat aufgeführt werden[1] zeigt sich eine gewisse Varianz insbesondere hinsichtlich der ideellen Förderung, der Förderung von Forschungsreisen, der Ausrichtung der Stiftung sowie der Aufnahmequoten in den vergangenen Jahren. Die Angaben, die sich in der folgenden Tabelle wiederfinden, basieren größtenteils auf Informationen, welche die Förderwerke den Autoren zur Verfügung gestellt haben. Sie wurden teilweise ergänzt. Nicht berücksichtigt sind in der folgenden Tabelle die landesspezifischen Förderprogramme (Landesgraduiertenförderung etc.), Universitätsprogramme sowie sonstige Stiftungen, die Promovierende während ihres Studiums unterstützen – wie etwa Förderwerke von Medien (Zeit, Fazit Stiftung der Frankfurter Allgemeinen Zeitung), ortsbezogene bzw. fachspezifische Stipendienprogramme oder auch spezielle Förderprogramme für Frauen.

---

[1] Das Grundstipendium beträgt 1.050 Euro. Hinzu kommen 100 Euro Forschungskostenpauschale sowie 155 Euro Familienzuschlag.

Stiftung	Aufnahmequote (in Prozent der Bewerber)	Reisekosten	Ideelle Förderung
Cusanuswerk (katholische Kirche)	In den vergangenen Jahren rund 30 Prozent der Bewerber.	Für notwendige Reisen ins Ausland (Studium, Kongresse/ Tagungen, etc.) können Auslandszuschläge gewährt sowie Reisekosten und Studiengebühren ersetzt werden.	• Betreuung: Vertrauensdozenten an den Hochschulorten, Ansprechpartner in der Geschäftsstelle • Seminarprogramm: Ferienakademien, Workshops (Studium und Beruf), Fachschaftstagungen von Studierenden bestimmter Fachgruppen, Exerzitien und Besinnungstage, Jahrestreffen • Graduiertentagungen: Seminare zu diversen Themen nur für Promovierende
Ev. Studienwerk eV. Villigst (evangelische Kirche)	In den vergangenen Jahren rund 10 Prozent der Bewerber.	Unterstützung, wenn ein Promotionsvorhaben einen Auslandsaufenthalt erforderlich macht – sowohl für mehrmonatige Forschungsaufenthalte, als auch für kurze Konferenzteilnahmen und Archivbesuche. Beantragt werden können die Reisekosten und bei Forschungsaufenthalten ein monatlicher Auslandszuschlag (je nach Land unterschiedlich). Bei kurzen Aufenthalten werden neben den Reisekosten ein Tagegeld wie auch evtl. entstehende Tagungsgebühren bezahlt. Da die Relevanz zum Thema nicht immer eindeutig erkennbar ist, erwartet die Stiftung zum Antrag eine Stellungnahme des Betreuers/der Betreuerin, worin die Notwendigkeit oder Wichtigkeit bestätigt wird.	• Beratung: Vertrauensdozenten und Studierendengruppen am Hochschulort • Sommeruniversität in Haus Villigst, zwei Promovierendentagungen im Jahr, Auslands- und Praktikumstreffen, Pfingsttreffen aller Generationen zu gesellschaftspolitisch aktuellen Fragen, Kontaktforum zwischen Stipendiaten und Unternehmern • Mitarbeit der „Villigster" in Entscheidungsgremien des Studienwerks, bei der Abstimmung des Bildungsprogramms und in der Auswahl der neuen Stipendiaten
Friedrich-Ebert-Stiftung (SPD-nah)	2 Auswahlrunden: Etwa 50 Prozent kommen erfahrungsgemäß von der ersten in die zweite Runde. Dort wurden in den vergangenen Jahren etwas weniger als 50 Prozent aufgenommen.	Zuschüsse zu Auslandsaufenthalten möglich.	• Betreuung: FES-Betreuer, Vertrauensdozenten, Mentoren • Stipendiatische Aktivitäten (u.a. Hochschulgruppenarbeit, Arbeitskreise, FORUM, Veranstaltungsreihen) (also insgesamt eine Quote von ca. 25 Prozent

			- Seminarprogramm (Veranstaltungen zu Themen aus Politik, Gesellschaft und Wissenschaft sowie und zur Berufsorientierung)
Friedrich-Naumann-Stiftung (FDP-nah)	Die Stiftung macht hierzu keine Angaben.	Reisekostenzuschüsse sind möglich. Die Höhe variiert je nach Land.	- Betreuung: Vertrauensdozenten am Hochschulort. - Stipendiatenarbeitskreise - Von Stipendiaten gestaltete, interdisziplinäre Seminare - Themenspezifische Ferienakademien - Bundesweiter Konvent - Grundlagen- und Aufbauseminar zum Liberalismus - Seminare zur Wissenschaftstheorie und Zeitmanagement - Trainings zu Kommunikation und Persönlichkeitsentwicklung
Hanns-Seidel-Stiftung (CSU-nah)	25 bis 30 Prozent werden in die zweite Runde eingeladen. In der Regel ist es schwieriger, in die zweite Runde zu kommen, als dort nicht zu bestehen.	Reisekostenzuschuss für notwendige Auslandsaufenthalte. Maximale Aufenthaltsdauer: sechs Monate. Keine Bezuschussung von Seminar- oder Konferenzaufenthalten.	- Hochschulgruppe: betreut von Vertrauensdozenten - Seminare zu allgemeinen und aktuellen Themen - Mehrtägige Grundakademie und mindestens eine weitere mehrtägige Veranstaltung der Studienförderung - Aufbauakademie - Teilnahme an Veranstaltungen der Studienförderung (mindestens eine pro Jahr)
Hans-Böckler-Stiftung (gewerkschaftsnah)	WS08/09 bis SS 09: 753 Anträge auf Promotionsförderung, dabei 93 Neuaufnahmen	Unterstützung bei Forschungsaufenthalten, Tagungen und Sprachkursen im Ausland.	- Betreuung durch Studienförderungsreferenten und Vertrauensdozenten - Promotionsbegleitendes Seminarprogramm (Hochschuldidaktik, Forschungsmethoden, Schlüsselqualifikationen, Rhetorik, etc.) - Praktikaprogramm - Bundesweite Treffen und Tagungen der Promovierenden
Heinrich-Böll-Stiftung (Grünen-nah)	Statistisch gesehen liegt die Relation von Bewerbungen zu Bewilligungen derzeit bei ca. 10 zu 1.	Es gibt die Möglichkeit, einen Zuschuss zu promotionsrelevanten Auslandsaufenthalten zu erhalten.	- Beratung durch Vertrauensdozenten und Fachreferenten

			<ul><li>Begleitprogramm aus Veranstaltungen zu Schlüsselqualifikationen, Karriereplanung und interdisziplinärem Austausch sowie praxisrelevante Trainings (Persönlichkeitsentwicklung, Publikationsstrategien, Hochschuldidaktik)</li><li>Sommerakademie „Campus"</li><li>Einführende Seminare „Ansichten einer Stiftung"</li><li>Promovierendenforum</li></ul>
Konrad-Adenauer-Stiftung (CDU-nah)	Die Stiftung macht hierzu keine Angaben.	Zuschüsse zu Auslandsaufenthalten möglich.	<ul><li>Stipendienbegleitende Beratung und Berufsorientierung</li><li>Seminarprogramm (Bildungsprogramm Begabtenförderung, Veranstaltungen der Journalisten-Akademie, Veranstaltungen zur Berufsorientierung/Berufsförderung)</li></ul>
Rosa-Luxemburg-Stiftung (Linkspartei-nah)	Letzte Auswahlrunde: Bei 139 Promotionsbewerbungen wurden etwa 13 Promotionsstipendien vergeben (Quote also ca. 10 Prozent).	Förderung von Auslandsaufenthalten (Forschungsreisen, Konferenzbesuche etc.) möglich.	<ul><li>Betreuung durch Vertrauensdozenten</li><li>Einführungsseminar</li><li>Ferienakademie in Selbstorganisation der Stipendiatinnen und Stipendiaten</li><li>Doktorandenseminare</li><li>Begleitprogramm mit verschiedenen Seminaren (Techniken des wissenschaftlichen Arbeitens und Forschungsmethodik, Bildungsreisen, Fachtagungen)</li><li>Vernetzung der Stipendiatinnen und Stipendiaten über die Regionaltreffen, Mailinglisten und das Intranet</li><li>Publikationsmöglichkeiten der Forschungsergebnisse (Karl Dietz Verlag, Zeitschrift „Utopie kreativ")</li></ul>
Stiftung der Deutschen Wirtschaft (wirtschaftsnah)	Jährlich können bei 320 bis 400 Bewerbungen 42 Promotionsstipendien an Neubewerber vergeben werden. Darüber hinaus stellt die Stiftung 36 Stipendien für Absolventen ihrer Studien-	Förderung von Auslandsaufenthalten durch Zuschläge zum Stipendium; Reisekostenzuschuss, und der Übernahme von Kursgebühren möglich.	<ul><li>Betreuung: Vertrauensdozenten, Vertrauensmanager (aus Unternehmen), Alumnimentoren, Regionalbetreuer</li><li>Aufnahmeveranstaltung für neue Stipendiaten</li></ul>

	förderung zur Verfügung, die eine Promotion anschließen. Von den Altstipendiaten bewerben sich rund 40-45 im Jahr für das Promotionsstipendium.		• Seminare und Akademien zu gesellschaftspolitischen Themen, Trainings und Workshops zu Schlüsselkompetenten, Dialogforen mit Unternehmern, Veranstaltungen exklusiv für Promovierende • Projektwettbewerbe zur Umsetzung von eigenen Projektideen
Studienstiftung des dt. Volkes (staatliches Elitenförderungswerk)	2009: rund 30 Prozent 2008: 37,5 Prozent 2007: 35,2 Prozent 2006: 28 Prozent 2005: 27,7 Prozent 2004: 26,6 Prozent 2003: 31,4 Prozent	Diverse öffentliche und privat finanzierte Stipendien, die bei der Finanzierung von Semester-, Jahres- oder auch Kurzaufenthalten helfen.	• Vertrauensdozentengruppe vor Ort • Doktorandenforen zur Vernetzung von Doktorandinnen und Doktoranden verwandter Fächer, mit dem Ziel, sich über Arbeitsmethoden, Hindernisse und Herausforderungen der Promotion auszutauschen • Sommerakademien • Sprachkurse

Neu im Programm Politikwissenschaft

Wolfgang Merkel

Systemtransformation

Eine Einführung in die Theorie und
Empirie der Transformationsforschung
2., überarb. u. erw. Aufl. 2010. 561 S.
mit 26 Abb. u. 51 Tab. Br. EUR 24,90
ISBN 978-3-531-14559-4

Das Buch ist die erste systematische Einführung in die politikwissenschaftliche
Transformationsforschung und bietet
zweitens umfassende empirische Analysen der Demokratisierung nach 1945 und
der Systemwechsel in Südeuropa, Latein-
amerika, Ostasien und Osteuropa. Für die
2. Auflage wurde das Buch umfassend
aktualisiert und erweitert.

Klaus von Beyme

Geschichte der politischen Theorien in Deutschland 1300-2000

2009. 609 S. Geb. EUR 49,90
ISBN 978-3-531-16806-7

Mit diesem Band wird erstmals eine
umfassende Geschichte und Analyse der
politischen Theorie in Deutschland vorgelegt, die den Zeitraum vom Mittelalter bis
zur Gegenwart behandelt.

Arthur Benz

Politik in Mehrebenensystemen

2009. 257 S. mit 19 Abb. (Governance
Bd. 5) Br. EUR 24,90
ISBN 978-3-531-14530-3

Ausgehend von der Tatsache, dass Politik
in zunehmendem Maße die Grenzen von
lokalen, regionalen oder nationalen
Gebietskörperschaften überschreitet und
zwischen Ebenen koordiniert werden
muss, behandelt das Buch Möglichkeiten
und Grenzen einer demokratischen Politik
in Mehrebenensystemen. Vorgestellt werden relevante Theorien und Begriffe der
Politikwissenschaft, aus denen ein diffe-
renzierter Analyseansatz abgeleitet wird.
Grundlegend ist dabei die Überlegung,
dass die komplexen Strukturen der Mehr-
ebenenpolitik die Akteure häufig vor
widersprüchliche Anforderungen zwischen
unterschiedlichen Regelsystemen stellen,
die Entscheidungen erschweren oder
Demokratiedefizite verursachen.
Die Akteure entwickeln aber Strategien,
um diese Schwierigkeiten zu bewältigen.
Erst bei Berücksichtigung strategischer
Interaktionen lässt sich bewerten, ob die
Praxis des Regierens im Mehrebenensys-
tem Anforderungen an eine demokrati-
sche Politik genügt. Am Beispiel der Mehr-
ebenenpolitik im deutschen Bundesstaat
sowie in der Europäischen Union werden
diese theoretischen Überlegungen und
die Anwendung der Analysekategorien
für unterschiedliche Formen von Mehrebenensystemen illustriert.

Erhältlich im Buchhandel oder beim Verlag.
Änderungen vorbehalten. Stand: Januar 2010.

www.vs-verlag.de

VS VERLAG FÜR SOZIALWISSENSCHAFTEN

Abraham-Lincoln-Straße 46
65189 Wiesbaden
Tel. 0611.7878 - 722
Fax 0611.7878 - 400

Neu im Programm Politikwissenschaft

Wilfried von Bredow / Thomas Noetzel

Politische Urteilskraft

2009. 301 S. Br. EUR 19,90
ISBN 978-3-531-15978-2

Dieser Band bietet eine Einführung zu den ideengeschichtlichen, historischen und kognitiven Grundlagen der politischen Urteilskraft, um auf dieser Basis und in praktischer Absicht eine Verhaltenslehre zum Umgang mit der komplexen politischen Welt zu entwickeln.

Wichard Woyke

Die Außenpolitik Frankreichs

Eine Einführung

2010. 337 S. mit 2 Abb. (Studienbücher Außenpolitik und Internationale Beziehungen) Br. EUR 24,90
ISBN 978-3-531-13885-5

Diese Einführung behandelt die gesamte Außenpolitik Frankreichs von 1945 bis zur Gegenwart. Sie bietet einerseits eine historisch-systematische Längsschnittanalyse zu den Präsidenten der V. Republik. Andererseits vermittelt sie systematisch das Grundwissen zu den wichtigen Feldern der französischen Außenpolitik: zum Verhältnis zu den wichtigen Partnerländern – etwa Deutschland, Großbritannien, die USA und Russland –, zur Europapolitik, zur Militär- und Sicherheitspolitik und zur nachkolonialen Politik in Afrika und Asien. Das Buch bietet somit eine solide und unentbehrliche Grundlage für das Verständnis französischer Politik.

Roland Sturm

Politik in Großbritannien

2009. 252 S. mit 46 Tab. Br. EUR 19,90
ISBN 978-3-531-14016-2

Das britische Regierungssystem gehört zu den „Klassikern" der vergleichenden Regierungslehre. Das „Westminster Modell" des Regierens hat sich in den letzten Jahrzehnten jedoch weitgehend verändert. Wie und auf welchen Feldern, kann hier erstmals in einem Gesamtkontext der Reformen des politischen Systems nachgelesen werden. Stichworte: Devolution, Wahlsystemreformen, House of Lords-Reform, Civil Service-Reform, Freedom of Information Act und Human Rights Act. Diese Darstellung legt Grundlagen für das Verständnis des britischen Regierungssystems. Sie betritt aber auch Neuland. Denn sie führt in die innerbritische Diskussion zum politischen System Großbritanniens ein und untersucht Themen wie Protestbewegungen, Identitätspolitik, Multikulturalismus, das Verhältnis von Freiheit und Sicherheit in der britischen Politik und die Rolle des Vereinigten Königreiches in der Europapolitik.

Erhältlich im Buchhandel oder beim Verlag.
Änderungen vorbehalten. Stand: Januar 2010.

www.vs-verlag.de

VS VERLAG FÜR SOZIALWISSENSCHAFTEN

Abraham-Lincoln-Straße 46
65189 Wiesbaden
Tel. 0611.7878 - 722
Fax 0611.7878 - 400

MIX
Papier aus verantwortungsvollen Quellen
Paper from responsible sources
FSC® C105338

If you have any concerns about our products,
you can contact us on
ProductSafety@springernature.com

In case Publisher is established outside the EU,
the EU authorized representative is:
Springer Nature Customer Service Center GmbH
Europaplatz 3, 69115 Heidelberg, Germany

Printed by Libri Plureos GmbH
in Hamburg, Germany